GUÍA MÁGICA DEL CAMINO DE SANTIAGO

GUÍA MÁGICA DEL CAMINO DE SANTIAGO

FRANCISCO CONTRERAS GIL

UN VIAJE EN BUSCA DE LO MÁGICO
Y LO SAGRADO EN EL CAMINO
DE LAS ESTRELLAS

Ediciones
Luciérnaga

Diseño de la cubierta: Planeta Arte & Diseño

Primera edición: octubre de 2015
Segunda impresión: enero de 2016
Tercera impresión: abril de 2016
Cuarta impresión: mayo de 2018
Quinta impresión: julio de 2019
Primera edición en esta presentación: marzo de 2021
Segunda edición en esta presentación: mayo de 2021
Tercera edición en esta presentación: agosto de 2021
Cuarta edición en esta presentación: mayo de 2022

Ediciones Luciérnaga
Av. Diagonal 662-664
08034 Barcelona
www.planetadelibros.com

ISBN: 978-84-18015-57-1

Depósito legal: B. 21.263-2020

Impreso en España – *Printed in Spain*

El papel utilizado para la impresión de este libro está calificado como papel **ecológico** y procede de bosques gestionados de manera **sostenible**.

Un viaje de mil millas empieza con solo paso.

LAO TSE

La forma de vencer algo imposible es creer que es posible.

LEWIS CARROLL
Alicia en el País de las Maravillas

A María y Anna, mis ángeles guardianes.
A mi familia madrileña: Mayte, Toni y María Ángeles.
A mi familia zamorana: Marta, Miguel y Feli.
A Blanca Marchesi, con quien emprendí y terminé mi primer Camino de Santiago. A Wolf, quien, a lo largo de estos quince años, en cada camino, me enseñó la esencia y la magia de ser peregrino y hospitalero. Ambos, desde las estrellas, siguen dando luz, guardan y cuidan a los peregrinos y el camino.
A mis amigos y compañeros: Santiago Camacho, Antonia Moreno, Begoña Gómez de la Fuente, Belén Gil, Javier Sierra, Pilar Losantos, Juan Luis Cano, Carlos Actrón, Curra Vidal y Mabi Velasco.
A mis compañeras editoras, por su paciencia y saber, por su cariño, fuerza y apoyo sincero: Toñi Ramiro y Lydia Díaz.

ÍNDICE

PRÓLOGO

CUANDO EL CAMINO TE ELIGE

Por Javier Sierra

Hay algo que me admira de Fran Contreras y que nunca, hasta ahora, he encontrado el momento de decirle.

Al autor de esta guía lo conocí a principios de los años noventa del siglo pasado «enredando misterios». Lo suyo, en aquel entonces, era husmear en las noticias breves de las páginas de sucesos en busca de grandes historias que contar. No existía aún internet, ni maldita falta que hacía. Él tenía bien ensayado su método. Unas pocas líneas en un teletipo, una confidencia telefónica o un par de frases en un programa de radio de madrugada bastaban para tomar su grabadora y su cámara de fotos y salir zumbando al escenario de una noticia que ningún gran medio le disputaría. Aunque yo sí. Había —lo digo con cierta nostalgia— una nobleza canallesca en aquellos lances periodísticos. Tropecé con Fran en apeaderos de tren en los que alguien decía haber visto una aparición sobrenatural, y también en Valencia recogiendo historias sobre el grial o relatos de luces extrañas en los cielos. En aquel entonces —torpe de mí—, yo solo buscaba adelantarme a sus pesquisas. Él era el reportero de la competencia. Ambos éramos, pues, dos jóvenes con prisa. Entonces era imposible imaginárselo con una mochila al hombro, un viejo mapa de carreteras, larga barba descuidada por culpa de los albergues y recorriendo de punta a cabo el Camino de Santiago… Pero debí hacerlo. ¡Debí intuir que el destino de aquel reportero iba a ser ese!

Qué torpe fui. No me fijé en que los ojos de Fran brillaban siempre que surgía la ocasión de viajar. La suya era una actitud innata, de serie, que revelaba su verdadera naturaleza. Incluso en aquel tiempo en el que jugueteábamos con nuestra segunda y excitante década de vida, en algún lugar estaba escrito que lo suyo iba a ser el peregrinaje en busca de historias más trascendentes que un remoto «misterio de andén». ¿Y qué mejor lugar para pasar la vida, con esas credenciales esbozadas a golpe de autobús, pensión, restaurantes de carretera y vigilias infinitas, que el Camino de Santiago? ¿Cómo no predije aquello, yo que tanto gusto tenía por anticipar los movimientos del tablero de ajedrez de las vidas de quienes me rodeaban?

Tras varios libros sobre fantasmas, casas encantadas y enigmas de distinto pelaje, Fran llegó al fin a su lugar: la senda al Finisterre que es el objeto de este libro. Eso, a mis ojos, lo ha convertido en alguien admirable. Nunca se lo he dicho mirándolo a los ojos, pero si hay una categoría humana que respeto de verdad es la de quien, sin importarle navegar a contracorriente y enfrentarse a los desaires de lo «políticamente correcto», es capaz de mantener su rumbo. Fran encontró en aquel primitivo reporterismo del misterio, de lo desconocido, la brújula interior que lo ha llevado a donde merece, convirtiéndole en ese viajero-cronista-trovador al que jugaba siendo casi un adolescente y que —ahora me doy cuenta— es imprescindible para que el mito del Camino de Santiago siga vivo. La Ruta Jacobea lo ha elegido. Y lo ha hecho bien. El Camino lleva siglos alimentándose de cantadores-contadores de sus gestas. Lo hace desde los tiempos del obispo Aymerich. Lo meritorio es que no se llega a ser uno de ellos por oposición o por estudio, tampoco por designación de un gobierno o de un patronato de turismo, sino por botas, oído y bordón. Las primeras representan la experiencia imprescindible de recorrer un trazado de cientos de kilómetros que no deja de ser una metáfora de la vida misma. Conviene hacerlo solo, como hace Fran, enfrentándose a los silencios de las largas caminatas. El segundo es el don *sine qua non* de todo buen viajero: hay que saber escuchar a quien se cruza contigo, calibrar con justicia el tiempo que dedicas a cada lugar y persona, y metabolizar lo que aprendas en cada una de tus paradas. Y el último, por fin, es la herramienta de la que te vales para no desfallecer nunca en tu sagrado empeño. Un aparejo que, vencido el Camino —si es que eso llega alguna vez—, puedes compartir con quien quiera seguir también el sendero.

Esta guía, querido lector, es ese bordón; su autor fue puliendo errores, visiones preconcebidas de caminantes previos, y afinando su mirada hacia el lado mágico y transformador del Camino de Santiago. No se trata, pues, de un bastón cualquiera. Es justo el que merece ser llevado en el macuto del nuevo peregrino que, con la mirada puesta en Compostela, quiera no solo hacer el Camino, sino también ser hecho por este. Y eso, como pronto descubrirás, no es poca cosa.

Bajo la Gran Nevada de Madrid.
Enero de 2021.
Año Santo Jacobeo.

INTRODUCCIÓN

DIARIO DE UN PEREGRINO: AL PIE DEL CAMINO

Levanté la mochila una vez más y ajusté las correas a la cintura para descargar el mayor peso de los hombros y repartirlo sobre la espalda. El dolor, inmisericorde, se adueñó de mi maltrecha rodilla derecha. Era punzante como una nota aguda y sacudía todo mi cuerpo con un escalofrío idéntico al que experimentaba de niño, cuando los profesores rompían la tiza en el encerado y arañaban la pizarra. Respiré hondo. Apreté los puños. Y emprendí de nuevo el paso siguiendo las flechas amarillas, compañeras inseparables y silenciosas desde que, nueve días antes, iniciara —mochila, cámara de fotos, grabadora y cuaderno de campo en ristre—, el Camino de Santiago desde las pirenaicas y aragonesas urbes de Somport y Jaca, con el firme propósito de descubrir y compartir la ruta ignota, cargada de historia y arte, marcada por lo mágico-sagrado, por leyendas, misterio y misterios.

Encaminé el rumbo por el sendero que se abría paso entre un alto maizal. La espigada siembra parecía, azuzada por el fuerte viento, cantar a modo de bienvenida. Llovía intensamente y las botas pesaban más de la cuenta debido al barrizal. Pero ni el dolor que me ocasionaban los ligamentos inflamados de mi pierna y las ampollas en ambos pies, ni los sobresaltos que me provocaban las tumbas de peregrinos que aparecían en la oscuridad o las ratas que se cruzaban a mi paso hicieron que aminorase el ritmo. Es más, provocaron una mueca de sonrisa en mi rostro, al recordar las crónicas de Aymeric Picaud en su *Liber peregrinationis* —la primera y oficial guía del Camino de Santiago—, donde daba buena cuenta de los suplicios y peligros que sufriría y con los que se toparía el peregrino en el también llamado Camino de las Estrellas.

El pulso se me aceleró, y hasta en dos ocasiones se me resbaló el bordón de las manos, cuando comencé a observar el cielo rasgado por el torreón de la iglesia navarra de Santa María de Eunate. Poco a poco fue surgiendo su silueta perfilada por los reflejos de la luna y el farolillo del albergue para peregrinos. Ahí estaba. Apartada de todo. En medio de la nada. Ubicada en el mismo punto en el que convergen las vías jacobeas procedentes de Somport/Jaca y Saint-Jean-Pied-de-Port/Roncesvalles hacia Compostela y Finisterre. Donde los caminos se hacen uno.

Caminaba ensimismado mientras contemplaba la fotografía que ofrecía el que es uno de los principales iconos de la arquitectura mágica religiosa en España. Estaba emocionado ante el encuentro con el llamado arte sagrado hermético-simbólico, el misterio del símbolo, de los gremios de constructores, relacionado con los caballeros templarios. En el momento de poder descubrir, tocar, sentir un templo vinculado a la arquitectura y geometría sagradas, a fuerzas terrestres y cósmicas, tomado como puerta a mundos invisibles, considerado lugar de secretos y mensajes ocultos.

Sigillum: cuando las piedras hablan

Al llegar, ante la primera de las tres puertas por las que se accede al santuario, saqué las manos de los guantes y empecé a acariciar los muros del deambulatorio. A pesar del frío, la lluvia y el cansancio, decidí recorrer el octogonal y empedrado corredor que rodea el templo. Comencé a observar, embelesado, las treinta y tres arcadas y capiteles, de los que surgían mascarones demoniacos, animales imaginarios y legendarios. La iconografía religiosa y pagana tallada en volutas, palmitos, tallos enroscados y piñas. El lenguaje del símbolo. Centré mi atención en la novena columna, en el noveno capitel. En la piedra donde aparecía grabado el descendimiento de un Cristo sin cruz. La «señal», el símbolo, que indicaba el carácter iniciático, la relación con rituales y ceremonias vinculadas a la muerte y resurrección simbólica, que aquí se celebraban.

Tras cruzar las arcadas busqué cobijo y me resguardé de la lluvia. El albergue para peregrinos, uno de los pocos que en el pasado permanecían abiertos durante todo el año, estaba cerrado. Empapado por el agua y con el cuerpo entumecido por el gélido frío me acerqué hasta la segunda puerta. «¿Estará Eunate abierto?», me pregunté. Y en ese instante, mientras pensaba soluciones para aquella situación imprevista, alcé la mirada. Flanqueando la puerta, se asomaban, desde las arquivoltas, dos rostros hieráticos y barbudos: los legendarios bafomets templarios, uno de los grandes misterios medievales. Guardianes de lugares sagrados, indicadores de enclaves de poder, recuerdo del romano dios Jano, dios del conocimiento. Representado con un rostro o con dos rostros que miran en direcciones opuestas o que se muestran enfrentados, también denominado Jano bifronte. La deidad de los comienzos y finales, vinculada a los solsticios. El dios que los canteros transformaron y ocultaron como culto a san Juan, a los dos Juanes, durante la cristianización del paganismo.

«¿Una madrugada en el interior de Eunate? ¿Pasar una noche como un peregrino medieval a la luz de las velas, descubriendo secretos, sintiendo las piedras del templo, su fuerza y energía?», me pregunté. Era una idea delirante. Algo imposible. Sobre todo, sabiendo que, desgraciadamente, las ermitas siempre están cerradas, y que, durante los últimos meses, además, Eunate había sido escenario de actos vandálicos. Pero creer es crear. Empujé el portón, la madera crujió y la puerta se abrió. Lo imposible se hizo realidad.

Gnomon: el secreto de Eunate

El interior del santuario estaba a oscuras. La tormenta había cortado el suministro eléctrico. Saqué la linterna. Un pequeño haz de luz resguardaba mi espíritu temeroso de la inquietante atmósfera fantasmal que creaban el golpeteo de la lluvia y los gemidos del viento al colarse por las grietas de los sillares. Había que hacer y dejar espacio para poder descansar. Y tras desplazar los bancos de madera —junto a tres peregrinas llamadas Blanca, Teresa y Pilar—, preparé un colchón con las mantas, sacos, forros polares, jerséis y demás ropa que quedaba seca. Una improvisada solución que sirvió para resguardarnos de la humedad del suelo y permitió que mis compañeras se rindieran al mundo de Hypnos.

El silencio y la oscuridad encogían el corazón. Era consciente de estar viviendo una experiencia única, privilegiada: me encontraba, igual que aquellos primeros peregrinos medievales, haciendo noche bajo techo sagrado, y en sus mismas condiciones. Caminé hasta el altar mayor, el lugar donde los maestros constructores clavaban el gnomon para la edificación del templo; el punto-eje que da las medidas estelares a la construcción, siempre orientado a los cuatro puntos cardinales. Encendí los velones, y mientras daba lumbre a las mechas sujetas en gruesos hierros forjados, comenzó un espectáculo solo comprensible con el lenguaje de los sentidos y las emociones. Nervaduras, arcos y capiteles parecían hablar bajo el calor del fuego y el crepitar de las llamas. De ellos surgían rostros diabólicos con dientes aserrados y seres grotescos de ojos desencajados que parecían desplazarse a través de los contrafuertes y las pilastras, transformando sus formas y perfiles al compás del capricho de las candelas. Fascinado, temeroso, inquieto, comencé a caminar escoltado por la mirada de un misterioso bestiario rocoso compuesto por toda clase de seres de pesadilla que cobraban vida propia bajo los juegos de luces y sombras. Un escalofrío sacudió mi cuerpo al recordar que estaba sobre lo que antaño había sido un camposanto de peregrinos, territorio de ánimas.

Saqué el cuaderno de campo de la mochila y empecé a revisar los datos. El templo de Eunate, a pesar de las opiniones en contra, era la huella en piedra de la Orden del Temple, y de su doble vertiente, la esotérica y la exotérica. El legado de un grupo de hombres que tuvieron contacto con culturas mediterráneas y orientales. La obra de una corriente espiritual que seguía tradiciones herméticas y gnósticas, y que unía a todos los dioses en uno solo. Que basaba su doctrina en la intuición, la contemplación y la acción. Que no tenía como objetivo final el poder y la conquista militar, sino la búsqueda trascendente, de lugares mágicos, de la gnosis. Ante mí se encontraban los secretos de la arquitectura mágica. Aritmética, matemática y geometría sagrada en la que los legendarios canteros y maestros del Temple plasmaron su concepción del mundo cósmico, en la que unían lo terrenal con lo espiritual bajo el cuadrado y el círculo. Volví sobre mis pasos y me situé de nuevo en el epicentro de la planta octogonal, en la figura geométrica utilizada desde épocas remotas por antiguas culturas como puerta de entrada al más allá, frontera entre lo visible e invisible.

Con calma y sosiego, comencé la búsqueda de «señales» mágicas. A observar, a seguir con la mirada cada uno de los ocho nervios cuadrangulares que sujetan la bóveda y que confluyen sin clave, rompiendo las normas arquitectónicas. Una techumbre distinta a cualquier otra. Una nueva clave oculta, un guiño de los maestros canteros dirigido a quienes supieran ver más allá de lo evidente. Uniendo los nervios de su bóveda, los diferentes triángulos que la componen, aparecen dos de las cruces «secretas» que utilizaban los monjes guerreros. La primera, la Tau, la representación de la *teth* hebrea, la novena letra del alfabeto cujo y la novena sefirá, el símbolo asociado a la sabiduría heredada de la tradición cabalista. Y la segunda, también camuflada, la ansada egipcia. Símbolos relacionados con los templarios —con los nueve caballeros que acudieron a Tierra Santa comandados por Hugo de Payns y Godofredo de Saint-Omer—, y más aún, con monjes armenios, tradiciones herméticas hebreas, mística musulmana, fuentes clásicas y la sincrética sabiduría gnóstica egipcia. Una «señal» más, encriptada, que indicaba —al igual que hacían en el exterior del templo el Cristo sin cruz, esculpido en uno de los capiteles del deambulatorio, así como los bafomets, los rostros barbudos, de la puerta de entrada—, el carácter iniciático y mágico del lugar.

Estaba nervioso, sorprendido como un niño cuando descubre y abre un regalo inesperado. Aquel juego pétreo no era el único misterio que guardaba el santuario y que lo relacionaba con la

Orden del Temple. Saqué una brújula y la puse sobre la fría piedra. Las agujas no mentían. Los nervios de la cúpula y el ábside no apuntaban hacia el este, como era la norma habitual en este tipo de construcciones. Sorprendentemente, cada nervadura señalaba puntos concretos de la geografía con un común denominador; eran posesiones templarias y lugares sagrados desde tiempos inmemoriales, parajes como Zugarramurdi, la sierra de la Demanda, Turbón, San Juan de la Peña o las cuevas cántabras.

El frío se hacía cada vez más intenso. Se colaba por las piedras y los portones. Me puse una prenda de abrigo y dirigí mis pasos hacia la sillería, en busca de marcas de cantero que refrendaran el carácter simbólico y mágico del templo y de los conocimientos y mensajes de sus constructores. Y, uno tras otro, fueron apareciendo los signos secretos: el bastón acabado en espiral, la señal cruciforme y un pequeño símbolo semejante al bufón del tarot llamado «roque». Tres marcas representativas de los monjes guerreros que también están presentes en otras edificaciones templarias, como el portugués convento de Tomar, la iglesia del Temple en Londres y la rotonda de la iglesia del Santo Sepulcro en Pisa. Tres símbolos relacionados con los templarios y su búsqueda de conocimiento.

Cogí más ropa y la extendí sobre el suelo. Me senté justo en el centro, bajo la cúpula, y comencé a reflexionar y tomar notas en mi cuaderno de campo. Eunate —antaño camposanto, llamada «linterna de muertos»—, no era una ermita más. Erigida sobre un antiguo lugar de poder, marcada por fuerzas telúricas, no solo era una brújula geográfico-espiritual, rosa de los vientos pétrea, que indicaba a quien supiera verlo parajes donde se practicaban cultos ancestrales relacionados con la madre naturaleza desde tiempos remotos, sino además un templo de iniciación, vinculado a ritos relacionados con la muerte y la resurrección simbólica, un condensador de energías terrestres y celestes, donde se llevaban a cabo y producían encuentros con lo ignoto e invisible. Eunate era una máquina de espiritualidad.

Seguí, como embrujado, admirando y descubriendo cada rincón del santuario. Sintiendo cada instante, cada segundo, cada minuto. Observando con los ojos de un niño que pregunta y se pregunta por todo. ¿Qué? ¿Cómo? ¿Cuándo? ¿Dónde? ¿Por qué? Estaba cautivado, fascinado, y era consciente de que estaba viviendo una experiencia privilegiada. Un momento en el que el tiempo parecía detenerse.

Herejes en Eunate

«¡Sacrílegos! ¡Sacrílegos!» Horas más tarde, los enfurecidos gritos de una mujer con cara de pocos amigos, de baja estatura y pelo castaño, largo y enmarañado, hicieron que saltara del suelo como impulsado por un resorte. Los hospitaleros del albergue habían regresado. La situación era, cuando menos, inesperada y extraña. Descubrir que unos peregrinos habían pernoctado en el interior de la iglesia los había dejado desconcertados: aquello estaba absolutamente prohibido. Y, aunque les ofrecimos numerosos argumentos y disculpas, fuimos —con la misma fuerza inquisitorial que reinaba en el Medievo—, invitados a salir hasta que el templo fuera abierto al público.

Iluminado por los primeros rayos de sol que entraban por los ojos de buey y animado por el frescor de la brisa del amanecer que se colaba entre los sillares, reorganicé la mochila y decidí recorrer el santuario una vez más para intentar descubrir y apuntar cualquier nuevo detalle en el cuaderno de campo. Contemplé las marcas de cantero y los capiteles desde donde asoman figuras antropomorfas, seres angelicales y diabólicos dispuestos a impartir justicia y el castigo divino, «señales» de conocimientos ocultos. Inspeccioné los nervios de la cúpula que hacen las veces de rosa de los vientos y las columnas de su altar, que conforman un particular árbol de la vida pétreo. Volví a enfrentarme cara a cara a los bafomets, a los rostros barbudos, protectores del santuario, guardianes de misterios, de reminiscencias a cultos romanos, musulmanes y egipcios. Y, por último, garabateé en el cuaderno de campo las figuras talladas en el arco de medio punto de su entrada. Todas idénticas y alineadas en sentido inverso a las esculpidas, por las mismas y desconocidas manos, en el pórtico de la cercana iglesia de Olcoz. Una puerta gemela, que se encontraba en la entrada del deambulatorio exterior de Eunate. Dos pórticos idénticos, marcados por leyendas, que no son creaciones aisladas, entendidos como obra original y copia, sino que están cincelados de manera conjunta y dual, con una intencionada simetría, con un secreto mensaje. Dos puertas con la misma clave, la estrella de Sirio, el Can Mayor, la estrella Procyon, el Can Menor, Orión, el Pastor Celeste, la representación de Osiris y Dionisio aludiendo a los mitos de salvación, el Verbo, vinculado al Evangelio de San Juan, las estrellas de Virgo y Perseo, los gemelos Cástor y Pólux, Géminis, alusivos a los equinoccios de otoño, y el Cisne y el Águila, símbolos de los equinoccios de primavera. Una muestra más de los misterios y del mensaje secreto de los gremios de constructores vinculados a los caballeros templarios y el camino.

A media mañana decidí abandonar Eunate, sabiendo que nunca más volvería a observar la ermita —conocida como la de «las cien puertas»— de la misma forma. Aquella noche comprendí que los hitos que conforman el Camino de Santiago son algo más que meros edificios religiosos donde descubrir la religiosidad, el arte o la historia. Entendí que eran y siguen siendo enclaves vivos, cajas de resonancia de energías, máquinas espirituales, que atesoran y continúan transmitiendo un mensaje y generando en el visitante una experiencia única. Un enclave sagrado, de poder, donde se abren puertas a un universo invisible que solo puede comprenderse desde los sentidos y las emociones.

Salí del templo sin mirar atrás. Seguí —mochila, micrófono, grabadora, cámara y cuaderno de campo en ristre— al pie del Camino de Santiago, como detective de lo insólito, reportero en busca del misterio, siempre allí donde el mundo fue o es diferente. Buscando protagonistas, entrevistando testigos, consultando documentos y preguntando a expertos, tras la pista de sucesos, episodios y lugares —condenados de otro modo al olvido y al silencio— que cabalgan entre la leyenda y la realidad, que ponen en jaque el pensamiento dogmático y ortodoxo, que nos muestran que no todo ha sido explicado y que la realidad es más vasta y compleja de lo que creemos y nos cuentan. Confeccionando una guía particular, un cuaderno de campo distinto, alternativo, heterodoxo, descubriendo y recuperando las incógnitas y los misterios del Camino de Santiago.

Decidí dar una última vuelta al deambulatorio exterior. Deseaba acariciar sus muros, sentir sus piedras. Y mientras caminaba, con calma, con pasos lentos, en medio del silencio, reflexionando sobre la cantidad de cosas innecesarias y de miedos que llevaba en la mochila, en mi día a día; mientras reconectaba con mi cuerpo, con mis músculos, huesos y órganos, a los que tenía olvidados, y con la naturaleza, con el viento y el sol, que de nuevo acariciaban mi cara; mientras reestructuraba ideas y pensamientos, propósitos, conductas y objetivos, el bordón se me resbaló de las manos. Al recogerlo del suelo empedrado apareció, por una de esas «mágicas casualidades», o causalidades, una hoja de papel donde estaba escrito un texto, con el que todo cambió, con el que empezó el mágico camino:

> Que los caminos se abran para recibirte. Que el sol ilumine y bañe tu rostro. Que el viento siempre sople a tu espalda. Que la fina lluvia moje tu cara, tus brazos y piernas. Que tu paso nunca padezca fatiga. Que tu espíritu nunca desfallezca. Y, hasta que volvamos a encontrarnos, ¡buen camino, peregrino!

Diario de un peregrino, al pie del camino

Han pasado quince años desde que, en octubre de 2004, recorriera por primera vez el Camino de Santiago. Desde que empecé a confeccionar esta guía o cuaderno de campo que ahora tiene entre sus manos. Fue mi primer Camino de Santiago, pero ni mucho menos el último. A lo largo de este tiempo he vuelto a vivir en diez ocasiones la experiencia de caminar una veintena de kilómetros al día durante semanas, con la mochila a la espalda, bajo el sol y la lluvia, pisando tierra, barro, agua y nieve, atravesando valles y mesetas, pequeños pueblos y grandes ciudades —y no solo la de caminar, sino también la de ser hospitalero, cuidando de otros caminantes—, compartiendo, descubriendo, entrevistando, aprendiendo, viviendo la experiencia, con lo bueno y lo malo —llevando conmigo el cuaderno de campo, la grabadora y la cámara de fotos, tras la pista de historias legendarias y misterios—, siempre recorriendo el Camino Francés, desde el ramal navarro de Saint-Jean-Pied-de-Port/Roncesvalles y el ramal aragonés desde Sompot/Jaca—, rumbo a Compostela y Finisterre. Caminos y camino al que siempre he acudido al encuentro de leyendas, milagros, sucesos prodigiosos, reliquias, símbolos perdidos, cultos ancestrales; de tierras míticas y construcciones mágicas, en busca de las claves ocultas, de los pilares e hitos del sagrado y mágico Camino de Santiago.

Y es que el Camino de Santiago del siglo XXI es una senda enraizada en cultos y tradiciones que se solapan, que se pierden en la bruma del tiempo y que nos trasladan a un pasado prodigioso y maravilloso. Una senda que recorre muchos caminos que se han ido conformando con el paso de los siglos hasta dar lugar al camino actual. Es heredero de diferentes y antiguas culturas, y discurre por lugares y alberga símbolos cuyo origen, significado real y trascendencia aún desconocemos. Un legado extraordinario ligado a la historia y a la búsqueda ancestral del ser humano de lo mágico y trascendente. En el que hay restos de mitos y creencias íberas, celtas, fenicias, egipcias, griegas, romanas y musulmanas. Un camino que, a pesar de nacer oficialmente en el siglo IX y haber sido domesticado por el cristianismo, contiene un pensamiento milenario que nos une con nuestros ancestros, pero también con el presente, con nosotros mismos. Un camino impregnado por la energía de los millones de personas que lo han recorrido. Una energía que está viva, que se percibe a cada paso.

No cabe duda de que el Camino de Santiago es una experiencia personal e intransferible. Cada persona encontrará y vivirá el camino que quiera y busque. Pero no es menos cierto que hemos olvidado lo más básico y fundamental: que el Camino de Santiago nos descubre más de dos mil años de historia, y que es, por encima de todo, una experiencia humana, espiritual, iniciática y mágica. Para quien decida recorrerlo caminando, paso a paso, con la mochila a cuestas, compartiendo la experiencia con los demás caminantes, durante días y semanas, el Camino de Santiago irá mucho más allá. No en vano, no conozco a ninguna persona que diga: «He viajado al Camino de Santiago». Todas, sin excepción, da igual el tiempo que hayan caminado, afirman: «Soy peregrino. He hecho el Camino de Santiago». Y en esta guía o cuaderno de campo no solo encontrará la información básica para emprender la aventura —un viaje a través de la naturaleza, el arte y la historia—, sino también claves —bajo misterios y leyendas— para no ser un peregrino más y descubrir la verdadera esencia del Camino de Santiago.

Un camino que está marcado por dos tipos de «señales». Unas tienen forma de flecha y son de color amarillo. Son las que vemos todos. Estas nos llevan —a través de los hitos de la historia y del arte—, por lo que fue autovía cultural y económica recorrida por personas y conocimientos procedentes de todos los rincones de Europa, hasta la tumba de Santiago en Compostela. Y luego hay otras «señales» que ni son amarillas ni tienen forma de flecha, que solo se advierten con calma y pericia, que nos conducirán hasta Compostela y después a Finisterre, al *Finis Terrae,* al *Ara Solis*: al antiguo fin del mundo, donde el sol moría y renacía cada día. «Señales» que plantean al espíritu curioso, a aquel que quiere ir más allá y más arriba, que mira, lee, escucha y siente, más allá de lo evidente, secretos por descifrar. «Señales» que son mensajes para el alma y el corazón.

Sentimientos a flor de piel. La mecánica del corazón

Desde aquel primer encuentro con la impronta espiritual individual y colectiva del Camino de Santiago, algo cambió. El camino se mostró ante mí como algo más que una práctica religiosa, una actividad deportiva o una ruta cultural. Se mostró como un recorrido mágico, transformador y espiritual. Se mostró, desde entonces, como un maestro. El camino me descubrió temas y me brindó experiencias que fueron más allá de la búsqueda, del estudio y de la divulgación de leyendas y misterios; más allá de los reportajes para la prensa escrita, libros y programas de televisión y radio. Se convirtió en una experiencia, en un viaje, en una aventura, que da la oportunidad de reencontrarnos con nosotros mismos y con nuestro entorno.

Un camino, un viaje, en el que siempre aprendes algo que antes no sabías. Aprendes a observar, a descubrir, a sentir y vivir, a tomar conciencia de cosas, cosas en las que no reparabas. Desaprendes y vuelves a aprender. Un camino que reeduca y educa. Que recuerda formas, modos, lenguajes; que transforma valores; que abre perspectivas olvidadas que normalmente están dormidas. Que te invita a convivir con los demás y con el entorno de una forma diferente, utilizando otros códigos, muchas veces sin la necesidad de hablar, solo compartiendo la emoción de una mirada, de una sonrisa, de un abrazo. Y es que caminar veinticinco kilómetros al día conlleva una lección que nadie puede enseñar, que solo se puede experimentar. El camino está preparado para ello, para experimentar, para sentir, para reconectar. El camino te arroja a los brazos de la soledad y del silencio, incluso si estás con otros. Te sitúa en medio de la naturaleza, de nuestro hábitat olvidado. Te sumerge en un silencio y en una soledad en los que no te puedes esconder ni de ti mismo. Te invita a vivir una experiencia iniciática. La misma que a los antiguos les servía para transformar sus sombras en luz. El viaje inesperado, el del «noble héroe»; un camino de búsqueda de conocimientos y de superación interior, que terminaba con una muerte simbólica que daba paso a la resurrección de un ser humano mejor, más sabio y más consciente. El camino, en esta sociedad nuestra en la que vivimos inmersos en lo que no somos, haciendo lo que no somos, es un reencuentro con lo que somos. Nos permite dejar de ser esclavos de la sociedad, de los «engaños», dejar de ser borregos de la «realidad». El camino te empuja a vivir la vida, el camino de la vida, de una forma distinta, más consciente, más despierta. Un camino en el que lo extraordinario se puede presentar ante nosotros en cualquier momento. En el que se despiertan capacidades que parecían anuladas. Que nos reconecta con un eco remoto. Algo atávico. Que eleva nuestros sentidos a esa otra realidad que está detrás de las cosas, la misma que ya conocían los antiguos. Y en la que se abre una multirrealidad, un mundo de coincidencias imposibles, serendipias, de «pactos y señales», de «mágicas casualidades».

Camina. La magia del camino

Hoy, transcurridos quince años, diez caminos, en los que he recorrido más de diez mil kilómetros, escribo estas líneas para invitarlos a descubrir y emprender un viaje, una aventura, una experiencia, un camino, que hermana al ser humano con su ancestral y olvidada naturaleza. En el que uno puede descubrir, o volver a descubrir, que nuestro mundo, ese mundo en el que vivimos y que nos parece ordinario, y nuestra realidad, son más extraordinarios de lo que nos cuentan y creemos.

Este cuaderno de campo, esta *Guía mágica del Camino de Santiago,* nació con un propósito y un sueño: descubrir la historia, las leyendas, el misterio o misterios, las incógnitas, del Camino de Santiago. Y ahora que cobra forma y se hace realidad en papel, lo hace con un nuevo reto, propósito y sueño: que usted, amigo lector, coja esta guía o cuaderno de campo, se ponga las botas, cargue la mochila y descubra el mágico Camino de Santiago. Si decide hacerlo, si decide atreverse a emprender la aventura, le deseo lo expresado en aquella nota que encontré por una de esas «mágicas casualidades» al emprender mi primer camino:

> Que los caminos se abran para recibirte. Que el sol ilumine y bañe tu rostro. Que el viento siempre sople a tu espalda. Que la fina lluvia moje tu cara, tus brazos y piernas. Que tu paso nunca padezca fatiga. Que tu espíritu nunca desfallezca. Y, hasta que volvamos a encontrarnos, ¡buen camino, peregrino!

I

Claves del Camino de Santiago del siglo XXI
El viaje del noble héroe, la visión alternativa y heterodoxa

1

CAMINAMOS

La búsqueda mágica y sagrada continúa

El ser humano, desde que tiene conciencia de su existencia, ha caminado. Estamos hechos para caminar. Y caminar ha sido una constante en nuestra evolución e historia. El ser humano ha caminado en busca de sus necesidades primarias, pero también ha caminado en busca de horizontes y tierras extrañas que le permitieran avanzar en otros sentidos. Ha caminado movido por la curiosidad, por el anhelo de descubrir y de aprender. Y así, paso a paso, también ha caminado en busca de lo desconocido, de lo ignoto, de parajes donde moraba lo divino, lo invisible y lo mágico. Lugares marcados por peculiaridades, por sucesos extraordinarios, por lo inexplicable-inexplicado.

Un camino, el mágico y sagrado, inherente al ser humano. Una búsqueda que es parte de nosotros, de nuestra naturaleza, alma y esencia ancestral. Que nació con los primeros cultos solares, cuando el ser humano se guiaba por el cielo, por las estrellas, por la luna y el sol, el mismo que daba vida y calor, que moría y renacía todos los días. Buscar ha sido y sigue siendo una constante en el ser humano. Una de sus metas vitales. Y cada paso dado en el camino del conocimiento de la «realidad» ha sido un salto, grande o pequeño, por las rutas del saber, que secretamente legaron otros buscadores que nos han precedido.

Por qué peregrinamos

Porque en el Camino de Santiago reencontramos la esencia de la búsqueda milenaria. Esa parte humana, mágica y espiritual que el moderno ser humano parece haber olvidado y desterrado. El impulso atávico, el deseo de caminar hacia otros lugares o en busca de «otras realidades», conocimientos y experiencias trascendentes. Y porque el Camino de Santiago nos da la oportunidad de vivir una experiencia iniciática y mágica. Iniciática, porque el viaje siempre superará lo esperado o imaginado. Y mágica, porque siempre será una experiencia en la que la realidad se mostrará ante nosotros en todas sus dimensiones, no solo en la lógica y racional, la que manda en nuestra cotidianidad, sino también en la sensorial, emocional y espiritual, esa que permanece dormida, anestesiada, que tenemos olvidada y hasta moribunda.

Cómo peregrinamos

Según la *Vita nuova* de Dante y las *Siete Partidas* de Alfonso X el Sabio, existían tres modos de peregrinar: por pura y simple voluntad, para cumplir un voto y por penitencia, a las que habría que sumar la de obtener indulgencia plenaria. Desde el siglo XX existe una más: la mágico-sagrada. El camino se mostrará como un proceso alquímico, con encuentros, con vivencias, que harán que el peregrino buscador, como si de un alquimista se tratase, avance en un viaje interior durante semanas tanto como avanzaría a lo largo de toda una vida de búsqueda cotidiana. Un viaje —una experiencia— en el que podrá llegar a tomar conciencia de su propia trascendencia, y en el que, a través de las enseñanzas adquiridas, de los desafíos superados, tras haber preparado su alma y su espíritu, se haga merecedor de conocimientos que ha de recibir cuando alcance el destino, el final del viaje mágico y sagrado. Una búsqueda marcada por vivencias, así como por encuentros con «señales» que fueron establecidas, que discurre por determinados puntos, en ejes telúricos donde se entrecruzan corrientes de energía capaces de actuar sobre el cuerpo y el espíritu. Por construcciones concebidas para transmitir mensajes que revelan lo mágico. E, incluso, leyendas que justifican la edificación, y que a través de su discurso mágico se encargan de coser un entramado de relaciones simbólicas que el buscador peregrino tendrá que comprender y establecer en su deseo de hallar su trascendencia. Siempre allí donde nació o vivió un eremita o un santo, donde se guardan reliquias, se veneran particulares cristos y vírgenes, o donde ocurrieron prodigios o milagros.

La búsqueda continúa

Un camino y una búsqueda que llevan al encuentro de las claves del conocimiento que otros dejaron para nosotros —para todos y cada uno de nosotros—, tras haber pisado, también ellos, en otros tiempos y otras circunstancias, los mismos caminos que ahora va a recorrer el buscador peregrino. Una senda y una búsqueda en las que se encuentra una espiritualidad universal, común a todos los credos y doctrinas, a cualquier ruta de peregrinación. Que atesoran la universalidad de sentimientos que dieron origen a todas las creencias, en las que pervive el mundo espiritual común de la humanidad.

2

PROTOHISTORIA, ORIGEN Y PERIODO MEDIEVAL DEL CAMINO DE SANTIAGO

Qué, cómo, cuándo, dónde y por qué

La veracidad histórica del hallazgo de los restos del apóstol Santiago, así como su paso por España, están en duda, dada la falta de pruebas documentales y arqueológicas. No tenemos ninguna certeza de su autenticidad, y es muy posible que carezcan de toda base histórica. Y, sin embargo, han provocado todo un rosario de acontecimientos históricos de tal relevancia y envergadura que han desplazado la realidad del asunto. Lo único cierto es que solo existe la tradición, la leyenda y la convicción sobre la presencia del apóstol en Hispania. Y como se suele decir, donde no llega la historia, llega el mito.

Según la tradición, la aparición milagrosa se produjo en el año 813. Un anacoreta llamado Pelayo le contó a Teodomiro, obispo de Iria Flavia —actual Padrón—, que había visto unos resplandores misteriosos en los cielos, sobre el bosque de Libredón. Teodomiro no tardó en acudir hasta el lugar, hoy Santiago de Compostela. Y una vez allí, encontró una losa de mármol, unos huesos humanos —los restos de un antiguo cementerio romano, como han demostrado las últimas excavaciones arqueológicas— y proclamó a los cuatro vientos —por ciencia infusa, por «revelación»—, que allí se encontraban los restos del apóstol, que aquel era su sepulcro y tumba.

Teodomiro, obispo de Ira Flavia, avisado por el eremita Pelayo de la aparición de unas misteriosas luces en los cielos en el bosque Libredón, viajó hasta el lugar donde halló los restos del apóstol Santiago.

Desembarco del cuerpo de Santiago Apóstol. (Museo Lázaro Galdiano s. XVI).

La noticia pronto recorrió toda la pirámide de poder. El obispo no tardó en avisar de lo sucedido al rey Alfonso II el

Casto. El monarca asturiano, rey de un pequeño territorio en una Hispania dominada por el islam, vio en aquel hallazgo la oportunidad de ganar fuerza, poder y prestigio. Viajó hasta tierras gallegas, avaló el hallazgo, mandó construir un santuario en aquel lugar y lo puso en conocimiento del papa León III y del emperador Carlomagno. Se ponía así el sello oficial al descubrimiento. No en vano, el viaje del rey asturiano fue la primera peregrinación «oficial». Desde entonces, la tumba del apóstol Santiago se encuentra oficialmente ubicada en Compostela, a muy poca distancia de Finisterre, en aquella época el final del mundo conocido, el *Finis Terrae,* al que se llegaba siguiendo las estrellas de la Vía Láctea.

El hallazgo celestial afianzó la monarquía astur e impulsó la transmisión y vinculación cultural, política y religiosa entre los cristianos peninsulares. La supremacía islámica en casi toda la Península no había significado la desaparición del cristianismo, y sus comunidades, llamadas mozárabes, fueron las que emprendieron la reorganización estructural. El descubrimiento y la custodia de los restos del apóstol articularon un mismo pensamiento, una ideología fortalecida, frente a los infieles musulmanes. Y la jerarquía eclesiástica, consciente de que su hegemonía estaba en peligro, apoyó y promovió el prodigio y comenzó a recuperar los viejos caminos, los hitos sagrados, a configurar las sendas de peregrinación, situación que se vio reforzada con la apertura del camino por la reconquista territorial de los reyes cristianos, en busca de una frontera segura y bien protegida que frenara a los sarracenos, y con la entrada de las órdenes monásticas.

Alfonso II el Casto inauguró un santuario y el caudal peregrino al confín de su reino. Después, tras la consagración de un nuevo templo por Alfonso III el Magno y el traslado de la corte a León, en el año 910, dictado por el propio Alfonso III y ejecutado por García I, se articuló un triángulo viario entre la nueva capital hispana, la antigua metrópolis ovetense y la sede compostelana. Un camino vertebrado entre León, Astorga, Monte Irago, Cebreiro y Melide que ya aparece documentado en el año 858. La conquista de villas y pueblos, junto con la liberación de pasos, propició el asentamiento, la repoblación y el aumento de peregrinos llegados de todos los rincones. La senda se fue estructurando no por un camino *ex novo*, sino superpuesto a las vetustas rutas establecidas desde tiempos prehistóricos por la Meseta norte y el valle del Ebro. Siguiendo las antiguas vías de comunicación, las calzadas romanas, la trajana y el llamado «itinerario antoniano» desde Pamplona. Las sendas por las que llegaron los primeros peregrinos transpirenaicos, tal como se recoge en el manuscrito de Albelda de Iregua, donde se explica que en el año 950 el obispo de Le Puy, Gotesalco, acudió a Santiago de Compostela acompañado por un grupo de peregrinos franceses.

Alfonso II el Casto, monarca asturiano, puso el sello oficial al milagroso hallazgo de los restos y tumba del apóstol Santiago. Su viaje fue la primera peregrinación oficial.

Almanzor, las campanas de Compostela, el punto de inflexión internacional

Tras el saqueo de Compostela por parte de Almanzor en el año 997 —que arrasó la ciudad, llevándose incluso las campanas del santuario a Córdoba, trasladadas hasta allí a hombros de los cristianos presos y utilizadas como lámparas, posteriormente recuperadas por el rey Fernando III, e idénticamente trasladas por presos musulmanes—, quien, sin embargo, dejó intacta la tumba apostólica por ser un lugar santo —según cuenta la leyenda se encontró en ella a un misterioso monje y su caballo bebió de la pila bautismal—, la fama del sepulcro apostólico se multiplicó y alcanzó proyección europea. Lo que en un principio era un suceso localizado en el norte peninsular se internacionalizó y se convirtió en la punta de lanza del orbe cristiano occidental. Santiago dejó de ser un apóstol evangelizador para convertirse en un guerrero de Cristo, en el hijo del trueno, que ayudaría a recuperar y cimentar el poder de los reinos de cristianos. La guerra entre invasores e invadidos en nombre de Dios. Se pasó de llevar la cruz en el cuello a llevarla en la cintura en forma de empuñadura de espada. El norte peninsular quedó expedito, y el camino empezó a beneficiarse de innumerables mejoras viarias y de servicio, al mismo tiempo que se repoblaban comarcas enteras.

Alfonso VI, en Castilla y León, y Sancho Ramírez, en Aragón y Navarra, fueron los monarcas que abrieron, y acondicionaron, sus reinos para el paso de los peregrinos. La vía cultural, artística, comercial, religiosa y espiritual de Europa.

Alfonso VI, en León y Castilla, y Sancho Ramírez, en Navarra y Aragón, fueron los responsables del acondicionamiento, así como de la protección de los peregrinos. Los monarcas abrieron sus reinos a las corrientes artísticas del resto de Europa, universalizando y ensanchando los caudales culturales del camino. Y favorecieron la constitución de una red de monasterios a la Orden de Cluny. Al final de sus reinados, el camino estaba —entre puentes y calzadas romanas— asegurado, trazado y fijado. Abastecido de hospitales, hospederías, albergues y asilos en diferentes villas, como Jaca, San Juan de la Peña, Pamplona, Puente la Reina, Estella, Logroño, Nájera, Burgos, Carrión de los Condes, Sahagún o León, ente otras. El camino contribuyó a la creación de muchos pueblos que nacieron gracias a él o para él, trazando el perfil urbano de acuerdo con la ruta. Urbes donde comenzaron a organizarse mercados semanales y ferias anuales, como las de Sahagún y Carrión de los Condes. En las que se empezaron a consagrar templos, como la colegiata de San Isidoro en León y el monasterio de Leyre en Navarra, a Santiago, a la ruta estelar. Y en las que, en la mayoría de los casos, convivían las tres culturas. No es casualidad que hubiese aljamas judías —con expertos en medicina, gestores de finanzas o cambistas de dinero—, en Jaca, Estella, Viana, Nájera, Frómista, Carrión de los Condes, Burgos, Sahagún, León, Astorga, Ponferrada, Portomarín e incluso en Compostela. Relaciones en las que estuvo implicada estrechamente la Orden del Temple, vinculada a familias judías de distintos países europeos. A pesar de que, oficialmente, la Iglesia ejercía su autoridad proclamando el pecado de establecer relaciones sociales, comerciales o de cualquier otro tipo con quienes eran proclamados «verdugos» del Salvador, proliferaron importantes juderías en las ciudades emblemáticas del camino.

«Iacosland», el esplendor del camino en Europa

A partir del siglo XI, y durante los siglos XII, XIII y XIV, las peregrinaciones a Compostela y Finisterre, se convirtieron en vértice del mundo medieval en toda Europa. La antigua Hispania pasó a ser conocida con el nombre de Iacosland. Y de ello dejó constancia el embajador del emir almorávide Alí ben Yusuf, quien afirmó: «Es tan grande la multitud de los que van y vienen que apenas dejan libre la calzada hacia Occidente». El proceso de intercambio social y comercial convirtió la ruta jacobea en una autovía —en la calle Mayor de Europa—, por donde circularon conocimientos y formas artísticas que aceleraron el desarrollo cultural y económico. Así, por ejemplo, en las *Crónicas anónimas de Sahagún* se menciona que en la villa leonesa se habían asentado pueblos de procedencias muy diversas: ascones, bretones, alemanes, ingleses, borgoñones, normandos, tolosanos, provenzales y lombardos. Y la influencia de cada uno de los peregrinos venidos desde todos los rincones del mundo conocido fue sedimentando un movimiento urbano, cultural, comercial y social del que antes habían carecido los territorios peninsulares del norte español.

El salto cualitativo y cuantitativo se produjo bajo las prelaturas de los obispos Diego Peláez —quien comenzó las obras de la catedral románica—, el obispo Dalmacio —enviado por el abad Hugo de Cluny, una de las figuras más importantes, de familia relacionada con los merovingios y carolingios, quien construyó la tercera abadía de Cluny, la estructura más grande de Europa, motor de la reforma cluniacense—, y finalmente con el carismático obispo Gelmírez y el maestro Mateo. Ambos estuvieron al frente de una serie de acontecimientos que potenciaron de manera sorprendente el Camino de Santiago, cambiando las conciencias, el inconsciente colectivo, de los peregrinos. El maestro Mateo con la construcción de la nueva catedral, el pórtico de la Gloria y la talla del apóstol que hoy todos abrazamos. Hasta ese momento, los peregrinos adoraban una tumba en el suelo, y con su obra, los caminantes comenzaron a venerar y «tocar» una imagen, a pesar de la idolatría perseguida por la Iglesia. Y Diego Gelmírez con la potenciación de las buenas relaciones con la Orden de Cluny, los estrechos contactos con Roma y con el rey Alfonso VII, que contribuyeron a despejar todos los obstáculos posibles, hasta el punto de que convirtieron a Compostela en uno de los faros de la cristiandad medieval, que ya era sede apostólica gracias al papa Urbano II desde el año 1095.

En 1122 Calixto II proclamó el año santo compostelano, que se celebraría por primavera vez en 1126. Veinte años más tarde, en el año 1140 apareció el *Liber sancti Iacobi*, compilado por el canciller Aymeric Picaud, atribuido al papa Calixto, en el que se incluye el *Liber peregrinationis*, el *Codex Callixtinus*, la primera «guía» oficial del itinerario, que reyes leoneses y navarros y monjes cluniacenses se habían encargado de fijar en sus reinos. Tan solo treinta años más tarde, en el año 1179, su santidad Alejandro III estableció, mediante la bula *Regis aeterni*, la «indulgencia plenaria» para todo aquel peregrino que llegase a Compostela en año santo. Y, finalmente, tras la pérdida del orbe cristiano de los santos lugares en Jerusalén, un siglo más tarde, en el año 1300, el papa Bonifacio VIII estableció la gracia del jubileo, con indulgencias idénticas a las que recibían los cruzados. Compostela se transformó en uno de los «centros del mundo» y el Camino de Santiago en una matriz de progreso. En una auténtica universidad de conocimientos a la que acudían gentes venidas de toda Europa. La primera vía que unía Occidente y Oriente. Una misma senda desde Jerusalén, que pasaba por Roma y terminaba en Compostela-Finisterre. La red de redes de la Edad Media.

A partir del siglo XI, y durante los siglos XII, XIII y XIV, la antigua Hispania era conocida como Iacosland. El Camino de Santiago era, y sigue siendo, la Calle Mayor de Europa.

Del tiempo de esplendor medieval a las sombras renacentistas

A partir del siglo XV, las peregrinaciones jacobeas empezaron a perder paulatinamente la fuerza de sus inicios. La desaparición de los gremios de constructores, los nuevos cambios sociales y los continuos conflictos castellanos y europeos fueron las primeras causas. Disputas políticas que ya habían provocado que el rey de Castilla, Juan II, padre de Isabel la Católica, creara y otorgara un salvoconducto general a los peregrinos de otras nacionalidades, reconociendo con ello que la peregrinación quedaba por encima de cualquier conflicto. Una norma que se recrudecería posteriormente, cuando Felipe II en España, en el siglo XVI, y Luis XIV en Francia, en el siglo XVII, exigieron a sus súbditos una licencia especial para peregrinar fuera de sus respectivos reinos y, a los extranjeros, documentos sellados en sus diócesis que debían poner a disposición de la autoridad. Instituyeron así las bases de la moderna credencial peregrina. La hermandad del bordón y la esclavina se transformó en una ruta anárquica, aventurera y peligrosa, frecuentada por truhanes, vagabundos y ladrones, buscadores espirituales y literatos viajeros. El camino despertaba inquietud, y varias ciudades europeas llegaron a negociar el alojamiento de los peregrinos intramuros y hasta, incluso, los días de estancia en Compostela. La situación se agravó aún más con el estallido de la peste. La muerte de millones de personas hizo que se tomaran medidas preventivas y se impidiera el paso de los *concheiros* por determinados tramos y poblaciones. Todo un cúmulo de circunstancias fueron obstaculizando cada vez más la peregrinación, y el cisma protestante y el temor a un ataque religioso no hicieron, sino asfixiarla aún más. El miedo a que el corsario Frank Drake, bajo las órdenes de Isabel I de Inglaterra, destruyera Compostela —a la que llamaba «emporio de la superstición»— provocó que el obispo san Clemente, sabedor de la profanación de la tumba de santo Tomás de Canterbury por los sajones, ocultara los restos del apóstol. Y así permanecieron, olvidados una vez más, durante trescientos años.

Camino de Santiago, de las sombras del siglo XIV a la luz del siglo XXI

En el siglo XIX —a pesar de la difusión del racionalismo y la desamortización, que hizo perder numerosos templos, albergues y hospederías de peregrinos—, volvió a ocurrir lo imposible, el milagro. Tras tres siglos de silencio, los restos del apóstol Santiago reaparecían. El obispo Miguel Payá, quien inspeccionó palmo a palmo la catedral, fue quien redescubrió una cámara sepulcral en el edificio catedralicio, en cuyo interior aparecieron tres sepulcros. En 1884, el papa León XIII anunciaba al mundo el hallazgo. Bajo el altar mayor se habían localizado, una vez más, los restos de Santiago el Mayor y los de sus discípulos Atanasio y Teodoro, según corroboraron y confirmaron —no se sabe cómo—, los estudios efectuados por la Congregación de Ritos. Y con la bula *Deus omnipotens* las peregrinaciones al santo lugar volvieron a cobrar fuerza.

Ya en el siglo XX, las dos guerras mundiales y la Guerra Civil en España hicieron que la peregrinación viviese tiempos difíciles. Tras la contienda española, la dictadura de Franco, con su nacionalcatolicismo, impulsó la peregrinación bajo el espíritu de un Santiago convertido en símbolo de la nueva España imperial. No fue hasta el fin del franquismo, en los años setenta, cuando comenzó la revitalización definitiva de la senda mágico-sagrada. Un factor clave en este renacimiento fue el interés despertado por la literatura heterodoxa, ensayos históricos, artísticos y antropológicos dedicados a descubrir los orígenes, el lado mágico, los misterios del Camino de Santiago. Otro elemento clave que contribuyó a la revitalización del camino fue el esfuerzo de personas como el sacerdote Elías Valiña, quien decidió emprender la ardua tarea de señalizar el camino desde la localidad de O Cebreiro hasta Compostela, y de Andrés Muñoz, uno de sus colaboradores, presidente y fundador de la Asociación de Amigos del Camino de Santiago en Navarra. Por último, cabe mencionar también la creación de las primeras asociaciones de peregrinos, que poco a poco irían reorganizando la ruta, como la Asociación de Amigos del Camino en París y la Asociación de Amigos del Camino de Estella, que fueron pioneras de todas las demás agrupaciones y asociaciones de peregrinos.

Durante la década de los años ochenta del siglo XX, el Camino de Santiago fue renaciendo y recuperando su antiguo esplendor. En 1982, el papa Juan Pablo II se convertía en el primer pontífice que se arrodillaba ante el apóstol, después de ciento quince años santos. En 1986, la Unesco declaraba Patrimonio de la Humanidad la ciudad de Santiago de Compostela y, un año más tarde, proclamaba el Camino de Santiago, «Primer Itinerario Cultural Europeo», la «calle Mayor de Europa». Todo ello hizo que en 1993 se registraran para recorrerlo más de seis millones de personas. Un camino que, desde que comenzara el siglo XXI —solo alterado por el confinamiento, consecuencia de la pandemia de la COVID-19, de marzo a junio de 2020—, vive etapas de revitalización y luz.

«Conspiración jacobea»: orígenes y crónica no oficial

La realidad histórica del hallazgo de los restos y la presencia del apóstol en España, como comentábamos anteriormente, ha quedado relegada al olvido. La incógnita y el misterio, la conspiración, surgen tras todo lo que rodea a Santiago y los inicios del Camino de Santiago. Sus orígenes son una crónica de luces y sombras, episodios de conjuras, luchas de fe y poder. Podríamos llamarla «conspiración jacobea», y se fraguó en el momento histórico en el que el poder musulmán estaba consolidado en Hispania. Al-Ándalus, dependiente del califato de Damasco, vivía su esplendor. Córdoba, la ciudad de la cultura, competía con Constantinopla y rivalizaba con La Meca como lugar de peregrinación gracias a los restos que custodiaba del profeta. La resistencia cristiana, neovisigoda y comandada por el rey don Pelayo, se había gestado en las montañas cántabras. Y desde allí, aprovechando la ausencia de guarniciones musulmanas, había empezado su expansión. En aquella época no solamente estaba en juego el territorio, sino también la primacía de una religión, de una fe sobre otra. La Iglesia había perdido parte de su poder ante el mundo musulmán. Es entonces cuando, desde el olvidado y escondido monasterio de Santo Toribio de Liébana, en los Picos de Europa, se produce la reacción a la religión infiel y se pone la primera piedra de la «conspiración jacobea», y del Camino de Santiago, con la reivindicación del apóstol Santiago y su vinculación con España.

El responsable fue el misterioso, popular e ilustre Beato de Liébana, autor de los *Comentarios al Apocalipsis de san Juan,* que cobrarían fama en toda Europa y que serían copiados y conocidos como *Beatos* en todos los monasterios y abadías de Occidente durante cuatro siglos. El lebaniego, llamado así despectivamente por Elipando, obispo de Toledo, pondría los pilares de lo que sería la Hispania moderna y las bases del culto al apóstol y al Camino de Santiago. Las diferencias entre el Beato de Liébana y el obispo Elipando —a causa del adopcionismo, la concepción de Jesús como hijo adoptivo de Dios y la conciliación entre las religiones—, hicieron que el Beato lebaniego proclamara al apóstol Santiago patrono de los cristianos hispánicos mediante el himno litúrgico *O Dei Verbum.* Y más aún, que configurara una imaginativa biografía evangelizadora de Santiago, el hijo de Zebedeo, el discípulo preferido de Jesús, el primero de los apóstoles en sufrir martirio, en Hispania. Las condenas de los concilios a estas nuevas corrientes toledanas, y el apoyo de los mismos al Beato lebaniego, facilitaron el camino a los eclesiásticos galaicos para romper su dependencia espiritual de la sede primada metropolitana de Toledo. Nacía una nueva Iglesia. Una corriente eclesiástica, la del lebaniego, que incluso llegaría a influir en el obispo Alcuino, de quien fue maestro, asesor personal del emperador Carlomagno, logrando cambiar el curso del Imperio carolingio.

La «conspiración jacobea» emprendió una segunda etapa tan solo cuarenta años después, cuando, olvidados, aparecieron los restos del apóstol Santiago. El obispo Teodomiro y el monarca Alfonso II el Casto, guiados por el Beato de Liébana, cuyos escritos avalaban la presencia evangelizadora del apóstol y el sobrenatural traslado de sus restos a España, confirmaron el prodigio y la veracidad del hallazgo de la tumba apostólica. El orbe cristiano había encontrado una reliquia tan digna de veneración como la que fortalecía la fe de los infieles en Córdoba. Santiago, el hijo del trueno, se convirtió en el estandarte y patrón de los reinos hispanos. Y con ello comenzó la reconquista del poder religioso orquestada y trazada por los monjes de Cluny con un objetivo: cerrar filas en torno a Roma, lograr que los gobernantes europeos se sumaran a la causa, que eligieran a un emperador único que legalizase la autoridad de la Iglesia de San Pedro, y así convertirse en el máximo poder en todo el Occidente cristiano, tras la pérdida de los santos lugares y de las iglesias orientales. Las peregrinaciones a Compostela, el Camino de Santiago, fueron fundamentales para la transformación religiosa de Cluny. Sus monjes pactaron con los reyes hispanos el establecimiento de una vía que traería a peregrinos de toda Europa, regulando, disciplinando y vigilando el viaje bajo la ortodoxia de la autoridad romana, controlando monasterios señeros. Se abrieron las puertas a la reforma religiosa, que afectó a la Iglesia visigoda, con la abolición de la liturgia mozárabe por la que se regía el culto hasta entonces, y a las relaciones con al-Ándalus, dando pie a un concepto mesiánico y cruzado de la Reconquista.

Una «conspiración jacobea» que llegaría a su momento de esplendor y daría el golpe definitivo con la publicación de la primera guía oficial del Camino de Santiago, que se guarda en la catedral compostelana, el *Liber sancti Iacobi.* Editado en 1140, el voluminoso códice fue confeccionado, según se afirma en la carta que lo encabeza, por el pontífice Calixto II, y donado a la iglesia de Santiago por Aymeric Picaud, presbítero de Parthenay le Vieux. Está dividido en cinco libros. Los dos primeros son una compilación litúrgica y hagiográfica para los oficios. El tercero reúne la narración del traslado de los restos del apóstol, la *Translatio,* y una carta del papa León, la *Epistola Leonis,* con dos capítulos. El cuarto libro contiene la *Historia de Karoli Magni,* conocida como *Historia Turpini.* Y el último libro, el célebre *Liber peregrinationis,* describe el itinerario que conforma el Camino de Santiago desde Roncesvalles (Navarra) y Jaca (Aragón) hasta

Compostela. Una obra que, hoy sabemos, mezcla documentos preexistentes y que, lejos de ser escrito por Aymeric Picaud, fue confeccionada por un monje o un grupo de monjes del *scriptorium* compostelano. Por religiosos vinculados a la Orden de Cluny que marcaron, sobre una tradición inventada, un recorrido por lugares donde se veneraban reliquias y cuerpos santos, hasta Compostela, desterrando con ello de la memoria cualquier relación o conexión con antiguos cultos paganos o primitivas peregrinaciones solares, uniendo a todos en un cristianismo universal en el que ellos eran amos y señores. Y el mejor ejemplo lo hallamos en la *Historia Turpini,* escritas supuestamente por Tilpino, arzobispo de Reims y consejero de Carlomagno, que se añadieron al *Codex Calixtinus* para convertir el Camino de Santiago en una vía ortodoxa capaz de dar cabida a toda la cristiandad. Esa es la razón por la que se ubicaron los mitos carolingios a lo largo del camino. Desde la supuesta peregrinación de Carlomagno a Compostela, pasando por su rezo en Roncesvalles tras la muerte de Roldán, el suceso desde las lanzas convertidas en sauces junto a Sahagún —centro neurálgico de la Orden de Cluny en España—, a los combates entre los paladines Roldán y Ferragut en Nájera. Leyendas que se extendieron por la ruta jacobea y que serían reproducidas en numerosos capiteles de templos y monasterios. Sea como fuere, la «conspiración jacobea» consiguió su fin: la recuperación del poder de Roma, la supremacía de su Iglesia, la destrucción de cualquier otra religión o culto pagano, y encaminar a los peregrinos por un itinerario único a la tumba del apóstol bajo un espíritu penitencial.

3

LUGARES DE PODER Y TEMPLOS SAGRADOS

De cuevas y montes a iglesias y catedrales

El Camino de Santiago es muy antiguo: al emprender la senda actual, recorremos muchos caminos que se han ido conformando con el paso de los siglos. Si le quitamos el barniz de lo «oficial», de lo establecido, si lo observamos y caminamos sin prejuicios, con la mente abierta, descubriremos que la ruta jacobea se articuló sobre las mismas vías y puntos geográficos que utilizó el ser humano y tomó como mágicos y sagrados desde tiempos remotos.

La senda al *Finis Terrae* ya existía mucho antes de que fuera establecida por la Iglesia. No en vano, se dirige allí donde la leyenda dice que recalaron los supervivientes de la Atlántida, y al pico donde se extravió el arca, el navío diluvial, y desembarcó Noé. Un lugar en el que la historia dice que los ligures realizaban cultos al dios Lug y los celtas galeses llegaron siguiendo la Vía Láctea en el siglo VIII a. C.

Cuando el buscador peregrino del siglo XXI emprende el camino, lo hace por rutas y espacios mágicos y sagrados en los que el ser humano se encontraba consigo mismo, con una realidad invisible o con sus dioses; hitos que están relacionados con credos y cultos paganos anteriores. Transitamos por parajes que fueron sacralizados por culturas como la megalítica, la celta, la íbera, la griega, la romana y la musulmana, entre otras. Y en muchos de ellos todavía podemos hallar sus huellas en dólmenes, menhires, ninfeos, castros, estelas o aras. Son los lugares de poder. Y sobre ellos se erigieron los templos cristianos medievales.

Edificaciones mágico-sagradas que han conservado la sacralidad de estos enclaves que, aunque camuflados, han preservado sus ancestrales ritos y creencias. No son edificios concebidos con una intencionalidad estructural o estética, como podemos entenderlos ahora. En ellos, todo obedece a un fin. A un propósito. Construidos en espacios especiales, tienen en común una misma característica: están ubicados y unidos por corrientes geotelúricas. Los celtas las llamaban *wyvern,* hoy son conocidas como «líneas ley». No tenemos aparatos que permitan medir estas corrientes, pero en ellas se experimenta una energía que emociona, que transforma nuestra percepción.

Lugares de poder: cuevas y montañas

El Camino de Santiago —los novecientos kilómetros desde Somport y los ochocientos kilómetros desde Saint-Jean-Pied-de-Port—, está vertebrado por las vías de migración en las que nuestros antepasados descubrieron su hábitat, y también, su condición mágica y espiritual. Las sendas que recorría el ser humano en busca de deidades que se pierden en la bruma de la historia. Caminos vinculados en sus orígenes a cultos estelares y solares, a la Vía Láctea y al sol, y definidos por puntos geográficos con determinadas particularidades. Montañas, cuevas, lagunas, fuentes, acantilados, islotes, bosques, árboles, mares, costas o valles que ya eran morada de dioses y puertas a otros mundos para los primeros seres humanos, nómadas y sedentarios.

Una sacralidad ancestral determinada por una conjunción de elementos que se repiten constantemente. Enclaves en los que ocurrían manifestaciones extraordinarias, sucesos prodigiosos o inquietantes fenómenos naturales o astronómicos. En los que el ser humano entraba en contacto con una realidad velada. En los que tocaba un mundo paralelo y hablaba con lo invisible. En donde se comunicaba con las deidades mediante sonidos distintos de su lenguaje. En los que danzaba y cantaba a sus dioses para que la caza fuera abundante y los cultivos fructíferos. Y en los que despedía a los suyos y descansaban sus almas.

Lugares vinculados a unos cultos que aumentaron con las migraciones celtas hacia el extremo atlántico de la Península y con el avance de los suevos, todavía pueblo pagano, durante la decadencia romana, siempre siguiendo el camino trascendente del sol, rumbo a los confines del mar desconocido, en los que habitaba una fuerza especial. Y es que, desde la más remota antigüedad, el ser humano concibió la tierra como un organismo vivo provisto de «venas» y «arterias» por las que circulaban corrientes energéticas, telúricas, que, nacidas en el seno de la tierra, se movían serpenteando a través de rocas, cruzando espacios subterráneos, vivificaban los territorios por los que transitaban, nutrían bosques, ríos y mares, y confluían en parajes privilegiados donde estas energías entraban en contacto con las cósmicas.

La Cruz de Ferro, hito del Camino de Santiago, en Monte Irago, se erige sobre un antaño templo romano al dios Mercurio.

El buscador peregrino del siglo XXI seguirá sintiendo una energía especial en Roncesvalles, Somport, Villanúa, Jaca, San Juan de la Peña, Leyre, Eunate, Estella, Torres del Río, Viana, Nájera, Grañón, Frómista, Villalcázar de Sirga, Carrión de los Condes, San Juan de Ortega, Atapuerca, León, Astorga, Monte Irago, Cruz de Ferro, Ponferrada, O Cebreiro, el Pico Sacro o los acantilados de Finisterre, entre otros.

Parajes, todos ellos, que ya tenían una tradición y culto anterior, marcados por lo mágico y lo extraordinario, que la Iglesia tomó y ocupó. Algo que queda de manifiesto en lo ocurrido en el siglo XI en el templario monasterio de San Juan de la Peña, en tierras aragonesas, en el templo que albergó el Santo Grial, cuyo origen se encuentra en unas cuevas eremitorios: dos años después de la fundación del cenobio, el abad Oliva denunciaba ante el rey Sancho el Mayor las prácticas mágicas que se realizaban en la comarca.

Templos sagrados: iglesias y catedrales

Las iglesias, ermitas y catedrales son mucho más que santuarios religiosos: eran —y siguen siendo— libros abiertos, cajas de resonancias trascendentes, máquinas de espiritualidad, donde se prorrogaba la sacralidad. Los constructores de los templos jacobeos tuvieron en cuenta la presencia de estas corrientes telúricas energéticas y de los lugares de poder, y sobre ellos concibieron el Camino de Santiago. Edificaron sobre un carril telúrico santuarios en los que se activaba una fuerza, en los que se hallaba una energía especial. Edificios levantados bajo una arquitectura de oscuridad o luminosidad, de una geometría y acústica especiales, en los que se buscaba una fuerza que invitaba a trascender, que movía «energías». Donde se abrían puertas a otras «realidades».

Para ello se elegían enclaves especiales —aquellos que el ser humano ya consideraba mágico-sagrados— y se erigían bajo medidas estelares. En ellos, tan importante era la parte terrenal como la cósmica, es decir, su ubicación respecto a las estrellas. No en vano, son reflejo del cosmos. Están orientados a los puntos cardinales y a constelaciones, y además están relacionados con los cuatro elementos. Atesoran el pensamiento de una época en la que astronomía y astrología eran una misma ciencia. El hombre de la Edad Media contemplaba la cúpula celeste y se guiaba por ella. Todo quedaba bajo el mando de Dios, los astros también, y se buscaba el equilibrio entre el cielo y la tierra. Eran templos vivos en los que confluían las fuerzas y las energías terrestres y cósmicas.

Ermitas, iglesias y catedrales son mucho más que santuarios religiosos. Los templos jacobeos —edificados sobre enclaves telúricos, bajo una visión cósmica, de particular geometría, luminosidad y acústica— son máquinas de espiritualidad.

Para conseguirlo, el maestro constructor clavaba su báculo en el suelo. Durante un año, observaba y tomaba medidas astronómicas a partir de las sombras que proyectaba el bordón gnomon durante las puestas y las salidas de sol, en los equinoccios y solsticios. Una vez tomadas las medidas, con la ayuda de unas cuerdas iban trazando triángulos y cuadrados que permitían distribuir el santuario de una forma proporcional. Se conseguía así el primer plano horizontal, el bosquejo de lo que más tarde sería la planta del templo. Después, se colocaba la primera piedra en uno de los vértices, el eje de la edificación; de ahí su nombre, «piedra angular».

Los templos medievales fueron construidos bajo la visión cósmica del ser humano. Albergan y reflejan los lenguajes herméticos de las órdenes religiosas y de los gremios de canteros. Además de en sus ubicaciones y medidas, en sus diseños y estructuras —fachadas, torres, columnas, capiteles, portadas y arquivoltas—, sus constructores legaron conocimientos, secretos y símbolos. Uno oficial, el ortodoxo, acorde con el santo, reliquia o milagro que custodiara, que daría cuenta de su significado. Y otro «no oficial», el heterodoxo, el mágico, el hereje, que compartía una sabiduría o indicaba un lugar de cultos prohibidos. Un lenguaje oculto, basado en símbolos, que hoy ignoramos, pero que el hombre medieval sabía leer e interpretar antes de entrar al templo.

4

LOS TEMPLARIOS Y EL CAMINO DE SANTIAGO

Iconos de la época medieval, es la orden militar-religosa, de caballería, más estudiada y, paradójicamente, la más desconocida. La Orden del Temple, cuya verdadera denominación era Orden de los Pobres Caballeros de Cristo, fue la primera y la más importante de la Edad Media y, hoy, sus caballeros, los templarios, continúan cabalgando entre la leyenda y la historia. Consiguieron ser los amos del mundo. Acumularon un inmenso poder político, singulares conocimientos y una fortuna sin igual. Y a lo largo de casi dos siglos dominaron Europa, parte del norte de África y Asia.

Estrechamente relacionados con los pueblos mediterráneos y orientales, así como con las restantes grandes religiones —la judía y musulmana—, fueron los responsables de recuperar el culto olvidado a la Virgen, junto con la Orden del Císter, y en particular el de las vírgenes negras. Su historia, además, está vinculada a la búsqueda y custodia de las grandes reliquias del cristianismo: el Grial, el arca de la alianza, la mesa de Salomón, el *lignum crucis,* la lanza de Longinos, el *titulus crucis,* el santo sudario y la Sábana Santa.

Fueron luz en la mal llamada «oscura» Edad Media. Sus conocimientos, en un momento en el que el saber se concentraba exclusivamente en los *scriptoria* de las bibliotecas monacales, traspasaron fronteras y las barreras del tiempo. Conformaron el grupo de mayor influencia, el que mejor representó los valores de su época. Y, además, fueron los responsables de la configuración del Camino de Santiago. De la vertebración y protección de enclaves y tramos, estratégicamente ubicados, de lugares mágicos sagrados, en los que los gremios de constructores erigieron iglesias, catedrales, hospederías, albergues, puentes, palacetes y castillos.

A pesar de los siglos transcurridos, las huellas de los caballeros templarios siguen vivas. Sus tesoros —y no solo los materiales— y sus secretos están al pie del camino, esperando que el peregrino buscador del siglo XXI los descubra. Ellos tuvieron el valor y el coraje de compartir sus saberes en forma de claves, de «señales» mágicas, y han dejado todo un legado de incógnitas por desvelar.

Non Nobis Domine, Non Nobis. Sed Nomini Tuo Da Gloriam (No a nosotros, Señor, no a nosotros. Sino a tu nombre sea dada la Gloria).

Templarios: breve historia de los iniciados y mágicos monjes guerreros

Tras la Primera Cruzada, predicada por Urbano II ante el avance del islam, y la toma de Jerusalén por los cristianos —una guerra santa en la que participó no solo la nobleza, sino también el pueblo llano—, en el año 1099, fueron muchos los que decidieron quedarse e instalarse en Tierra Santa. Es en este contexto histórico donde se enmarca el nacimiento de la Orden del Temple, cuyo fin era proteger los santos lugares y los caminos de peregrinación. Aunque la realidad es que este fin alberga muchas luces y sombras. Nueve caballeros componían la particular compañía surgida diez años antes en tierras francesas. Estaba formada por Godofredo de Bisol, Payen de Montdidier, André de Montbard, Arcimbaldo de Saint-Amand, Hugo Rigaud, Gondemaro y Rolando, y encabezada por Hugo de Payens y Godofredo de Saint-Omer. Todos ellos, alentados por el monje cisterciense Bernardo de Claraval, crearon e impulsaron la constitución de esta orden de carácter militar y religioso que recibió diversos nombres: Milicia de los Pobres Caballeros de Cristo, Caballeros de la Ciudad Santa, Caballeros del Templo de Salomón de Jerusalén y Santa Milicia Jerosolimitana del Templo de Salomón.

Fue en el año 1129, una década después de su nacimiento, y tras la celebración del Concilio de Troyes, cuando la Orden del Temple y los «caballeros templarios» fueron reconocidos oficialmente. Surgía la primera orden bajo un concepto totalmente transgresor para la época: el de monje guerrero. Y es que, hasta ese momento, los monjes eran monjes y los soldados, soldados. Su lema era «*Non nobis, Domine, non nobis, sed nomine tuo da gloriam*»; es decir, «Nada para nosotros, Señor, nada para nosotros, sino para la gloria de tu nombre». El cuartel general estaba en Jerusalén, colindando con la Cúpula de la Roca, junto al templo de Salomón. Y los miembros seguían y se regían por las estrictas normas de la regla de san Agustín —por la que renunciaban a cualquier posesión terrenal y se sometían a los votos monacales—, así como la inspiración cisterciense de Bernardo de Claraval, impulsor del revolucionario concepto de monje soldado, que acata una vida de disciplina, austeridad, sencillez, pobreza, castidad y oración. Con el reconocimiento y apoyo «oficial» de la Iglesia, su crecimiento y expansión fue vertiginoso. En 1139, Inocencio II les concedió la bula *Omne datum optimum,* que los eximía del pago de diezmos a los obispos, de modo que solo tenían que rendir cuentas al papa. Con la bula *Milites templi,* promulgada por Celestino II en 1144, adquirieron el permiso para realizar colectas propias. Y, por último, con la bula *Militia Dei*, expedida en 1145 por Eugenio III, consiguieron el derecho a tener sus propios oratorios, iglesias y monasterios, así como a enterrarse en sus cementerios. En apenas unas décadas lograron reunir a miles de hombres en todo Occidente, que las monarquías europeas les concedieran y donaran innumerables posesiones, que les permitieran edificar numerosas encomiendas y templos, consiguiendo extenderse ya no solo por Francia, su país de origen, sino también por Inglaterra, Alemania, Portugal, Reino Unido, Escandinavia, Grecia y España.

Durante doscientos años, los dueños y amos del mundo participaron en los acontecimientos bélicos más importantes y estuvieron presentes, con su sello y lema, en todo el orbe de la cristiandad. Establecieron y custodiaron una poderosa red de comunicación. Importaron avances desconocidos, como el riego sistemático de los cultivos, e introdujeron novedosos conceptos y estudios en medicina, astronomía o el trabajo de la piedra y la arquitectura —con bóvedas, cúpulas, arcos apuntados—, misteriosamente vinculados a la aparición del estilo gótico. Crearon un nuevo sistema de control económico, con el que se transformaron en los tesoreros de la nobleza y la realeza europeas. Un tiempo de esplendor —administrativo, logístico, financiero, político, religioso y cultural— que tuvo un drástico y dramático final. El poder político —nobles y monarcas— y el poder religioso —la Iglesia de Roma— decidieron aliarse para recuperar el dominio económico, institucional y eclesiástico. Fue así como, movidos por diferentes intereses, el rey francés Felipe IV el Hermoso y el papa Clemente V dieron su permiso para abrir un proceso inquisitorial contra los templarios bajo las acusaciones de negación de Cristo, idolatría, apostasía y malas costumbres. Perseguidos, encarcelados y torturados, en el Concilio de Vienne (1311-1312) se dictaminó la disolución del Temple con la bula *Vox in excelso*. Y dos años más tarde, en 1314, el gran maestre Jacques de Molay y más de un centenar de caballeros fueron quemados en la hoguera. Desarticulada la cúpula, confiscado su patrimonio, muchos de sus miembros fueron incorporados a otras órdenes y acabaron en España, donde, gracias a la relación que habían mantenido con monarcas y caballeros durante la Reconquista, y a su estrecha vinculación con el Camino de Santiago, recibieron cobijo en nuestro país.

Templarios en el Camino de Santiago

En la Edad Media, nuestra piel de toro era un mosaico de señoríos feudales donde convivían cristianos, musulmanes y hebreos. Cuando nace la Orden del Temple, los cristianos de la Península estaban divididos entre el reino de Asturias, el condado de Barcelona, los reinos de Aragón y Navarra, el reino de León y Castilla y el condado de Portugal. Los templarios aparecieron «oficialmente» en España en el año 1131, ocho años después de su fundación, aunque ya se habían producido contactos anteriores, ya que el Temple tenía como principal misión proteger a los peregrinos y los lugares santos, entre ellos, la tumba del apóstol en Compostela. Las donaciones del conde de Barcelona Ramón Berenguer III y del rey aragonés Alfonso I el Batallador —rey que custodió el Santo Grial, hoy en Valencia, con caballeros templarios en el monasterio de San Juan de la Peña—, supusieron el comienzo de su presencia. Con su ayuda, los monarcas hispanos fueron recuperando las tierras perdidas, y ellos obteniendo la posesión de villas, fortalezas y santuarios. Poco a poco, fueron ubicándose en puntos estratégicos de la ruta jacobea, y no solo en puntos estratégicos —defensivos y comerciales—, sino también en enclaves sagrados desde tiempos remotos, como Sásabe, Jaca o San Juan de la Peña en Aragón; Sangüesa, Tiebas, Puente la Reina, Eunate y Estella en Navarra; Nájera en La Rioja; Castrojeriz, Frómista, Villalcázar de Sirga, Carrión de los Condes, León, Astorga, Rabanal del Camino, Manjarín, Ponferrada y Villafranca del Bierzo en Castilla; y O Cebreiro o Finisterre en Galicia, entre otros lugares. Gobernaron aldeas, ciudades, castillos y templos. Edificaron ermitas, iglesias, catedrales y encomiendas. Su presencia no dejó de crecer durante la Reconquista. Una historia que nos habla de posesiones, donaciones, compras, préstamos y litigios. Pero que no cuenta el especial interés que tuvieron los caballeros templarios por la Península, y más concretamente por el Camino de Santiago.

La realidad es que, a partir del siglo XII, los templarios, además de su poder, expandieron su religiosidad, una espiritualidad mística y simbólica diferente —una particular búsqueda de lo sagrado, de lo mágico, del conocimiento—, que habían aprendido tras su relación con distintas religiones, culturas y filosofías en Tierra Santa —donde bebieron del gnosticismo egipcio, de la mística musulmana, la cábala hebrea y las fuentes griegas y romanas—, con las que desvelaron que los dogmas en los que se basaba su Iglesia tenían su origen en las antiguas religiones paganas perseguidas por la propia Iglesia que defendían. Una religiosidad y una espiritualidad críticas con el poder de Roma, con el dogma, que difundieron por toda Europa y por el Camino de Santiago, y que fue una de las causas de su desaparición.

Al llegar a Hispania encontraron una tierra marcada por lo ancestral y mágico. Y los más misteriosos caballeros del mundo medieval recuperaron y descubrieron lugares marcados por fuerzas telúricas, por antiguos cultos paganos, en los que dejaron claves y «señales» mágicas que todavía son interpretables, y que explican su presencia continuada.

Todo alberga simbolismo en la Orden del Temple. Sus ropas, blancas, muestran la pureza y castidad. Sus estandartes, blancos y negros, la dualidad de la luz y la oscuridad, el día y la noche. Su sello, la pobreza y humildad. Sus cruces, la griega o la patada, los cuatro puntos cardinales, los cuatro elementos, los cuatro evangelistas, las beatitudes siempre a la altura del corazón.

El Castillo de los Templarios de Ponferrada -llamado de las Doce Constelaciones-, Rabanal del Camino y Villalcázar de Sirga en Palencia, en Castilla y León, Puente la Reina y Sangüesa en Navarra o San Juan de la Peña en Aragón, fueron algunas de las grandes encomiendas de la Orden del Temple en el Camino de Santiago.

Y es que están allí donde hubo un milagro, donde se veneraba una reliquia, en cueva o montaña misteriosa, en una laguna mágica o en un antiguo santuario prehistórico. Vivían en un mundo de símbolos que los identificaba, que han sobrevivido al paso de los siglos, y que hallaremos al pie del Camino de Santiago, donde expandieron sus particulares concepciones e ideas. Utilizaron diferentes tipos de cruces: la griega, de cuatro brazos, junto con la tau, también utilizada por los antonianos, en Castilla; la cruz patada, cuyos brazos simbolizaban los cuatro puntos cardinales, las cuatro estaciones, los cuatro elementos y los cuatros evangelistas, en Aragón, Navarra y los condados de Barcelona. Cruces que siempre portaban al lado del corazón. Sus ropas, blancas, siguiendo el modelo del Císter, eran símbolo de pureza y castidad, mientras que los sirvientes y los hermanos casados llevaban los colores, gris, marrón y negro. Su estandarte, mitad blanco, mitad negro, mostraba la dualidad del día y de la noche, la luz y la sombra, y su sello, que representaba a dos caballeros a lomos de un mismo caballo con el lema *Sigillum militum Xpisti*, la dualidad y la pobreza. En sus escudos aparecía el taqueado jaqués o ajedrezado, el crismón o la oca. Sus templos eran diferentes al resto. Elegían con precisión los lugares donde edificarlos y plasmaban en ellos el «lenguaje de los pájaros», el símbolo y la magia de los números, siempre con el mismo sistema de diseño octogonal, imitando no a la iglesia del Santo Sepulcro de Jerusalén, como se suele afirmar, sino al Domo de la Roca, que fue su iglesia madre, el *templum Domini* de los cruzados. Y profesaban especial devoción a san Jorge, san Juan, san Bartolomé y san Miguel. Y junto a los cistercienses, hicieron resurgir el culto a la Virgen María, que la Iglesia había relegado a un segundo plano. Y más concretamente, el culto a las vírgenes negras, reminiscencia a la diosa egipcia Isis, entre otras diosas de la antigüedad, que, a modo de balizas «mágicas», marcaban secretos templarios. El fin de la Orden del Temple no supuso su desaparición en España, ni en el Camino de Santiago. Tras la orden papal, su legado fue a parar a otras órdenes, como la de San Juan, la de Santiago, la de Malta, la de Montesa o la de Calatrava. Y muchos templarios ingresaron en estas, desde las cuales mantuvieron, silenciosamente, sus ideales mágicos sagrados en el Camino de Santiago.

5

ARQUITECTURA Y GEOMETRÍA SAGRADA

Románico y gótico: el «estilo de la peregrinación» y la «arquitectura del esqueleto»

Una forma de entender el pasado es mediante la contemplación de sus obras de arte. Y una de las grandezas del Camino de Santiago encuentra su mejor expresión en el arte. Más concretamente, en la arquitectura —junto a la literatura, la música y la pintura—, una de las artes herméticas herederas de saberes ancestrales, de las filosofías y religiones orientales, egipcia y griega.

Muchas personas piensan que la Edad Media fue un periodo oscuro, en el que reinaban el salvajismo y la superstición. Pero no es así. Y la prueba de ello la hallamos no solo en la realización de los llamados *Beatos* y manuscritos miniados, sino además en la construcción de ermitas, monasterios, iglesias y catedrales. En ellos comprobaremos, no solo que tenían una finalidad y propósito, sino avanzados conocimientos en matemáticas, geometría y aritmética, entre otros.

El buscador peregrino del siglo XXI hallará a lo largo del camino —un libro de historia del arte a cielo abierto— dos formas de arte medieval, de expresión arquitectónica. Dos estilos que han sobrevivido al paso del tiempo: el románico y el gótico. Las dos corrientes arquitectónicas —de escuadra, cartabón y compás—, con las que se creó, vertebró y configuró el Camino de Santiago. El románico, un arte intelectual, de líneas puras y sencillas. El gótico, un arte altivo y liviano. Uno con el recurso del símbolo, y el otro, bajo el número, la proporción y la medida.

La vía abierta por los peregrinos entre Europa y Compostela/Finisterre fue el conducto por el que entró y salió, y se expandió, el conocimiento, por el que circularon las vanguardias sociales, culturales, filosóficas, espirituales y religiosas imperantes en el mundo medieval occidental y oriental. Y en ella hallaremos un legado en piedra donde conviven numerosos misterios, secretos y claves por descifrar, si observamos más allá de lo evidente.

Románico: el estilo de la peregrinación

Definido como el estilo «de la peregrinación» o «a la manera de Roma», el románico fue el estilo utilizado para la edificación de la ruta jacobea desde el siglo X al XII. Es el arte de la pureza, de trazos sencillos, conforme a un estricto orden y simetría. Templos austeros, cuya piedra gris y sencilla, lejos de transmitir frialdad, nos acerca a la grandeza del hombre medieval, diseñados con un carácter inmutable y definitivo, marcados por el simbolismo de la gruta, el contacto sagrado de forma discreta, privada, al igual que el ser humano en las primitivas cuevas. Se orientan al este, a Jerusalén, donde siempre se ubica la cabecera. La fachada principal, en cambio, mira a Occidente. Tienen planta de cruz latina, con una o varias naves longitudinales y cabecera con ábsides. Una nave que simboliza la enseñanza, donde el fiel se prepara para su encuentro con lo divino y señala la unión con Dios y el cosmos. Sus muros son de gruesa sillería y están reforzados por contrafuertes que sostenían el peso de las bóvedas de piedra, de medio cañón, divididas en tramos por arcos fajones. El sólido románico no tiene volúmenes que permitan elevarse hacia el espacio infinito, está marcado por una sensación de robustez y pesadez. Tampoco ventanas, sumiendo al templo en una penumbra, sin ostentación, que invita al recogimiento. El románico utiliza la escultura, y la pintura como lenguajes universales. Las figuras son expresivas y ocupan puntos estratégicos. El Apocalipsis del Beato de Liébana es el tema más representado. El lugar favorito de los canteros para narrar historias —transmitir conocimientos o dejar «señales»— eran los tímpanos, la puerta a la casa de Dios, a los que llamaban «libros abiertos», cuyos relieves son siempre de carácter narrativo, y los capiteles que remataban las columnas. Y para transmitir su mensaje recurrían al símbolo, presente en figuras humanas, elementos vegetales, animales o formas geométricas.

Románico, la arquitectura y estilo de la peregrinación, austero, sólido, sencillo, que concibe los templos bajo el simbolismo de la gruta.

A lo largo del camino encontraremos las llamadas «iglesias de peregrinación». Son la manifestación de un tipo de construcción unificada, testimonio de una sociedad itinerante, cuya cultura estaba determinada por la peregrinación. Un grupo, gremio o hermandad que estuvo apoyado por la Iglesia y los monarcas —deseosos de potenciar sus figuras, territorios y el Camino de Santiago—, que edificó y trabajó en los templos de Jaca, San Juan de la Peña, Leyre, Estella, Torres del Río, San Millán de la Cogolla, Frómista, Sahagún, León y Compostela. Una corriente artística y un gremio o gremios que se vieron reforzados por la expansión de los centros monásticos de las órdenes de Cluny y del Císter, con una arquitectura que adopta el modelo de planta basilical, de tres naves y ábside triple semicircular con elementos romanos, arco de medio punto, bóvedas de medio cañón y aristas junto a pilares y columnas adosadas. Un estilo propio, y un gremio o gremios, que marcaron unas líneas mágicas y simbólicas aún por desvelar en sus obras.

Gótico: la arquitectura del esqueleto

En el siglo XII irrumpe un nuevo estilo. Surge y se expande un arte más urbano. Se pierde la idea que había dominado la religiosidad medieval. El universo pasa a entenderse como materia neutra y se considera que el hombre puede intervenir. Los templos son concebidos como la propia existencia, en permanente procesos de cambio. Una corriente arquitectónica que concebía la construcción como algo vivo, que va generando nuevos problemas a los que se buscan soluciones, y con el que sus diseñadores aprendían experimentando. Un sistema constructivo que pone de manifiesto el avance de la técnica y los conocimientos.

Gótico, la arquitectura del esqueleto, dinámico, luminoso, altivo, concebido bajo el simbolismo de la montaña, y en el que aparece la alquimia de los colores de las vidrieras.

El gótico —bautizado así por Giorgio Vasari, discípulo de Miguel Ángel, quien creía, además, que era arte germánico— diseña los templos desde un perfil de enormes construcciones, muros con arbotantes, grandes torreones con agujas junto a altos y caprichosos pináculos. Nacen las formas armónicas, esbeltas, de espacios abiertos, luminosos, con torres y agujas diferentes. La expansión de la energía, de la fuerza divina. Frente al efecto oscuro y silencioso del románico, el gótico se muestra dinámico y luminoso. Las bóvedas y torres se estilizan hasta alcanzar alturas antes impensables. La «arquitectura del esqueleto», como fue denominada, pasa de utilizar bóvedas de cañón semicirculares a cruzar dos arcos ojivales o nervios apuntados apoyados entre sí. Una estructura fuerte y de poco peso. Los muros se hacen más altos y ligeros. Y surgen las bóvedas de crucería, cuyos nervios desvían la carga en dos sectores, uno vertical a las columnas y otro horizontal, a los arbotantes exteriores. Los templos crecen en altura, anchura y volumen. Son la ostentación del poder de la fe y del espíritu.

Los gremios constructores transforman la gruta románica en montañas góticas que buscan el cielo, y con ello la luz entra a formar parte del juego de volúmenes de la piedra y se convierte en pieza clave. Aparecen las resplandecientes vidrieras y rosetones, una orgía cromática simbólica. Las fachadas, hasta ese momento decoradas con delicadas tracerías, se pueblan ahora de baldaquinos, pináculos, gabletes, frondas, florones y gárgolas. Una exuberante iconografía aparece en los canelones de los tejados para, además de transmitir un mensaje, cumplir una función práctica, recoger y evacuar el agua de lluvia. En su iconografía, marcada por el simbolismo, las figuras aparecen bajo un modelo concreto en el que el hombre pasa a ocupar un lugar destacado, que antes solo ocupaba Dios.

El gótico convierte los templos en enciclopedias del conocimiento mediante el simbolismo, los números, las medidas, las proporciones, las referencias astronómicas, los saberes prohibidos que responden a proporciones ideales. Todo ello, fruto de una compleja cosmología que variaba según las órdenes religiosas y los gremios de constructores que los erigían.

6

EL MISTERIO DE LOS GREMIOS DE CONSTRUCTORES MEDIEVALES

Compañeros, maestros, logias y marcas de canteros

Los gremios de constructores medievales fueron los responsables de la edificación de iglesias, catedrales, monasterios, hospitales, ermitas, hospederías, casas señoriales, castillos y palacios. De la vertebración de templos y ciudades de la ruta jacobea. Y su obra en piedra es un tesoro y uno de los grandes misterios del Camino de Santiago.

Aunque las asociaciones gremiales eran comunes en la Antigüedad y la Edad Media, ninguna llegó alcanzar el prestigio social, el conocimiento y la influencia que logró el gremio de constructores. Fue una de las organizaciones más exclusivas. Los primeros «hombres libres», que consiguieron derechos y libertades. A pesar de que sus miembros no sabían leer ni escribir, atesoraron una compleja sabiduría con la que erigieron los edificios más altos hasta el siglo XVIII. Obras maravillosas y prodigiosas que han trascendido el tiempo, que siguen «vivas», en las que cincelaron códigos, mensajes ocultos, «señales» mágicas.

Hoy todo lo que rodea a los gremios de constructores es misterio. Y lo es por dos razones: primero, se regían por el secreto gremial, la transmisión de conocimientos se llevaba a cabo de forma discreta, y segundo, las primeras referencias escritas sobre estos no aparecen hasta finales del siglo XIII y principios del siglo XIV.

El buscador peregrino del siglo XXI encontrará las huellas de los gremios de albañiles y constructores, de los canteros, de los «compañeros», en cada etapa al pie del camino. Cada templo, cada sillar, es parte de su obra, y en ellos plasmaron secretos, símbolos y claves, cuya búsqueda se convierte en una emocionante aventura detectivesca, intelectual, emocional y espiritual.

Gremios de constructores y de canteros en las *Cantigas* de Alfonso X el Sabio (siglo XIII).

Canteros, entre la leyenda y la historia

Aunque hay constancia de la existencia de los gremios de constructores desde el siglo I a. C. gracias a Vitruvio —hijo de arquitecto, que hablaba de una tradición profesional arraigada, donde el arte de construir, como el resto de los oficios, se transmitía bajo la forma de secreto de familia o corporación, y que además dejó entrever que las sociedades de artesanos, albañiles y talladores eran mucho más antiguas de lo que podemos imaginar—, lo cierto es que su origen se pierde en la noche de los tiempos y en la leyenda.

Una leyenda que nos lleva a la época del rey Salomón, y a la promesa que este hizo a su padre, el rey David, de levantar un templo para mayor gloria de Yavé. Salomón acudió al rey de Tiro y le pidió ayuda, ya que en su reino no existían constructores con la maestría necesaria para llevar la obra a cabo. El rey de Tiro envió a su maestro de obras, Hiram, quien se encargó de formar a diferentes gremios, que tardaron siete años en edificar el templo. Una vez concluida la construcción, el maestro otorgó la palabra de paso o contraseña a aquellos que habían obtenido el grado de maestros en su especialidad, para que de este modo se convirtieran en expertos artesanos de la piedra, pero se la ocultó a dos de ellos. Cuando se negó a conceder ese grado a los discípulos, llamados Hoterfut y Holem, estos le asesinaron. Uno le golpeó con una regla y el otro con un mazo, en la puerta de occidente y sur, respectivamente, del templo. Su cuerpo fue enterrado en una fosa, sus hábitos en otra y su bastón o báculo, en otra. Perdida su sepultura en la memoria, cuenta la tradición que en cada una de las fosas nació una acacia, árbol sagrado desde tiempos remotos, lo que permitió recuperar sus restos y un *abacus*.

Eso es lo que narra la leyenda sobre el nacimiento de los gremios constructores. El hilo conductor de su leyenda, porque el de la historia lo encontramos en cuatro momentos claves. El primero, en el siglo III, en tiempos de Constantino, cuando los gremios sustituyen a las divinidades paganas por las cristianas, aunque las técnicas, los símbolos y el propio ritual, incluso el secreto profesional, permanecen sin cambio alguno. Compases, escuadras y cartabones aparecen tallados en las lápidas de los maestros y algunos sarcófagos romanos. El segundo, en el siglo VII, cuando el papa Bonifacio IV —quien convirtió el panteón de Roma dedicado a Júpiter, Venus y Marte, construido por Agripa, en un templo cristiano consagrado a todos los santos, según la tradición, el primer santuario pagano cristianizado—, otorgó diferentes privilegios a los gremios, eximiéndoles de obligaciones y edictos reales allí donde trabajaran. El tercer momento, entre los siglos VII y XI, en tiempos carolingios, cuando el auge de la arquitectura religiosa, en la que desempeñó un papel trascendental la edificación de abadías, monasterios y templos, agrupó a verdaderas escuelas de la arquitectura en torno a los gremios y los talladores de piedra. El cuarto y último, en el siglo XIV, cuando se condenó a los gremios por utilizar secretos y ritos, y tras el Concilio de Aviñón celebrado en 1326, se prohibió la utilización de palabras y signos secretos a los gremios y hermandades.

Quiénes eran. Cómo vivían. De dónde surgieron sus conocimientos. Los gremios de constructores medievales son uno de los grandes misterios del Camino de Santiago.

Gremios de constructores y el Camino de Santiago

Entre los siglos IX y XIII, los gremios vivieron su momento de esplendor. Un tiempo que coincidió con la edificación de iglesias, abadías y monasterios por toda Europa, y más concretamente en el Camino de Santiago. Los gremios de constructores fueron una pieza clave para la realeza y la Iglesia, y realizaron un plan arquitectónico impresionante, prodigioso y fascinante. Hubo, que se sepa, tres corrientes gremiales, tres hermandades, que estuvieron estrechamente relacionadas con la creación, construcción y vertebración, del Camino de Santiago. La primera, los Hijos del Padre Soubise, que estaban bajo la protección de la Orden de San Benito. La segunda, los Hijos del Maestro Jacques, que trabajó en la catedral de Chartres, Amiens y Reims. Según cuenta la leyenda, esta hermandad estaba liderada por el maestro Jacques, que nació en la localidad francesa de Midi, la actual Saint-Hilaire-sous-Romilly, y era hijo del maestro Jacquin, quien alcanzó el grado de maestría tras viajar a Egipto, Grecia y Jerusalén. Y la tercera, los Hijos de Salomón, protegida por la Orden del Císter, vinculada a la creación del estilo gótico y a la Orden del Temple, a los templarios.

Tres gremios constructores que a lo largo de la ruta jacobea cincelaron en piedra todo su conocimiento, tanto material como espiritual. Y de los que sabemos, aunque las fuentes de información son escasas y tardías, que ser «compañero» no era solo una forma de vida, sino también una filosofía de vida. Para ingresar en ellos se requerían determinadas aptitudes. Que los aprendices debían mostrar propósitos, preparación y superar con éxito diferentes grados para la adquisición del oficio. Que aprendían de forma empírica y práctica, y compartían de forma oral la experiencia obtenida. Que vivían viajando de un lado a otro, en continuo desplazamiento, trabajando en distintos lugares. Que se reunían, gracias a sus privilegios, en hermandades, las llamadas «logias». Que para reconocerse entre ellos crearon un lenguaje secreto basado en la arquitectura y la escultura. Que trabajaban en el anonimato, utilizando todos los canteros un mismo nombre, en unos casos con el nombre del santo que profesaban y en otros con el del gremio y maestro. Que la «licenciatura» de un maestro constructor comenzaba y terminaba con un largo peregrinaje por diferentes construcciones, compartiendo y buscando conocimientos. Y que el Camino de Santiago fue para todos ellos un particular máster. Y no solamente eso, sino que eran expertos en geometría, matemáticas y astronomía, entre otros saberes. Que diseñaban los templos siguiendo pautas geométricas, telúricas y astronómicas. Bajo tres secretos: la forma, el número y el símbolo.

Al pie del camino descubriremos el trabajo del maestro Esteban en la catedral de Jaca, Pamplona y Compostela. El del llamado maestro de San Juan de la Peña en el cenobio aragonés, así como en la iglesia de Santa María de Sangüesa, donde además aparece la firma del maestro Leodegarius. El del maestro Enrique y del maestro Beau Dieu de Amiens en la catedral de Burgos. El del maestro Ricardo y del maestro Juan Pérez en el burgalés monasterio de las Huelgas. El del maestro Jusquín en la catedral de León. Sin olvidar el del maestro Mateo en Portomarín y Compostela.

Marcas de Cantero. La firma de los gremios de constructores medievales. Muchas de ellas tienen una función práctica; el pago del trabajo realizado o el emplazamiento y ubicación de los sillares. Pero otras, son parte de un lenguaje y mensaje mágico y secreto.

Los alquimistas de la piedra y el fin de los gremios

Fueron genios, y hoy estamos muy lejos de saber cómo pudieron equilibrar tan delicadamente una composición de fuerzas estáticas que permitía elevar esas piedras hacia las alturas en una época en la que no existían datos, resistencias materiales, ni teorías estructurales. Los gremios de constructores, sus maestros, sabían hasta cómo hacer que la piedra de un edificio transpirara, entre otras muchas cosas. Una piedra que consideraban material sagrado y que tenía alma, al igual que pensaban egipcios y griegos. Una piedra que tallaban con maestría, cuya importancia radicaba, además, en la perdurabilidad y la practicidad que ofrecía. La piedra era una muestra de poder y sacralidad. Mientras que las viviendas de la gente se construían con materiales perecederos, los templos tenían que ser pétreos, proclamando su dominio y grandeza, y un mensaje sobre el tiempo. Piedras donde encontraremos sus huellas, las misteriosas y fascinantes marcas de cantero, signos lapidarios. Desde que en el siglo XIX comenzaran a ser estudiadas, y gracias a los estatutos de la catedral de Estrasburgo, hoy sabemos que los gremios de constructores —al igual que otros gremios, como el de los alfareros, el de los carpinteros o el de los herreros— poseían un particular lenguaje secreto de símbolos.

Signos y grabados con los que marcaban piedra y obra, como ya hicieran egipcios, griegos y romanos. Seguramente relacionado con el lenguaje gestual nacido por el voto de silencio heredado de la Orden del Císter. Está formado por figuras geométricas de diferentes tamaños y estilos, desde simples trazos y monogramas hasta iniciales de nombres y representaciones zoomorfas. Casi todas ellas tenían una función práctica; desde marcar el trabajo realizado para ser pagado hasta indicar la ubicación y emplazamiento de un sillar. Pero existe un pequeño grupo de marcas de cantero, con un complejo diseño y sentido simbólico, que son pura incógnita. Marcas de cantero que desconocemos si son parte de un lenguaje secreto o esconden un mensaje mágico con connotaciones astronómicas, alquímicas o místicas. Más aún, teniendo en cuenta que los gremios de constructores no levantaban un edificio al uso, sino un artefacto, una máquina, una caja de resonancia, con una serie de peculiaridades, desde su ubicación terrestre, su orientación, sus condiciones luminosas y acústicas, capaces de crear todo un rosario de sensaciones y emociones en el intelecto y espíritu.

A partir del siglo XIV, canteros y albañiles —los gremios de constructores—, que llegaron a tener derechos y libertades, comenzaron a perder su protagonismo y razón de ser. Las causas fueron diversas. La desaparición de la Orden del Temple, su protección «oficial», el descenso de la actividad constructora, la censura de la utilización de signos y palabras secretas a los gremios impuesta en el Concilio de Aviñón. A todo esto, se le sumó la aparición de las bibliotecas y *scriptoria*, que se convirtieron en los archivos de bocetos y planos que antes no habían existido. El final definitivo se produjo con el nacimiento de las universidades. A pesar de ello, desde el siglo XV y a lo largo del XVI, muchos de estos mágicos gremios de constructores sobrevivieron transformándose en grupos de conocimientos misteriosos, de rituales simbólicos y espirituales, dejaron de trabajar la piedra para trabajar el campo espiritual y social, lo que hoy conocemos como «masonería especulativa».

7

LOS SÍMBOLOS Y OBJETOS MÁGICOS DEL CAMINO DE SANTIAGO

De la concha, el bordón, la calabaza, la capa, el zurrón y el sombrero, a las flechas amarillas, las mochilas, las botas, los forros polares y los bastones

La concha, el bordón, la calabaza, la capa y el zurrón son símbolos propios y específicos del Camino de Santiago. Y, aunque se nos ha olvidado, son mucho más que los *souvenirs* que encontramos en las tiendas. Formaron parte de la indumentaria del peregrino durante siglos y lo siguen siendo hoy. Todos ellos van más allá de ser únicamente el vestuario y las herramientas de los caminantes medievales.

En la actualidad, hemos cambiado el bordón por los *bastones*, el zurrón por la mochila, las sandalias por las botas o zapatillas deportivas, la calabaza por la cantimplora, la capa y la esclavina por los forros polares y los pantalones deportivos, pero cuando emprendamos la ruta jacobea nos encontraremos con ellos de nuevo, y no debemos olvidar que la concha, el bordón, la calabaza, la capa, la esclavina, el sombrero de ala ancha o el zurrón eran más que un atuendo, eran y siguen siendo símbolos de reconocimiento entre peregrinos. Y más aún: son objetos cargados de significaciones, que proyectan y hunden sus raíces en lo espiritual y mágico, que esconden y revelan el carácter pagano de la ruta, reminiscencias a cultos anteriores a la cristianización de la senda estelar.

En el siglo XII ya aparecen referenciados en el *Codex Calixtinus* como *indumenta peregrinorum*. El bordón, una vara alta para superar dificultades y defensa ante lobos y perros. La capa, no muy larga para no molestar el paso. La esclavina o sobrecapa, para resguardar los hombros de la lluvia y el frío. El sombrero, de ala ancha, para la protección del viento, la lluvia y el sol. Sandalias como calzado. La calabaza para llevar agua o vino. Y el zurrón, una pequeña bolsa de piel de animal, para transportar el alimento. Indumentaria a la que tras llegar a Compostela y Finisterre se le añadía la concha de vieira, cosida o colgada, así como azabache y una pluma de las gallinas de Santo Domingo de la Calzada, las pruebas de haber realizado la peregrinación. Una indumentaria, además, sacralizada, como refleja el *Codex Calixtinus,* tanto el bordón como el zurrón eran bendecidos antes de empezar la peregrinación, y muchos peregrinos guardaban sus ropas y objetos para ser amortajados y enterrados con ellos.

Hoy son pocos los que los utilizan. Pero el buscador peregrino del siglo XXI no debe olvidar e ignorar que, además de una función práctica, todos ellos atesoraban un simbolismo que reforzaba el sentido mágico y trascendente.

La concha

La concha es el emblema por excelencia de la peregrinación, de los peregrinos del Camino de Santiago. El equivalente a la palma de los palmeros y romeros, para Jerusalén y Roma. Pero con una gran diferencia: mientras la palma tiene sus orígenes en la religión judía, la concha peregrina alberga un simbolismo ancestral y mitológico. Las vieiras, las conchas de vieiras, fueron

—desde los primeros siglos y a pesar del negocio de los *concheiros* instaurado por la Orden de Cluny—, el *certificado* del viaje, una de las formas de demostrar que se había peregrinado a Compostela. No en vano, en el propio *Codex Calixtinus* de Aymeric Picaud se incluye un sermón, titulado «Veneranda dies», donde se menciona expresamente la concha como símbolo representativo del peregrino que ha cumplido convenientemente con la peregrinación.

Según la leyenda jacobea, las vieiras aparecieron de forma milagrosa junto a la barca, en la costa de Iria Flavia, con los restos del apóstol Santiago. La tradición de la concha jacobea fue creciendo a la par que el camino, y se revistió de prodigios y leyendas. Las historias de milagros relacionados con la concha se multiplicaron, llegando a convertirse en amuleto y talismán, a la que se le atribuían poderes sobrenaturales, e incluso señal de nobleza. De la misma forma que los cruzados incorporaron la cruz griega a su blasón, dando cuenta de su marcha a Palestina, los peregrinos ponían una concha en su escudo o en las puertas de sus casas cuando hacían el Camino de Santiago, tradición que se ha prolongado hasta nuestros días.

Alejados de la tradición y de la leyenda jacobea, lo cierto es que la concha es y forma parte de los elementos relacionados con el mundo mágico. Es un símbolo reconocido y aceptado por todos, que es parte del patrimonio espiritual. Está vinculada con el culto al agua, a los mares y océanos, a la naturaleza, a la madre tierra. Las conchas son el símbolo de lo femenino en todos los rincones del planeta, y en Europa, más concretamente, se relaciona con Venus y Afrodita.

El bordón

El bastón con el que viajaban los peregrinos también es emblema y símbolo del Camino de Santiago. Objeto de gran ayuda, poderoso y práctico —que servía de apoyo para caminar y como defensa ante los peligros—, está marcado por lo mágico y ligado a las leyendas jacobeas. Referenciado en el *Codex Calixtinus* como el tercer pie del peregrino, «símbolo de la fe en la Santísima Trinidad», tenía su propia oración y se creía que atesoraba propiedades milagrosas porque el apóstol curó con el suyo a un peregrino enfermo. Un bordón, el del apóstol, que según la tradición —así lo dejó escrito el peregrino Nicola Albani en el siglo XVIII— fue venerado y se podía ver por un agujero, en una columna junto al altar mayor de la catedral de Compostela. A lo largo del tiempo han existido y se han utilizado muchos tipos de cayados y bordones. Desde simples varas largas de madera, pasando por las talladas en marfil, hueso y metales nobles, e incluso hasta en miniatura, conocidos como *bourdonnets,* los bordoncitos, que se bordaban a la ropa o se colocaban sobre los sombreros. Algunos de ellos fueron condenados por la Iglesia, como los que estaban rematados en su parte superior por un pomo curvo con la forma de la letra griega tau, por su relación con el dios romano Jano.

Si nos alejamos de la leyenda jacobea, el origen, simbolismo y significado del bordón atesora reminiscencias ancestrales. Es la vara mágica de poderes extraordinarios. Emblema de Hermes, que utilizaba para levantar a los muertos y conducirlos al otro mundo. Los romanos lo relacionaban con las columnas de Júpiter. Para los celtas y germanos estaba ligado al Irminsul, el eje celestial. El bordón siempre fue signo de autoridad, de maestría y de iniciación. Un objeto de reconocimiento e instrumento mágico que los maestros constructores utilizaban para edificar los templos, como particular brújula que daba las medidas y que marcaba a los peregrinos buscadores el eje de su marcha espiritual.

La calabaza

Parte de los objetos básicos de los peregrinos, junto al bordón y el zurrón, su objetivo era portar agua o vino, o una mezcla de ambos, durante la peregrinación, y era rellenada en hospitales y monasterios. La calabaza sufría una particular alquimia para convertirse en recipiente. Primero era vaciada de semillas y después se ponía a secar hasta que su piel se endurecía quedando leñosa e impermeable. A pesar de que existían otros recipientes, como las botas de cuero, la calabaza era menos costosa y más ligera. Tradicionalmente iba prendida o atada al bordón. Y siempre tenía que estar al alcance para ofrecer su contenido a otro peregrino necesitado, al igual que el zurrón. Lejos de su utilidad práctica, su simbología está ligada a los principios vitales, a la fecundidad y a la fertilidad, asociada a la naturaleza, a la madre tierra y a lo femenino. Identificada con el vaso hermético, la copa sagrada, el Santo Grial, donde se encuentran depositadas las sabidurías y secretos del universo.

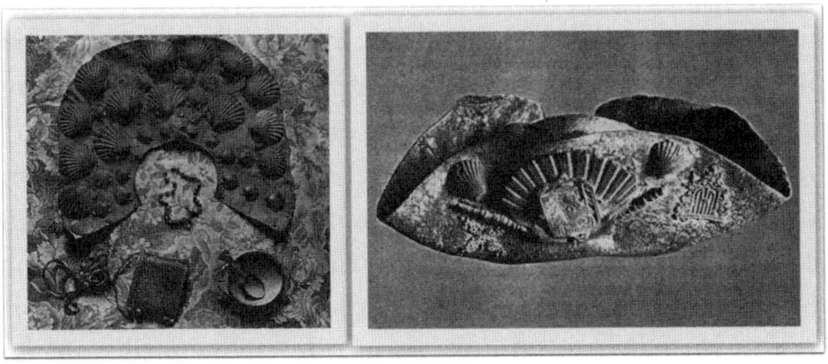

Sombreros y conchas de peregrinos del siglo XVI.

La esportilla o zurrón

Era un pequeño saco, el equivalente a nuestras mochilas actuales, en el que se guardaban las pertenencias personales y los alimentos. Los peregrinos salían con ellas desde sus lugares de origen. En Compostela, justo frente a la puerta de Azabachería, por la que entraban a la catedral, se vendían profusamente, proclamando y haciendo gala de sus calidades. En ellas, los peregrinos llevaban atadas o cosidas las conchas y vieiras a su regreso. Estaban hechas con piel de animales, las mejores eran las de ciervo, animal que en el orbe cristiano tenía un simbolismo especial. Era heredero de cultos paganos, estaba presente en todas sus leyendas, y su imagen representaba lo lunar y telúrico. Una esportilla o zurrón que también simbolizaba la humildad que el peregrino debía mostrar compartiendo sus bienes con quienes encontrara por el camino. Un atributo tradicional del mendicante desde que

Homero lo introdujo en la iconografía del peregrinaje a través de su relación con los sabios errantes.

El azabache y la higa, las «manos de azabache»

Piedra mágica desde tiempos remotos para diferentes culturas. En Egipto y la India el azabache era utilizado para protegerse del mal de ojo. En Europa, tenía un especial uso en zonas costeras. En Gran Bretaña e Irlanda era usado como amuleto ante las tormentas, tempestades, enfermedades, animales peligrosos y malos espíritus. Esta variedad del carbón mineral, que servía para ser quemado y consumido, de color negro, de gran calidad, finura y particular brillo tras ser pulido —tomado como elemento protector por san Isidoro en el siglo VII—, se convirtió a partir del siglo X en uno de los símbolos del Camino de Santiago. El azabache se hizo popular entre los peregrinos y pasó a ser un objeto mágico que los caminantes obtenían en Compostela y se llevaban como protección para el camino de vuelta, utilizado en sus hogares contra todo tipo de males y enfermedades. Comenzó a ser tallado en forma de «higa», es decir, de puño cerrado con el dedo del pulgar sobresaliendo y situado entre el corazón y el índice, considerado talismán ante el mal del ojo y símbolo protector en toda Europa y el Mediterráneo. Así nacieron las llamadas «manos de azabache», también conocidas como «higas de Santiago» o «Santiagos de higa», que nunca fueron bien vistas por la jerarquía eclesiástica debido a la provocación del gesto y a sus orígenes paganos. Su popularidad y comercio fue de tal magnitud que en el siglo XIV nació el gremio de los azabacheros, que, agrupados en la cofradía de Santa María, llegó a ser uno de los más poderosos de Compostela. Azabacheros que estaban ubicados, al igual que hoy, en la plaza y rúa de Azabachería y que fueron los creadores de una artesanía mágica que ha llegado hasta nuestros días.

8

EL CAMINO DE LAS ESTRELLAS

La Vía Láctea y el Camino de Santiago

El Camino de Santiago del siglo XXI da la oportunidad de disfrutar de los detalles más pequeños, pero también de los más grandes. El silencio de la noche reconfortará. Y si las nubes y la luna lo permiten, se encenderá una espectacular bóveda celeste en la que podrá vislumbrarse una banda de luz pálida y bordes irregulares cruzando el firmamento. Lejos del resplandor de las ciudades, la Vía Láctea brilla en todo su esplendor. Es la galaxia a la que pertenece la Tierra —el barrio al que corresponde nuestra casa—, y su relación con el Camino de Santiago ya quedó plasmada en el siglo XII en el *Codex Calixtinus* de Aymeric Picaud. Y es que en la Edad Media el camino estaba marcado por las estrellas. El camino de las estrellas era el mapa escrito en la cúpula celeste, la guía a través de la oscuridad hacia el *Finis Terrae*. Para identificar la ruta bastaba con caminar hacia el oeste, a la puesta de sol. Y si era de noche, buscar la Estrella Polar para encontrar el norte.

Su nombre proviene de la mitología griega. Zeus se hizo pasar por el marido de una mujer de nombre Alcmena, y de este encuentro nació un niño: Hércules. Cuando Hera, la mujer de Zeus, supo de la existencia de Hércules, intentó matarlo. Entonces Zeus ordenó al dios Hermes que pusiera a Hércules en el regazo de Hera cuando esta estuviera durmiendo, para que el niño pudiese mamar. Quería que se alimentara de una leche que lo haría inmortal. Cuando Hera se despertó y se dio cuenta de lo que pasaba, separó al niño bruscamente de su cuerpo y la leche se derramó por el cielo dando lugar a lo que hoy conocemos como Vía Láctea.

Según la época del año y la hora de la noche, la Vía Láctea se muestra de distinta forma. Puede apuntar a diferentes direcciones. El cielo cambia con cada estación. En otoño, se aprecian mejor Andrómeda, el Triángulo de Verano, la Corona Boreal y la nebulosa del Anillo. En invierno, Orión, la nebulosa de Orión y las Pléyades, que son el anuncio de las heladas. En primavera, León y la galaxia del Remolino.

La Vía Láctea aparece en todo su esplendor en las cortas noches estivales, mucho más discreta en invierno, y desaparece casi por completo en primavera, cuando apenas destaca sobre el horizonte. Desde el este, con las Tres Marías subiendo por Casiopea, hasta llegar al Triángulo de Verano, se extiende la franja luminosa encendiendo el cielo. Las Tres Marías son un trío de estrellas resplandecientes alineadas sobre el horizonte del este. Según la mitología griega, forman otra deslumbrante constelación; el cinturón de Orión, el legendario gigante que camina bajo la bóveda celeste. En el lado opuesto, por el oeste, tres estrellas componen el precioso Triángulo de Verano. La más brillante se llama Vega, sobre ella se encuentra Deneb, y la tercera es Altair. En medio de la Vía Láctea, otro grupo de estrellas dibuja una M o una W, según se mire. Es la constelación de Casiopea. Cuenta la leyenda que Casiopea era una reina de Etiopía, bella y vanidosa, a la que Poseidón, el dios de los mares, castigó a permanecer en los cielos para siempre. Entre Casiopea y la Osa Mayor aparece la Estrella Polar, que indica, siempre fiel, el norte.

El camino de las estrellas desemboca en la constelación del Can Mayor, donde destaca Sirio, la estrella más brillante del universo que podemos ver por la noche, y cuyos reflejos iridiscentes, verdosos o rojizos, acaparan las miradas. Hace cinco mil años, Sirio era la encargada de regir el calendario egipcio. También aparece Can Menor, constelación a la que pertenece Proción. Según la mitología, ambas se identifican con los perros de Orión, el valiente cazador que fue colocado entre cuerpos celestes con sus canes más queridos. La parte más meridional que puede verse de la Vía Láctea coincide con la constelación de Sagitario, cuyas estrellas más brillantes parecen dibujar la silueta de un centauro tensando un arco.

El buscador peregrino que decida caminar por la noche, o simplemente observar desde el albergue la bóveda celeste, disfrutará de un paisaje y un momento sin igual. Contemplará las estrellas que desde tiempos inmemoriales guiaron al ser humano, que marcaron los lugares sagrados, con las que se erigieron los templos, con los que nació el Camino de Santiago. Las estrellas que señalaron al caminante su particular búsqueda de lo sagrado y lo mágico. La Vía Láctea se extiende inmensa y nos muestra el camino que nos queda por delante, y también lo insignificantes que somos.

9

AL PIE DEL CAMINO DE SANTIAGO

Lo importante. Lo básico

Antes de emprender el camino es necesario tener en cuenta y prever una serie de factores básicos en relación con la preparación y la realización del viaje.

Planificación y preparación

Entrenamiento

El esfuerzo físico que supone recorrer a pie varios kilómetros al día, con la mochila a cuestas, al que no estamos acostumbrados

—incluso si somos deportistas y hacemos ejercicio semanalmente—, puede pasar factura, hasta el punto de que tengamos que abandonar. Para evitar que esto suceda, es necesario empezar a entrenar semanas antes de emprender la peregrinación, y si es posible con las mismas botas con las que vayamos a realizar el camino. Tanto durante los entrenamientos, como en la peregrinación, es fundamental beber mucha agua. Da igual que sea primavera, verano, otoño o invierno, que se tenga sed o no se tenga sed, tomar un litro de agua cada cinco kilómetros hará que nuestras articulaciones, ligamentos y músculos estén hidratados.

Ruta

Debemos realizar una configuración previa de las etapas. Saber cuántos kilómetros vamos a recorrer, los descansos y las paradas que vamos a hacer, los albergues existentes que encontraremos y la elección de estos en cada jornada de recorrido, antes de emprender la aventura y durante la peregrinación, forman parte de la preparación y las tareas del peregrino. Hay que planificar cada etapa no solamente para caminar, sino también para poder visitar los lugares, además de descansar y compartir la experiencia con otros peregrinos. No se trata de llegar el primero al albergue, ni de realizar más kilómetros que nadie, sino de disfrutar, paso a paso. Si corres, te pierdes el camino.

Fechas y tiempo

Elegir las fechas es un aspecto clave. En función de la estación que elijamos, nos encontraremos ya no solo con un clima u otro, sino con tipos de peregrinos y propósitos distintos. Los meses de verano —julio y agosto— son, lógicamente, los de mayor afluencia de peregrinos, con saturación en los caminos y los albergues, caminantes con metas muy diversas, lúdicas, culturales o deportivas. La primavera —marzo, abril, mayo y junio— y el otoño —septiembre, octubre y noviembre—, son las mejores épocas. En ambas estaciones se evita no solo el calor veraniego, sino además las masificaciones y aglomeraciones en caminos y albergues, concentrando a peregrinos con propósitos más espirituales y religiosos. Los meses de invierno —diciembre, enero y febrero— son los más duros. Hay caminos que solo se podrán recorrer estando bien equipado y preparado —la climatología siempre manda: el frío, la lluvia, el hielo y la nieve—, podremos encontrarnos algunos tramos cortados, y muchos de los albergues pueden estar cerrados, incluso los municipales. El camino se muestra de forma diferente en cada estación: en primavera está pletórico e invita a la contemplación del despertar de la naturaleza, en verano es ruidoso y multitudinario, en otoño se tiñe de colores ocres, de silencio y quietud, y en invierno es solitario e invita a la soledad.

En el camino

Mochila, calzado, ropa, botiquín

La mochila no debe exceder el diez por ciento de nuestro peso. Tenemos que llevar tanto el saco de dormir, el calzado —sandalias y deportivas o botas—, como la ropa —tres mudas es suficiente—, adecuada al tiempo en el que peregrinemos. Es importante recordar, a la hora de elegir la ropa, que la podemos lavar y secar en los albergues. Un pequeño botiquín —con tiritas, alcohol y analgésicos— también es necesario. Así como la tarjeta sanitaria. Las dolencias habituales del peregrino son las ampollas, los cortes, las torceduras, las contracturas, la inflamación de los ligamentos, los dolores musculares y el cansancio. No hay que llevar grandes sumas de dinero encima. Con la tarjeta de crédito o débito podremos ir sacando las cantidades que necesitamos en cada etapa.

Documentación personal

Hay que llevar siempre documento nacional de identidad o el pasaporte, la tarjeta sanitaria, información sobre el grupo sanguíneo y posibles alergias, así como la tarjeta bancaria.

Credencial del peregrino

Es el documento acreditativo de la peregrinación. El «pasaporte» que necesitaremos para dormir en los albergues del Camino de Santiago, que deberemos sellar en cada etapa, así como para conseguir —en la Oficina del Peregrino de Santiago— el documento que acredita la peregrinación bajo *pietatis causa*: la Compostela. La «credencial del peregrino» se puede conseguir en cualquier iglesia, parroquia, monasterio o asociación de peregrinos.

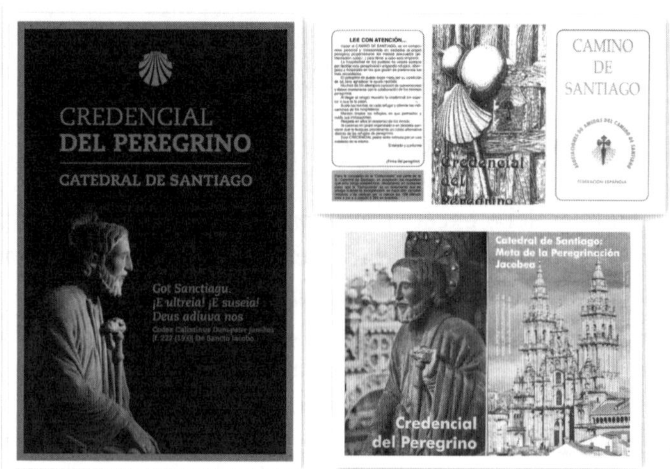

Credencial del Peregrino. El «pasaporte», documento acreditativo, que es sellado en cada etapa, necesario para poder dormir en los albergues y obtener la Compostela, Fisterra y Muxiana.

La Compostela y la Fisterra

Al llegar a Compostela, el cabildo catedralicio de Santiago certifica, en la Oficina del Peregrino, que se ha realizado la peregrinación a Santiago por motivos, religiosos, espirituales o culturales. Para obtener «la Compostela» se debe mostrar la credencial del peregrino —con los sellos correspondientes—, para acreditar y demostrar que se han realizado como mínimo los últimos cien kilómetros a pie o doscientos kilómetros en bicicleta. Es importante saber que en Galicia, desde O Cebreiro, es necesario poner dos sellos en la credencial por cada etapa. Si decides proseguir la peregrinación desde Compostela a Finisterre, al llegar a Fisterra, presentando tu credencial del peregrino con los correspondientes sellos de cada etapa, en el albergue podrás obtener la Fisterra, que certifica que has peregrinado hasta el antiguo fin del mundo, al *Finis Terrae,* al kilómetro cero, Km 0.

Compostela, Fisterra y Muxiana, los certificados que se otorgan y avalan la peregrinación -con la Credencial del Peregrino sellada tras haber realizado como mínimo 100 Km a pie o 200 Km en bicicleta-, en Compostela, Finisterre y Muxía.

Carretera y manta

Albergues del camino

La red de albergues, tanto municipales como parroquiales —de donativo—, mantiene la genuina tradición peregrina. A ellos se han sumado en los últimos veinte años multitud de albergues privados. Los parroquiales se mantienen por los donativos que dejan los peregrinos. Y recuerda: donativo no significa gratis. Nuestra aportación económica servirá para que coma el peregrino que llega después de nosotros. Los municipales son de pago, y varían, aunque siempre con precios económicos. Recuerda siempre revisar qué albergues encontrarás a lo largo de la jornada en cada etapa. En ellos podremos preparar comida, asearnos, lavar la ropa y, sobre todo, disfrutar del encuentro con otros peregrinos, de compartir con otros caminantes nuestras experiencias y vivencias. Los albergues abren a partir del mediodía y para poder pernoctar en ellos es necesario presentar, en todos, la credencial del peregrino. En los albergues hay que mantener las normas de convivencia y, especialmente, respetar el horario de descanso. En los albergues municipales y parroquiales siempre tienen preferencia los caminantes a pie, los peregrinos que van con la mochila a cuestas. Nunca hay que dejar la mochila sobre la litera, siempre debe quedar en el suelo. Y a la hora de elegir litera, las personas de mayor edad siempre ocuparán la baja. Si decides hacer el camino en bicicleta o caballo, revisa la ruta para constatar y poder saber cuáles están adaptados a las necesidades de tu peregrinación.

Señales del camino

Hay que estar atentos a las señales al pie del Camino. Flechas amarillas, conchas o andaderos son solo algunas de las indicaciones que nos guiarán, como una brújula, por los senderos, pistas, carreteras o *corredoiras* que nos llevan a Compostela. Todos los tramos están perfectamente señalados. Y si en algún momento nos desviamos, nos despistamos o nos perdemos, no pasa nada, es parte del camino.

Cómo utilizar esta guía

En las siguientes páginas encontrará la información básica para emprender el viaje, la aventura, y la experiencia, desde los Pirineos. Tanto desde el ramal de Saint-Jean-Pied-de-Port/Roncesvalles, el camino navarro, como desde el ramal de Somport/Jaca, el camino de Aragón o aragonés, que se unen en Puente la Reina (Gares) rumbo a Compostela y Finisterre. Dónde empezar el camino, o qué tramo del camino recorrer, será la primera gran decisión. El trayecto completo se prolonga por espacio de un mes. Como verá, en cada etapa encontrará el número de kilómetros de recorrido, los albergues, puntos de parada y fonda, así como los lugares clave, secretos y mágicos, marcados por la historia, el arte, la arquitectura, la leyenda y el misterio. Recuerde que no es obligatorio tomar al pie de la letra los comienzos y finales de cada etapa, ni hacer obligatoriamente un número de kilómetros determinados. El fin no es llegar, sino disfrutar a cada paso del Camino.

II

Guía mágica: cuaderno de campo

La búsqueda del Grial

Las etapas del camino mágico y sagrado

10

EL CAMINO NAVARRO

Tras las huellas de Carlomagno y Roldán

Saint-Jean-Pied-de-Port o Roncesvalles serán nuestros puntos de partida por el ramal navarro del Camino de Santiago. Una senda y un territorio marcados por la épica y la leyenda. Por la figura del emperador Carlomagno y su sobrino Roldán, protagonistas del *Chanson de Roland,* paradigma de la literatura épica medieval, donde se recoge la muerte de Roldán junto con el obispo Turpín y Oliver en la contienda contra los vascuences durante su retirada de tierras peninsulares.

Emprendemos el camino en los Pirineos. Y la primera decisión que deberemos tomar es si partir desde Saint-Jean-Pied-de-Port o desde Roncesvalles: la diferencia la marca una dura etapa que es un reto para las fuerzas físicas y un regalo para los sentidos. La ascensión pirenaica tiene su recompensa en paisajes y panorámicas únicas de la cordillera montañosa.

Si comenzamos el viaje en Saint-Jean-Pied-de-Port, seguiremos la llamada Vía Imperial, la ruta de Napoleón. La misma senda que recorriera el emperador Carlomagno, que discurre por la antigua calzada romana que unía Burdeos con Astorga, el camino que también utilizara el mariscal Soult, en nombre de Napoléon. *Le Chemin de Saint-Jacques-de-Compostelle.* Una vía que solo está abierta en verano, de marzo a octubre. Desde noviembre a marzo, en invierno, es obligatorio realizar la ruta por el desvío de Valcarlos. Una y otro desembocan en el Alto de Ibañeta, donde se encontraba el monasterio de Sancti Salvatoris de Ybenieta, origen del monasterio de Roncesvalles. Tras asistir en Roncesvalles (Orreaga) al mágico ritual de la bendición del peregrino en la colegiata, el camino recorre el frondoso bosque de Sorginaritzaga o de las Brujas, en Burguete, marcado por antiguos cultos a la madre tierra, escenario de aquelarres, territorio de brujas que fueron protagonistas de juicios inquisitoriales. Después, nos esperan las subidas —entre bosques de hayas, abedules, robles y pinos— al Alto de Mezkiritz y al Alto de Erro, hasta el popular puente de la Rabia, marcado por el milagro y la leyenda de las reliquias de santa Quiteria. Parajes donde el tiempo parece haberse parado y que guardan una atmósfera mágica. Alcanzaremos la vega pamplonesa por Larrasoaña y el puente de los Bandidos, después Zuriáin, Zabaldica y el puente de Trinidad de Arre para llegar a Pamplona (Iruña) y a la colegiata de Santa María, marcada por el misterio de los gremios de constructores. Tras la capital navarra, ascenderemos el Alto del Perdón, donde el camino de las estrellas se cruza con el del viento, para llegar a Obanos y, finalmente, a Puente la Reina (Gares), donde todos los caminos se hacen uno.

Etapa de Saint-Jean-Pied-de-Port a Roncesvalles (Orreaga) (25 kilómetros)

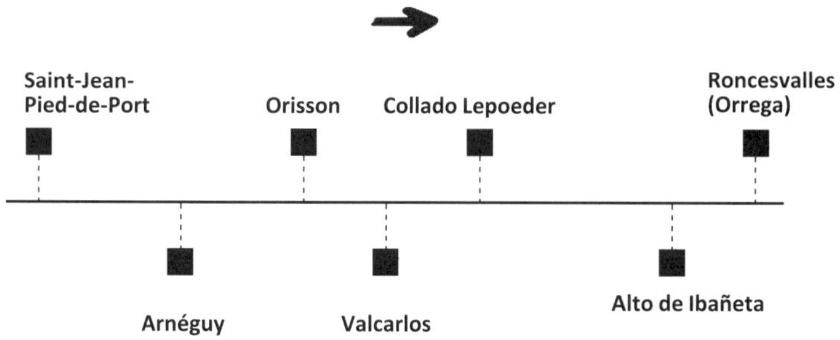

Albergues

Saint-Jean-Pied-de-Port
Albergue de Peregrinos Saint-Jacques
Albergue Le Chemin vers l'Étoile (privado)
Albergue Gîte Buen Camino (privado)
Albergue Gîte Compostella (privado)

Orisson
Refugio Albergue d´Orisson (solo abierto de marzo a octubre)

Valcarlos
Albergue de Peregrinos Municipal de Valcarlos

Roncesvalles (Orreaga)
Albergue de Peregrinos de Roncesvalles
Posada de Roncesvalles (privado)

Saint-Jean-Pied-de-Port: *Chemin de Saint-Jaques-de-Compostelle*

Emprendemos el camino en la bella localidad francesa de Saint-Jean-Pied-de Port, la que fuera capital de la Baja Navarra, cuyas calles empedradas conservan la atmósfera medieval a la sombra de la Ciudadela, construida en siglo xvii. Amurallada, conserva las cuatro puertas que dan accso al casco antiguo. Desde la iglesia de Notre-Dame du Bout du Pont, y tras cruzar el puente que salva el río Nive, seguiremos por la calle principal, nacida y vertebrada por el camino, la Rue de la Citadelle. Continuaremos por la Rue d'Espagne y saldremos por la Porte d'Espagne. Aquí aparecerá un cartel: «*Chemin de Saint-Jacques-de-Compostelle*».

Comenzamos la ascensión para salvar los más de mil quinientos metros de desnivel del macizo montañoso que ha servido de frontera natural y política a lo largo de la historia entre Francia y España. Para cruzar los Pirineos tenemos dos posibilidades: la primera, por senda de montaña, por Huntto, Orisson, el collado de Biakorri y el collado de Lepoeder, siguiendo la calzada romana que unía Burdeos con Astorga, la misma que utilizaron el emperador Carlomagno y Aymeric Picaud para su *Codex Calixtinus,* la llamada «Vía Imperial» o «ruta de Napoleón», acondicionada por el duque de Alba en 1552, más tarde ampliada para el paso de Isabel de Farnesio en 1714, y que transitó el mariscal Soult, en nombre de Napoleón, con las tropas francesas en 1807. La segunda, por pista y carretera, obligatoria entre los meses de noviembre y marzo, por Arnéguy y Valcarlos, como ya hicieron en otras épocas ilustres peregrinos como Nompar, Caumont, Munzer o Laffi.

En caso de que decidamos seguir la ruta por la montaña, no hay que olvidar lo más importante: hay que llevar provisiones de alimento y agua, estar preparado físicamente —el trazado tiene duros desniveles en un continuado ascenso durante toda la etapa— y solo realizarla en primavera y verano, cuando las condiciones climatológicas son buenas y el paso está abierto a peregrinos.

Notre-Dame du Bont du Pont en Saint Jean Pied de Port.

Huntto, Orisson, Collado de Biakorri y Lepoeder, alto de Ibañeta

Seguimos el mismo itinerario que realizó en el siglo XII el autor del *Liber sancti Jacobi* rumbo a Saint-Michel, donde existían un monasterio y un hospital dedicados a san Vicente, pertenecientes al monasterio de Leyre, a la iglesia de Compostela y a Roncesvalles. Y después, alcanzar la llamada *route de Napoleon,* que se une a los pocos kilómetros con la proveniente de Saint-Michel y Saint-Jean-le-Vieux. Ambas se cruzan en el castaño de San Luis, un ejemplar centenario de gran envergadura y rugosidad, antaño lugar mágico y sagrado. Alcanzaremos Uhart-Cize (Uharte-Garazi), cuyas calles han visto pasar miles de peregrinos a lo largo de los siglos, donde se alza una iglesia del siglo XIV, de ábside poligonal y pórtico gótico. La pendiente continúa por asfalto y tras dejar el caserío de Erreculuch, llegaremos a Huntto, último enclave habitado. Tras superar un panel indicativo dedicado al *Codex Calixtinus* emprenderemos ocho kilómetros de subida hasta Orisson, una pronunciada pendiente, que nos brinda bellas panorámicas de los valles de la Baja Navarra. A un lado y a otro nos acompañarán verdes pastos alpinos mientras atravesaremos bosques de pinos y hayas. Al alcanzar los mil metros de altura llegaremos a Orisson, donde estuvo ubicado el priorato de Santa María Magdalena, al que Carlos III eximió de pagar impuestos por la ayuda prestada a los peregrinos. Desde este punto, el camino prosigue subiendo de forma ininterrumpida durante cuatro kilómetros entre vegetación alpina hasta llegar a una cresta rocosa, el collado de Biakorri, donde encontraremos la Virgen de Biakorri, protectora de los pastores, siempre rodeada de cantos y exvotos dejados por los peregrinos. Aquí, si la climatología lo permite, divisaremos las cimas del monte Aspe, por el cual entran los peregrinos a Somport y Jaca. Los buitres leonados y halcones surgen a nuestro paso según vamos ganando altura. En Château-Pignon, situada a la izquierda del camino, y en la cima del pico de Hostateguy, observaremos los vestigios de un reducto militar que fuera levantado por Fernando el Católico para la conquista de Navarra, y que después utilizó el duque de Alba como almacén militar. Más tarde, alcanzaremos la cumbre de Urdenarri, que dejaremos a mano izquierda, mientras, a la derecha, contemplaremos un corral de montaña que sirve de refugio a los numerosos caballos que pastan libremente en los grandes prados comunales.

Avanzaremos por carretera, y tras dejar a la derecha el desvío a Arnéguy, pasados dos kilómetros, entraremos en una pista de tierra junto a un hito que indica: «*Roncevaux*». Poco después, pasaremos la cruz Thibault y un refugio de piedra, para, tras un kilómetro más tarde, ascender por una senda más ancha, por la antigua calzada romana, hasta el collado de Bentartea (Col de Bentarte), donde hallaremos la fuente de Roldán, el último lugar en el que podremos tomar agua y reponer fuerzas. El lugar que recuerda la derrota del emperador Carlomagno en el siglo VIII. La senda prosigue, siempre subiendo, por un hayedo y en paralelo al límite fronterizo entre España y Francia, hasta superar el cartel que nos indica la entrada a Navarra, aquí una indicación en madera nos muestra el sendero que debemos seguir a Roncesvalles, a la derecha. Poco más tarde, llegaremos al collado y refugio de Izandorre, levantado para que los peregrinos, en caso de emergencia, puedan pedir ayuda con el sistema de comunicación que guarda. Recorridos dos kilómetros, coronaremos el collado de Lepoeder, a 1.430 metros de altura, la cima más alta del ramal navarro, llamado en tiempos medievales Portus Cisere. Desde este punto divisaremos Roncesvalles y Burguete, y comenzaremos el descenso, ya sea por el tramo de la izquierda, de fuertes pendientes por el Bosque de Basajaun a Roncesvalles, o por el tramo de la derecha, por una pista asfaltada que nos conduce al Alto de Ibañeta, lugar marcado por la historia y la leyenda, en el que se sitúa la batalla de Roldán, y se levanta la capilla de San Salvador, siguiendo el curso del río Otezul hasta llegar a Roncesvalles.

Collado de Biakorri, donde se alza la Virgen de Biakorri, protectora de pastores y peregrinos en las montañas pirenaicas.

Cruz de Tribault.

Arnéguy, Valcarlos y Alto de Ibañeta (desvío de invierno)

Nada más traspasar la Port d'Espagne en Saint-Pied-de-Port, giraremos a la derecha, para, siempre por carretera, y con precaución, dirigirnos primero a Arnéguy, punto fronterizo entre Francia y España, y después a Valcarlos. La villa toma su nombre del mítico emperador. Aquí estaba Carlomagno acampado mientras Roldán combatía contra los musulmanes e ignoraba las llamadas de socorro del olifante de su sobrino, debido a la traición de Ganelón. Más concretamente, según la leyenda, jugando al ajedrez, cuyo diseño ahora tiene el escudo de la localidad. Su iglesia fue construida en el siglo XIX, sobre un santuario anterior del siglo XVIII.

Valcarlos cuyo origen está ligado al emperador Carlomagno.

Dolmen de Lindus (desvío opcional)

Toda esta comarca estuvo poblada desde época megalítica. Fue un enclave mágico y sagrado para los primeros seres humanos, como así avalan las numerosas construcciones megalíticas. En las cercanías de Valcarlos, hallaremos una docena de dólmenes entre los que destaca el de Lindus, y a escasos metros de este, un crómlech formado por nueve piedras rodeando un túmulo.

Tras salir de Valcarlos, a dos kilómetros, abandonaremos el asfalto para emprender la subida por una pista de hierba al collado de Bentartea. El camino deja a la izquierda una fuente y baja por una pista forestal que da paso a un hayedo y al inicio de la ascensión del Alto de Ibañeta, en la que se alza la ermita de San Salvador —donde se ubicaba el monasterio de Sancti Salvatoris de Ybenieta, origen del monasterio de Roncesvalles—, y el monumento a Roldán, lugar en el que según la tradición el caballero franco al mando del ejército carolingio se enfrentó a los vascones en el siglo VIII. Allí quebró la roca con su espada e hizo sonar su cuerno de marfil pidiendo ayuda, si bien cuando Carlomagno llegó en su auxilio, Roldán y los doce pares ya habían muerto. Entonces, hincó su rodilla y oró mirando a Compostela, aunque faltara medio siglo para el hallazgo prodigioso de la tumba del apóstol.

Alto de Ibañeta: la ermita de San Salvador

Tras ascender el collado de Bentartea por la calzada romana, el primero en España, llegaremos al de Elizarra y después al de Izandorre, y al punto más alto, el llamado Portus Cisere en tiempos medievales. Tras la cima, nos espera el Alto de Ibañeta, el paso natural del Pirineo occidental, aquí encontraremos la ermita del Salvador. La capilla fue construida en el mismo paraje donde estuvo la iglesia de San Saturnino, también llamado san Cernín, edificada por el que fuera obispo y mártir de Toulouse, discípulo de san Juan Bautista, tras evangelizar por tierras navarras junto a san Horencio y a san Fermín, en el siglo III. Referenciada desde el siglo VII, en el siglo XI es citada como monasterio de Sancti Salvatoris de Ybenieta, cenobio que fue apoyado por Sancho IV el de Peñalén, quien lo entregó al abad del monasterio de Leyre, cuya comunidad de religiosos fue trasladada después a Roncesvalles. Junto al templo hallaremos el monumento de Roldán —monolito de piedra, obra de Cándido Ayestarán, instalado en los años sesenta del siglo XX—, que rememora la célebre derrota de las tropas carolingias en el siglo VIII, origen del popular *Cantar de Roldán (Chanson du Roland)*.

Collado de Lepoeder, frontera entre Francia y España, entrada a Navarra (Nafarroa).

Roncesvalles (Orreaga): tras las huellas de Aymeric Picaud y el *Codex Calixtinus*

Descenderemos del collado de Lepoeder —por un frondoso bosque, conocido como el bosque de Basajaun—, o del Alto de Ibañeta —acompañados por numerosas cruces dejadas por los peregrinos, que entre la niebla crean una atmósfera fantasmal—, hasta Roncesvalles. Hito del Camino de Santiago, es el lugar en el que muchos caminantes deciden comenzar la ruta jacobea. Sus orígenes están ligados al núcleo monacal del Alto de Ibañeta y a la épica: a Roldán, Turpín, Oliver y Carlomagno, cuyas hazañas aparecen citadas en el cantar de gesta francés, el *Cantar de Roldán (Chanson du Roland)*. Fue fundado en el siglo XII por el obispo de Pamplona, Sancho de Larrosa, y Alfonso I el Batallador, para dar cobijo a los caminantes que se dirigían a Santiago y que así no fueran víctimas de las tormentas, los fríos y los lobos en el paso occidental pirenaico. Aunque su nacimiento tuvo propósitos más terrenales, crear un paso alternativo a Somport y Jaca que diera suculentos beneficios económicos con los peajes a los peregrinos y comerciantes europeos. A principios del siglo XIII, Sancho VII el Fuerte lo tomó bajo su protección y ordenó la construcción de la colegiata, que eligió como panteón real, y en la que se halla su tumba. Llegó a ser uno de los monasterios más ricos y poderosos de la ruta jacobea apoyado por las donaciones provenientes de toda Europa. Epicentro de la fe y de la devoción, como dejó referenciado Aymeric Picaud en el *Codex Calixtinus,* en el altar mayor del santuario se guardaban y veneraban como reliquias el olifante de Roldán y el estribo y las mazas de Carlomagno. Sus dominios y posesiones llegaron a ser de tal magnitud que, en el siglo XVI, se afirmaba que cualquiera de sus monjes podía atravesar Italia, Francia y España alojándose en sus propiedades. Escenario de disputas entre reyes en los siglos XV, XVI y XVII, ni las guerras, ni la desamortización, ni las épocas oscuras del camino, apagaron su esplendor. No en vano, en el siglo XVII, Martín Burgues, dejó constancia escrita de que se servían más de veinticinco mil raciones de comida a los peregrinos. Una popularidad y una fama que estaban basadas en estar siempre abierto, «no solo para católicos, sino a profanos, judíos, herejes o vagabundos». Hoy, Roncesvalles —que siempre estuvo rodeado de tumbas y mausoleos de peregrinos, reminiscencias de la muerte simbólica y transformación— está formado por la colegiata, considerada uno de los primeros templos góticos en España, con el claustro y la sala capitular, el hospital y la abadía, antaño utilizada como residencia de canónigos.

Real Colegiata de Santa María en Roncesvalles (Orreaga).

Real colegiata de Santa María: la Virgen de Roncesvalles, reina del Pirineo

Construida en el siglo XIII sobre un santuario anterior por Sancho VII el Fuerte, fue reedificada en los siglos XV, XVI y XVII debido a varios incendios. Templo gótico, de tres naves divididas en cinco tramos, separadas por pilares cilíndricos con capiteles decorados con doble faja de crochets, arcos formeros apuntados, triforio —con cuatro arquillos apuntados sobre columnas con el mismo capitel en cada tramo—, bóvedas de crucería, presbiterio y cabecera pentagonal. De la fachada original queda el vano de la puerta, apuntada y con tres arquivoltas, flanqueada por un rosetón y una ventana apuntada. Unido a la iglesia encontraremos el claustro —gótico, de arcos ojivales— y la sala capitular, conocida como capilla de San Agustín, donde se halla el sepulcro de Sancho VII el Fuerte y de su esposa, Clemencia. Por debajo del templo se encuentra la cripta, de planta rectangular, ocupando la cabecera y todo el crucero, cubierta con bóveda de medio cañón apuntado y paños, con ventanales de medio punto, conserva pinturas góticas de trazos geométricos. En el interior, hallaremos la capilla del Santo Cristo, cerrada desde el siglo XVII, presidida por un Cristo de tamaño natural, obra del siglo XIX, y se guarda y venera la Virgen de Roncesvalles, de tradición milagrosa.

Claves de la Real Colegiata de Roncesvalles

- *Virgen Santa María de Orreaga, la Virgen de Roncesvalles.* Popularmente llamada «Reina del Pirineo», está marcada por la leyenda. Según cuenta la tradición, la talla primigenia fue escondida por varias mujeres mientras sus maridos morían durante la invasión musulmana. Tiempo después, una noche, un pastor que cuidaba su ganado vislumbró dos misteriosas luces en el cielo. Al aproximarse a estas, descubrió que se trataba de un ciervo cuyas astas brillaban. Volvió a la cabaña creyendo que todo había sido un mal sueño. Pero los siguientes días volvió a sucederse el prodigio, siendo testigos los lugareños de la zona, que además pudieron escuchar un canto celestial. Tras avisar a los religiosos del monasterio de Ibañeta y al obispo de Pamplona —del que cuentan las crónicas legendarias que un ángel se le apareció en sueños mostrándole el lugar en el que estaba escondida la Virgen—, descubrieron la imagen de esta. Desgraciadamente, la escultura original, que despertó la devoción y el fervor en la comarca, desapareció. La actual es gótica, de madera, chapada en plata, del siglo XIV, realizada en Toulouse.

Virgen de Roncesvalles, marcada por la leyenda y el milagro, llamada la «Reina del Pirineo».

- *Sala capitular y tumba de Sancho VII el Fuerte.* La sala capitular —también llamada capilla de San Agustín, torre de San Agustín o capilla real— es una estancia parecida a un bloque cúbico de sillería, con aspecto de fortaleza. Tiene planta cuadrada, bóvedas de terceletes, claves decoradas, cuatro ménsulas con grandes ángeles, contrafuertes en su exterior y cubierta piramidal. En su interior, hallaremos la tumba de Sancho VII el Fuerte. El rey, popular por su gran corpulencia y altura —medía más de dos metros—, fue el responsable de la victoria en la batalla de las Navas de Tolosa, en 1212, punto de inflexión para el inicio de la Reconquista. Está ubicada en el centro, y de la primitiva sepultura —instalada en 1912—, solo queda la losa, rodeada por una fina cenefa con decoración vegetal del siglo XIII. Junto al altar, se muestran las populares «cadenas de Miramamolín», recuperadas por el monarca en la batalla de Navas de Tolosa, que inspiraron el escudo de Navarra. Asimismo, en sus muros, sobrecogen las modernas vidrieras y el rosetón, confeccionados por cristales de colores, y destacan dos capiteles góticos, vinculados al claustro de la catedral de Pamplona, que representan el pecado original y la expulsión del paraíso.

Tumba de Sancho VII el Fuerte y las reliquias de las «Cadenas» de la batalla de Navas de Tolosa en la sala capitular del claustro de la Real Colegiata de Santa María en Roncesvalles (Orreaga).

- *Casa prioral. El Museo del Tesoro, archivo y biblioteca.* Estructurada en tres alturas, la casa prioral es sede del archivo y de la biblioteca, que alberga más de quince mil volúmenes de diferentes materias, entre los que destaca el Evangelio de los Reyes, del siglo XII, o el códice *La Pretiosa,* del siglo XIV. El museo, ubicado en la planta baja, posee una gran colección de escultura, pintura y orfebrería, tapices, muebles, así como numerosos relicarios. Entre todos los objetos sobresalen dos: el llamado «Ajedrez de Carlomagno», damero gótico, del siglo XIV, formado por una madera forrada de láminas de plata y doradas, esmaltes y vidrios, marcado por la leyenda, que cuenta que era el mismo con el que estaba jugando Carlomagno cuando le avisaron de la batalla y tragedia de Roldán contra los vascuences. Y la «Esmeralda de Miramamolín», también marcada por la leyenda, que según la tradición fue arrebatada por Sancho VII el Fuerte del turbante del rey moro durante la batalla de las Navas de Tolosa, siendo un misterio el origen de la misma, y que se incorporó al escudo de Navarra, junto con las cadenas.

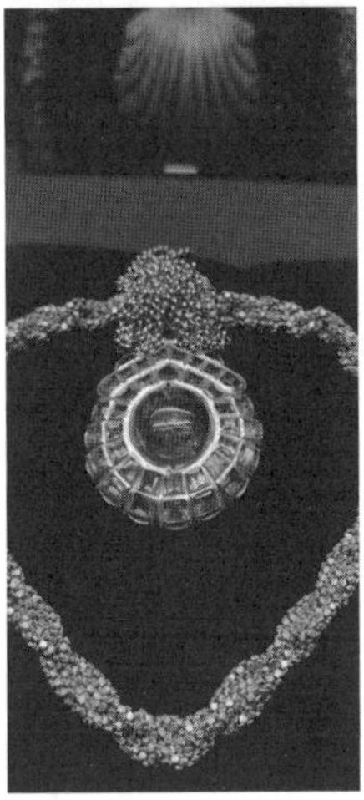

El «Ajedrez de Carlomagno», relicario —altar gótico del siglo XIV—, y la «Esmeralda de Miramamolín», arrebatada por Sancho VII el Fuerte al rey musulmán en la batalla de las Navas de Tolosa, símbolo, junto con las cadenas, del escudo de Navarra.

Iglesia de Santiago o de los Peregrinos, la mágica campana de Ibañeta

Construida en el siglo XIII y utilizada como parroquia hasta el siglo XVIII, quedó sin culto hasta el siglo XX. Templo gótico, de planta rectangular, una sola nave dividida en dos tramos, columnas cilíndricas, bóveda de crucería simple y cabecera recta. En la portada, de arco apuntado, aparece un crismón. En su interior se guarda y se venera una talla del apóstol Santiago.

Silo de Carlomagno, capilla de Sancti Spiritus, cripta de Roldán y los Pares

Es el edificio más antiguo de Roncesvalles y está marcado por el misterio y la leyenda, que cuenta que fue edificado por el emperador Carlomagno sobre la roca que partió Durindana, la espada de Roldán, y donde están enterrados los doce pares de Francia. Hoy en el templo, único en todo el Camino de Santiago, y su cripta, de carácter funerario —de muros de mampostería y bóveda de cañón, con techumbre a cuatro aguas, rematada con una pequeña cruz florenzada—, donde se daba sepultura a los peregrinos fallecidos en el monasterio hospital se ofician las misas. No en vano, sigue siendo camposanto de los vecinos de Burguete. Está rodeado por un claustrillo construido en el siglo XVII, con arcadas de piedra en tres de sus lados. En su interior, destaca el altar o mesa de Roldán, que se eleva en el centro y sobre la que hay una gran lámpara que se asemeja a una corona. Bajo el santuario, hallaremos un sobrecogedor osario, edificado sobre un anterior lugar de culto, en el que según la tradición se encuentran los restos de Roldán, los pares, así como los cientos de combatientes francos muertos en el siglo VIII.

Iglesia de Santiago y Silo de Carlomagno, la edificación más antigua de Roncesvalles (Orreaga), antiguo camposanto, osario a lo largo del tiempo, erigido sobre un antiguo lugar de poder, santuario de cultos paganos.

Etapa de Roncesvalles (Orreaga)a Zubiri (22 kilómetros)

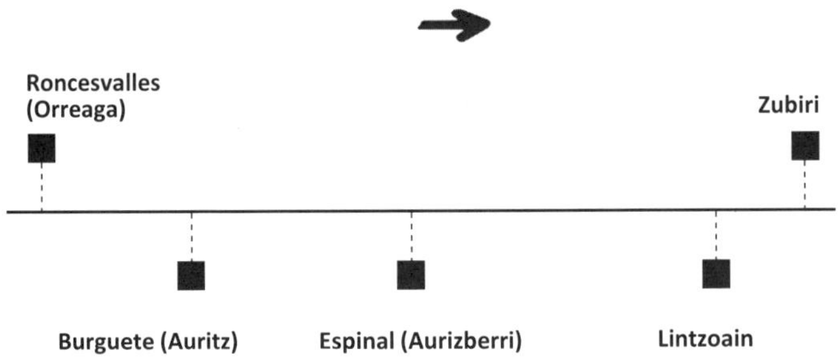

Albergues

Espinal (Aurizberri)

Albergue Haizea (privado)

Zubiri

Albergue de Peregrinos de Zubiri
Albergue Suseia (privado)
Albergue Zaldiko (privado)
Albergue Río Arga (privado)

RONCESVALLES (ORREAGA): TRAS LAS HUELLAS DE AYMERIC PICAUD Y EL *Codex Calixtinus*

Tras haber vivido la mágica experiencia de la bendición del peregrino la noche anterior en la colegiata —ritual ancestral de los caminantes, momento en el que se toma conciencia de la aventura y del viaje interior que nos espera—, con la fuerza y energía de los cantos gregorianos retumbando en nuestro interior, emprenderemos el camino por tierras navarras. Si fue mágica la ascensión de las montañas pirenaicas desde Saint-Jean-Pied-de-Port, mágica y heterodoxa es la etapa que nos espera recorriendo una senda señalada por la brujería, escenario de antiguos cultos paganos a la diosa madre, que fue perseguida por la Iglesia y su brazo armado, el Santo Oficio. Saldremos de Roncesvalles por un andadero arbolado que discurre en paralelo a la carretera hasta alcanzar el primer crucero de la ruta jacobea, gótico, del siglo XIV, que tiene grabadas las figuras de Sancho VII el Fuerte y su esposa, Clemencia. Y junto a él, un cartel: «Santiago, 790 km».

Crucero de Roncesvalles, con las figuras del rey Sancho VII el Fuerte y Clemencia.

A partir de aquí nos adentraremos en un tupido bosque de hayas, robles, abedules y pinos: es el bosque de Sorginaritzaga, llamado también el robledal de las Brujas. Un tramo que discurre por un territorio que fue escenario de aquelarres, donde encontraremos la llamada Cruz Blanca o Cruz de Roldán, erigida tras la caza de brujas que aquí tuvo lugar en el siglo XVI, para exorcizar y ahuyentar a hechiceras y malos espíritus. Tras el mismo, llegaremos a Burguete.

Cruz de las Brujas o de Roldán en el robledal de las Brujas escenario de aquelarres.

BURGUETE (AURITZ): ENTRE PEREGRINOS Y BRUJAS

Confundida muchas veces con Roncesvalles, nació y creció por y para el camino, como un burgo de Roncesvalles, que fue llamado en época medieval de diferentes formas: Burgo de la Plana, Burgo del Llano de Roncesvalles, Burgo de Roncesvalles e incluso Villa de Roncesvalles. En el siglo XII perteneció al monasterio aragonés de Santa Cristina, en el puerto de Somport, pasando a ser dominio del hospital y villa de Roncesvalles en el siglo XIII. Un pueblo y una comarca marcados por la crónica brujeril española. En el siglo XVI, el licenciado Balanza, el «Torquemada navarro», llevó a cabo una caza de brujas entre los vecinos de la localidad que también se extendió a Valcarlos, y que había comenzado en los valles del Roncal y Salazar. Un proceso inquisitorial que culminó —tras la detención primero de Graciana de Esnoz, María del Caballo Blanco, María la Abadesa, Graciana de Ceztau, Miguel del Burgo, María de Garralda, un tal Martín, y después de Miguel Añoa, Domingo de Bursóriz, Graciana de Loizu, María de Eyalar, Juana Martiz, y la confesión de celebración de aquelarres en los bosques— en la condena al destierro del reino y la quema de cinco brujos en la plaza de la localidad, exponiéndose sus «sambenitos» durante años en la iglesia. No deja de ser sorprendente que, desde entonces, la villa fuera pasto de las llamas una y otra vez, siendo reedificada innumerables veces, como si de una maldición se tratara. Entraremos por la calle principal, la de San Nicolás, entre grandes caserones de ventanales rojos y escudos nobiliarios en puertas y fachadas tallados en la piedra —como las de Telechenea, Vergara, Irigaray, Jáuregui o Dorrea—, hasta la iglesia de San Nicolás, testigo mudo de las cazas de brujas.

Iglesia de San Nicolás en Burguete.

Iglesia de San Nicolás de Bari, los «sambenitos» y la campana de Santa María

Construida en el siglo XI, reconstruida en diferentes ocasiones, un incendio acabó con su coro y la torre en el siglo XIX, siendo reedificada primero por Pedro Asoleaga y después por Miguel Gortari, a mediados del siglo XX. Templo románico, de una sola nave dividida en tres tramos, bóvedas de arista, crucero y cabecera recta, conserva dos ventanas abocinadas, las ménsulas y los nervios de la cabecera. La portada, barroca, está flanqueada por pináculos, en cuyo centro encontraremos un reloj, obra de Juan de Mibura. Fue costeada por la familia Oroz, y en ella aparece su escudo de armas, que también lo es de la villa. En la torre se aloja una campana, llamada Santa María, del siglo XVII, regalada por la colegiata de Roncesvalles por la ayuda prestada en varios incendios. En su interior, durante siglos, estuvieron expuestos los «sambenitos» que portaron los brujos de la localidad condenados por el Santo Oficio, hoy desaparecidos.

CEMENTERIO DE LAS ESTELAS, EL SIMBOLISMO DEL SIGLO XXI

Construido en 1964 y diseñado por Miguel Gortari, fue declarado el mejor camposanto de España. Marcado por el simbolismo, todo en él tiene un propósito. La ubicación, abierto al cielo junto a las montañas, en contacto con la naturaleza. Su forma ovalada, en conexión con la bóveda celeste, reflejo de la relación entre la tierra y el cielo. La puerta de entrada es una gran letra A, representación de la letra alfa, el comienzo, el inicio de una nueva vida tras la muerte. En su interior alberga antiguos panteones, que reflejan la igualdad ante nuestra cita con la muerte, estelas discoidales, todas ellas de época actual, y una gran cruz que protege las almas.

Moderno Cementerio de Estelas en Burguete.

Saldremos de Burguete tras sobrepasar una oficina bancaría situada a mitad del pueblo. Tomaremos un desvío a la derecha que nos lleva a un puente de madera, cruzaremos un riachuelo, y seguiremos recto por un sendero de tierra. La ruta continúa entre praderas y bosques de hoja caduca, que nos regalan paisajes fascinantes. Ya en la llanura, superaremos una cerca, salvaremos varios arroyos por estructuras de piedra y, tras una pequeña bajada, llegaremos a Espinal.

Espinal (Aurizberri): las estelas funerarias medievales

Ubicado en un llano, en pleno valle de Erro, al pie de la carretera, sus orígenes se remontan a la época neolítica, como avalan los veinte dólmenes existentes en la zona. Fundada en el siglo XIII por el rey Teobaldo I, donó su iglesia de Santa María a Roncesvalles, pasando a ser burgo de esta y de Gerendiain. Antiguo señorío de realengo, de casonas con dinteles decorados y fechados a ambos lados de la calle principal, domina la población la iglesia de San Bartolomé, que además alberga un particular museo de estelas funerarias medievales.

La iglesia de San Bartolomé y sus mosaicos

Construida en los años sesenta del siglo XX, sobre un santuario anterior, es obra de Esparza y Ayestarán. Templo de una sola planta dividida en seis tramos, separados por arcos fajones de medio punto y cabecera semicircular alzada, con bóveda de horno decorada con un mosaico con escenas de la vida de san Bartolomé, patrón de la urbe. La fachada está formada por un pórtico de cinco arcadas rebajadas en una galería y torre. En la sacristía se guarda un cáliz de plata del siglo XVII y una cruz renacentista del siglo XVI.

Iglesia de San Bartolomé en Espinal.

Museo de las Estelas, la muerte pagana medieval

Veintiséis estelas funerarias medievales, datadas entre los siglos xvii y xviii, recuperadas del antiguo cementerio, componen hoy un particular museo al aire libre. Todas ellas están talladas en piedra, formadas por un pie trapezoidal, y una altura que oscila entre los cuarenta y cuatro y los noventa y siete centímetros de altura, con un disco superior cuyo diámetro va desde los veinticinco a los cincuenta centímetros, decorado por el anverso y el reverso, y, algunas, por el canto. Siete de ellas son idénticas, tienen los mismos grabados. Y entre los diseños aparecen signos solares, cruces griegas, flores de seis pétalos, laberintos, estrellas, destacando dos, una con una figura humana y otra con un oso.

El camino prosigue por carretera hasta girar a la izquierda y, después, por un sendero de montaña. Comenzaremos la subida del Alto de Mezkirtiz atravesando un gran prado. Ya en la cima, tras cruzar la carretera, hallaremos una lápida con la talla la Virgen de Roncesvalles y un ruego a los *concheiros*: «Aquí se reza una salve a Nuestra Señora de Roncesvalles». Proseguiremos, por un espectacular y fascinante hayedo que embruja y nos lleva hasta Bizkarreta/Gernediaín, que albergó un hospital de peregrinos en el siglo xiii y donde se levanta la iglesia de San Pedro, que conserva la portada románica, con arcos de medio punto y tres arquivoltas. La senda continúa, primero entre bojs, acebos y helechos y, más tarde, por el robledal de Muskilda, hasta Lintzoain, centro geográfico del valle y capital administrativa. Cruzaremos la localidad por el burgo de abajo, donde encontraremos la iglesia de San Saturnino —del siglo xiii, ampliada en el siglo xiv, con pórtico de tres arcos adovelados y portada de arco de medio punto con cuatro arquivoltas, que conserva una pila bautismal románica—, para continuar por una pista ancha la ascensión al Alto de Erro.

ALTO DE ERRO: LOS BOSQUES MÁGICOS Y LA ROCA DE ROLDÁN

El camino nos transporta a otra época entre robles, abedules, tejos, acebos y pinos centenarios. Atravesaremos bosques que sobrecogen y fascinan, en otros tiempos guarida de bandidos, fieras, espectros y hechiceras. Tramo duro en el que el esfuerzo se compensa con un espectáculo para los sentidos en la cima. La ruta —en la que encontraremos la antigua Posada del Puerto, que sirvió de albergue para caminantes— continúa por un manto arbóreo internándose también por campos de cultivo, en los que iremos abriendo y cerrando las cancelas que aparecen a nuestro paso. Más tarde, un descenso acusado y complicado, por un sendero pedregoso, casí una pared acantilada, hasta Zubiri.

Alto del Erro.

ZUBIRI: EL PUENTE DE LA RABIA Y LAS RELIQUIAS DE SANTA QUITERIA

Anclado en el fondo del valle, llegaremos a Zubiri por el popular y legendario puente de la Rabia, marcado por el simbolismo del juego de la oca, por prodigios y reliquias que ya fueron referenciados por Aymeric Picaud en el *Codex Calixtinus*.

Etapa de Zubiri a Pamplona (Iruña) (22 kilómetros)

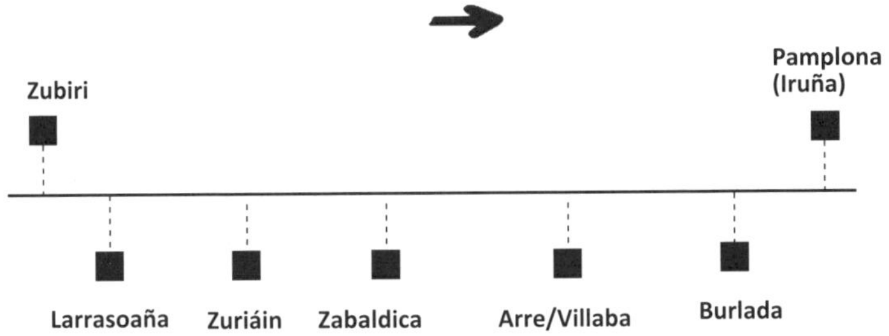

Albergues

Larrasoaña

Albergue de Peregrinos Municipal Larrasoaña
Albergue San Nicolás (privado)

Zuriáin

Albergue La Parada (privado)

Zabaldica

Albergue de Peregrinos Parroquial de Zabaldica

Trinidad de Arre/Villava

Albergue de Peregrinos Municipal de Trinidad de Arre
Albergue de Peregrinos Municipal de Villava

Pamplona (Iruña)

Albergue de Peregrinos Municipal Andrés Muñoz
Albergue Jesús y María (privado)
Albergue Plaza Catedral (privado)
Albergue Casa Ibarrola (privado)

Zubiri: el puente de la Rabia y las reliquias de santa Quiteria

Zubiri se sitúa a la sombra del monte Murelu y a orillas del río Arga, al pie del Alto de Erro, su nombre deriva del puente, que traducido del euskera significa «pueblo del puente». Conocida como Seburius en el siglo VIII, fue llamada Seburrium hasta el siglo XII. La villa era el lugar donde se bifurcaban las calzadas romanas en dirección a Ibañeta y a Dantxarinea. Enclave reseñado por san Eulogio durante su peregrinación en el siglo IX, fue sede de una antigua leprosería medieval, monasterio benedictino, que dependió de Leyre, donado por García el de Nájera en el siglo XI. La iglesia de San Esteban —de cabecera y retablo barroco, con pórtico adintelado— fue destruida en el siglo XIX, durante la primera guerra carlista, y posteriormente reedificada. Una villa marcada por el milagro y la leyenda en torno a su puente, conocido como el de la Rabia —relacionado con el iniciático juego de la oca y el simbolismo esotérico—, la fuente del Batueco —de la que dice la tradición que sus aguas son curativas—, y las reliquias, tomadas como milagrosas, de santa Quiteria.

Puente de la Rabia, reliquias y rituales de paso

La fecha de construcción del puente es un misterio. Referenciado en el siglo XI, cuando el rey Pedro I de Aragón y Navarra donó a la iglesia de Pamplona la villa de Zubiría, que significa «junto al puente». De estilo románico, con dos arcos de doce metros de largo, el derecho ligeramente apuntado, de trazado ascendente y pendiente, está marcado no solo por la historia —referenciado por Aymeric Picaud en el *Codex Calixtinus*—, sino por el milagro y la leyenda. Según cuenta la tradición, cuando se estaba colocando el pilar central, se descubrieron los restos de la joven santa Quiteria, protectora frente a la rabia. Sus restos y reliquias se pusieron sobre una mula para ser llevados por el cortejo episcopal a la catedral de Pamplona, pero el animal se detuvo en Burlada, lo que fue interpretado como una señal celestial para que las reliquias fueran depositadas y veneradas en la villa. Desde entonces, los lugareños, cuando el ganado es víctima de la rabia, acuden hasta el pilar mágico y sagrado, y lo rodean tres veces para que sane.

El Puente de la Rabia -marcado por la leyenda y los milagros de santa Quiteria, y sus reliquias- en Zubiri.

Saldremos de Zubiri por el puente de la Rabia, cruzando el río Arga, en dirección a las localidades de Esquíroz (Ezkirotz) e Ilárraz (Ilarratz), antiguos caseríos rodeados de prados y huertas, entre los que hallaremos la iglesia de Santa Lucía , del siglo XIII, ampliada en el siglo XVI.

Larrasoaña, el puente de los Bandidos y reliquias de san Nicolás

Camino y carretera circulan en paralelo, con el río Arga en medio, hasta llegar a Larrasoaña. Sus orígenes se encuentran en el monasterio de Santa María y San Agustín, fundado en el siglo X, que fue donado en el siglo XI por Sánchez el de Nájera al monasterio de Leyre, pasando más tarde a ser clavería de Roncesvalles. En torno al cenobio se asentó un grupo de francos, en el llamado Plano de Iriberri, a los que Sancho VI de Navarra, el Sabio, otorgó fueros, adoptando la villa el nombre actual en el siglo XIII. Las concesiones y los privilegios siguieron aumentando con el tiempo, llegando a tener asiento en las Cortes de Navarra y ser escenario del juramento de Felipe III de Évreux y Juana II en el siglo XIV, y residencia de doña Urraca, hija de Sancho el de Peñalén.

Iglesia de San Nicolás de Bari, las reliquias del santo

Construido en el siglo XIII, el templo es de estilo gótico, con una sola nave dividida en tres tramos, bóveda de lunetos barroca, dos sacristías adosadas a la cabecera, de bóvedas de nervios sexpartita, y torre prismática barroca. El pórtico está formado por dos puertas; la primera de arco apuntado con dos arquivoltas y la segunda de simple dintel sobre ménsulas. En la sacristía se guardan dos cálices de plata y las reliquias de san Nicolás.

El Puente de los Bandidos y la iglesia de San Nicolás en Larrasoña.

Puente de los Bandidos, los asaltos a los peregrinos

Construido en el siglo XIV para salvar el río Arga, de estilo gótico, está formado por dos arcos, al igual que el puente de la Rabia, en Zubiri. Referenciado por Aymeric Picaud en el *Codex Calixtinus,* debe su nombre a los numerosos bandidos que se apostaban en sus cercanías para asaltar a los peregrinos y comerciantes.

Abandonaremos Larrasoaña siguiendo el cauce del río Arga, primero por carretera, para después seguir entre helechos y hayas, por un frondoso bosque en el que la hiedra ha tomado todos los troncos de los pinos. Tras superar varios repechos, el camino vuelve a la vera del río hasta la villa de Akerreta, referenciada desde el siglo XIII, donde se alza la iglesia de la Transfiguración, en la que destacan su torre, su portada y la pila bautismal románica. Seguidamente, llegaremos a Zuriáin —en cuya iglesia de San Millán se venera una talla románica de la Virgen del siglo XIII—, después cruzaremos de nuevo el río Arga hasta Iroz (Irotz), y la iglesia de San Pedro, que conserva una pila de agua bendita románica, del siglo XIII, y que poseía cinco tablas de santos del siglo XVI, hoy en el Museo Diocesano de Pamplona. Nos espera un nuevo puente, el de Iturgaiz —del siglo XII, románico, con cinco arcos, cuyo nombre significa «fuente mala» o «fuente enorme»—, que se levantó junto a la desaparecida ermita de la Virgen de Montserrat, para continuar por la pista y paseo fluvial del Arga hasta Zabaldica —en cuya iglesia de San Esteban encontraremos la campana más antigua en tierras navarras, del siglo XIV—. A partir de aquí, ascenderemos por la ladera hasta Arleta, antiguo señorío, hoy caserío, y el palacio de los señores y la ermita de Santa Marina, del siglo XIII, que poseía en sus muros una ventana gótica de arco conopial, donde era tradición que los peregrinos dejaran una limosna, para después bajar rumbo a Trinidad de Arre y Villava.

Iglesia de San Esteban en Zabaldika y el Puente de Iturgaiz.

Trinidad de Arre y Villava, el puente y ermita de tradición milagrosa

El puente medieval, un nuevo guiño al simbólico juego de la oca, que salva el río Ulzama, nos da la bienvenida en Trinidad de Arre, donde además se alza la ermita de la Trinidad, que hoy, como ayer, sigue acogiendo a peregrinos en su albergue regentado por una comunidad de religiosas. Fundada en época romana, ya en el siglo XI albergaba un hospital monasterio que alcanzó esplendor a partir del siglo XVI como clavería de Roncesvalles.

El puente y la ermita de la Trinidad

De orígenes romanos —como muestran dos láminas de bronce halladas junto al puente, fechadas en los siglos I y II, respectivamente—, fue ampliado en tiempos medievales. Paso de peregrinos para salvar el río Ulzama —de seis arcos y una longitud de cincuenta y cinco metros—, junto a él se alza la ermita de la Trinidad, del siglo XII, sede de una comunidad religiosa que da hospedería. Templo románico, de una sola nave, ábside semicircular, torre y contrafuertes. En sus muros conserva dos ventanas de medio punto abocinadas. La portada es de arco de medio punto y arista con tres arquivoltas, la central con dientes de sierra. Un santuario de tradición milagrosa, donde peregrinos y vecinos acuden, atribuyéndole propiedades curativas.

Dejaremos la localidad por la calle Mayor rumbo a Villava —fundada en el siglo XII por Sancho VI el Sabio, quien otorgó fueros a un asentamiento de francos dedicados al comercio y la artesanía, ubicado junto a Atarrabia, referenciado como puente de Atarrabia, después como Villa Nova, y a la que Teobaldo II, en el siglo XIII, amplió privilegios, permitiendo que los bataneros se constituyeran como uno de los primeros gremios de la Península, que conserva el rollo jurisdiccional o picota, del siglo XV, monolito pétreo protagonista de ajusticiamientos—, y después a Burlada. Citada como Buruslata en el siglo XI y como Brusalada en el siglo XII, cuyo origen etimológico en latín es *brustulare* —que significa «quemada»—, allí los reyes de Navarra pasaban temporadas de asueto. Villa —popular por su puente viejo, románico, de nueve metros de longitud y seis arcos, y por las reliquias de santa Quiteria—, desde la cual vislumbraremos la catedral de Pamplona.

Pamplona (Iruña): san Cernín, el maestro Esteban y la catedral de Santa María

Entraremos a la capital navarra tras cruzar el puente de la Magdalena, recorriendo sus murallas, por el portal de Francia, para acceder al barrio, antiguo burgo, de la Navarrería, antigua rúa de los Peregrinos, hoy del Carmen, siguiendo el mismo trazado que los peregrinos medievales. La ciudad era, y sigue siendo, la primera gran urbe del camino en la Península por Navarra.

Puente de la Magdalena y portal de Francia, entrada del Camino de Santiago a Pamplona (Iruña).

Etapa de Pamplona (Iruña), Muruzábal, Obanos y puente La Reina (Gares) (22 kilómetros)

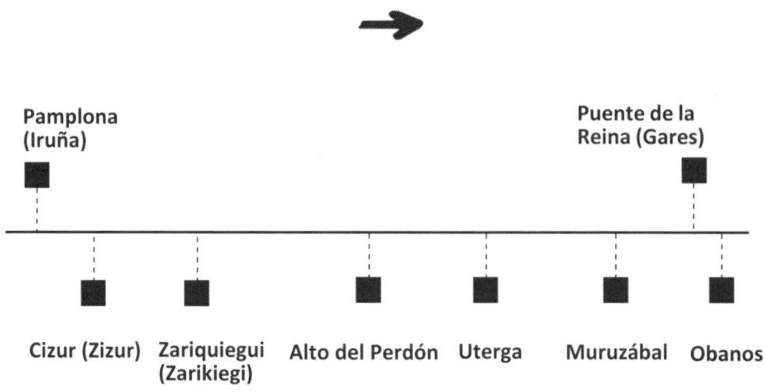

Albergues

Cizur (Zizur)
Albergue de Peregrinos de la Orden de Malta
Albergue Familia Roncal (privado)

Zariquiegui (Zarikiegi)
Albergue San Andrés (privado)

Uterga
Albergue Camino del Perdón (privado)

Muruzábal
Albergue Mendizábal (privado)
Albergue El Jardín de Muruzábal (privado)

Obanos
Albergue Usda (privado)

Puente la Reina (Gares)
Albergue de Peregrinos de los Padres Reparadores

Albergue Estrella Guía (privado)
Albergue Juke (privado)

Pamplona (Iruña): san Cernín, el maestro Esteban y la catedral de Santa María

Pamplona, ubicada a orillas del río Arga, a la sombra del monte Ezcaba, recibe con mimo a los caminantes, sin el agobio de las grandes ciudades. Sus orígenes se remontan a la época megalítica, como recuerda un menhir que fue hallado en la plaza del Castillo. Asentamiento de la tribu de los vascones, llamado Bengoda, en el siglo II a. C., pasó a la dominación romana gracias al general Pompeyo, con el nombre de Pompaelo, en el siglo I a. C., referenciada como tal por Estrabón. En el siglo III fue cristianizada primero por san Cernín y después por san Fermín, convirtiéndose en sede episcopal en tiempos visigodos, en el siglo VI. En el siglo VIII, tras la invasión musulmana, pasó a dominio de la familia Banu Qasi, siendo más tarde destruida por Carlomagno. Desde tiempos de Sancho Garcés II, en el siglo IX, y luego, con Sancho I de Aragón, en el siglo XI, fue, además de sede episcopal, eje de la ruta jacobea tras la construcción de la catedral por Alfonso I el Batallador, que impulsó el ramal procedente de Saint-Jean-Pied-de-Port y Roncesvalles. Era fin de etapa obligada y disponía de numerosas fundaciones hospitalarias. El propio Aymeric Picaud alababa en el *Codex Calixtinus* las virtudes de la urbe, que estaba dividida entre los burgos de San Cernín y San Nicolás, asentamiento de francos, y la Navarrería, donde se encontraba el resto de la población, que estaba amurallada y contaba seis portales: el del Abrevadero, el de los Canónigos, el del Río, el de la Tejería, el de la Fuente Vieja y el del Chapital. Los tres burgos finalmente quedaron unidos en el siglo XV dando origen a la actual ciudad, a la que se sumó más tarde la Ciudadela, mandada construir por Felipe II. Un tiempo en el que fue baluarte avanzado de la defensa de la frontera española y de la religión católica contra el naciente hugonotismo. La puerta de Francia era el paso de los peregrinos medievales que, continuaban su recorrido hasta la fachada de la románica catedral —en la que trabajó uno de los ilustres constructores del camino, el maestro Esteban, quien también lo hizo en la catedral de Compostela—, donde esperan al caminante «claves» mágicas cinceladas en sus piedras.

La ciudad conserva el trazado urbano medieval, calles en las que encontraremos el urbanismo mágico en puertas y ventanas donde aparece el Eguzki Lore —la Flor del Sol, símbolo navarro, talismán protector contra malos espíritus y brujas—, además de casas señoriales y antiguos palacios renacentistas, lugares secretos y cargados de misterios, entre otros, el Pocico de San Cernín —que, según la tradición, usaba el santo para bautizar a los primeros cristianos, entre ellos a san Fermín—, la gótica Cámara de Comptos —sede de uno de los tribunales de cuentas más antiguos de España, del siglo XIII—, y pequeñas hornacinas con las figuras de san Fermín y la Virgen del Camino, muestras de la devoción y del fervor popular.

Catedral de Santa María, el maestro Esteban, los Reyes Magos y la Virgen de Santa María

Construida en el siglo XII —sobre un templo anterior del siglo X, y a su vez sobre un santuario celta y romano—, fue consagrada por Alfonso I el Batallador y en ella trabajó el maestro Esteban, autor de la fachada de Platerías de la catedral de Compostela. Sus orígenes están marcados por la leyenda, que cuenta que el primigenio santuario se levantó para guardar una imagen de la Virgen traída por san Pedro. Es el conjunto catedralicio más completo que se conserva en España, formado por iglesia, claustro, sacristías, cillería, refectorio, sala capitular, dormitorios y cocina. Templo de estilo gótico, con añadidos renacentistas, barrocos y neoclásicos, de planta de cruz latina, cinco naves dividas en seis tramos, pilares romboidales con doce columnillas separadas por molduras, arcos fajones y formeros, bóvedas de crucería simple y estrellada, crucero, coro —renacentista, que sustituyó al mudéjar—, transepto —con cuatro grandes pilares con dieciséis columnillas—, girola con capillas, claustro y torres. La fachada es neoclásica, con frontis clásico entre las dos torres laterales, del siglo XVIII, obra de Ventura Rodríguez, por decisión del cabildo, que decidió construir una nueva. Conserva una portada original gótica, la de San José, del siglo XV, que da acceso desde el jardín del Arcediatano. En su interior, encontraremos parte de la policromía original en muros, pilares, arcos y cubiertas, un gran lienzo de san Cristóbal, del siglo XVIII —protector de los caminantes y contra la muerte súbita—, el coro —del siglo XVI, obra de Esteban de Obray, que contaba con cincuenta y nueve asientos de madera en la parte alta, y cuarenta y cinco en la parte baja, que se han reducido a treinta y tres y veintitrés, respectivamente—, la reliquia del cuerpo de san Inocencio —en el retablo de las reliquias—, la momia relicario del cuerpo de santa Columba, así como las reliquias de san Francisco Javier y de san Ignacio —en el retablo de la capilla de San Blas—, el cuerpo momificado de santa Deodara —en el retablo de San Fermín—, cuatro arcas con reliquias de las catacumbas de Roma —protegidos por una rejería en el presbiterio—, y se guarda y venera, en un dosel de metal que reproduce un temple gótico, la imagen de santa María la Real, también conocida como Virgen del Sagrario. Talla románica, del siglo XII, de madera, chapeada en plata, de tradición milagrosa, ante la cual juraban su cargo los reyes navarros, vinculada a la de Santa María la Real del monasterio de Irache.

Interior de la catedral de Santa María la Real -erigida sobre un santuario romano, donde trabajó el maestro Esteban, quien también lo hizo en la catedral de Compostela-, donde se guarda y se venera la Virgen del Sagrario -talla románica del siglo XII, de madera chapeada en plata, de tradición milagrosa- y las Arquetas Relicarios, que atesoran las reliquias de las catacumbas de Roma.

Claves de la catedral de Santa María

- *Mausoleo de los reyes de Navarra y cripta real.* En medio de la nave central se alza el mausoleo de Carlos III el Noble y su esposa Leonor de Castilla, hija de Enrique II de Trastámara. Sepultura de inspiración borgoñesa del siglo XV, obra de Jehan Lome, formada por las figuras yacentes de los monarcas, bajo grandes doseles de alabastro, con un león y una pareja de lebreles a los pies, y rodeados por veintiocho figuras de plorantes. Bajo el mausoleo se sitúa la cripta real, donde hallaremos una placa con los nombres en latín de los miembros de la realeza enterrados en la catedral.

Mausoleo de los reyes de Navarra, con las figuras del rey Carlos III el Noble y su esposa Leonor de Castilla, del siglo XV, obra de Jehan Lome, soportado por las figuras de veintiocho plorantes.

- *Sacristías y sala capitular, el pasillo de los relicarios.* En torno a la cabecera se ubica la sacristía de los Beneficiados o de los Capellanes y la sala capitular. La primera fue construida en el siglo XVI como ampliación de otra anterior, de planta rectangular de dos tramos con bóvedas de crucería, ampliada en el siglo XVIII con decoración rococó. Accederemos a la segunda por un pequeño espacio cubierto por dos casquetes de ocho lados sobre pechinas con espejos, con capillas de relicarios, que comunica a su vez con la sacristía de los Beneficiados, de planta rectangular y yeserías barrocas del siglo XVIII.
- *Capilla Barbazana, la Virgen del Consuelo y la estrella de ocho puntas.* Edificada en el siglo XIV en una torre del ala este del claustro, la capilla Barbanza fue concebida como sala capitular, tuvo un uso funerario y fue sala del tribunal eclesiástico en el siglo XV. Alberga ménsulas doradas y poli-

cromadas, una capilla con la talla de la Virgen del Consuelo, del siglo XIV, y esconde una cripta con un pilar octogonal en su centro, de capitel liso, del que parten ocho arcos que dividen la bóveda en cuatro tramos, como si de una palmera se tratase, formando una estrella de ocho puntas.

- *Claustro, el secreto de los canteros y los Reyes Magos*. Erigido entre los siglos XII y XIII, el claustro gótico es de planta cuadrada, con seis tramos a cada lado, jardín interior, dispone de cuatro crujías de veintiocho tramos, cubiertas con nervadura diagonal. Atesora cuatro puertas, todas ellas del siglo XIV; la del Refectorio —con la escena de la Última Cena—, Preciosa —con escenas de la dormición y asunción de María, que debe su nombre al salmo que cantaban los monjes al pasar por ella, *«Pretiosa in conspectu Domini mors sanctorum eius»*—, Arcedianato —con la escena de la aparición de Cristo resucitado a las tres Marías—, y del Amparo, con la escena de la dormición de la Virgen. Conserva ventanales de arcos apuntados divididos en tres maineles, de influencia normanda, y capiteles tallados con motivos historiados, animales fantásticos y personajes de la vida religiosa y profana, entre los que destacan los dedicados a los gremios de carpinteros y constructores, y con pasajes del Libro de Job, algo único en el Medievo, así como pinturas murales, entre ellas un árbol de Jesé, del siglo XIV, hoy en el Museo de Navarra.

Claustro de la Catedral de Pamplona.

- *Capilla de don Pedro de Roda o de San Jesucristo.* Erigida en el siglo XII, formaba parte del antiguo palacio real románico llamado de San Jesucristo, situado al sur del conjunto catedralicio. Se ubica en perpendicular a la puerta Preciosa. De planta rectangular, una sola nave dividida en dos tramos, bóveda de crucería y cabecera, en ella se guarda y venera una talla de la Virgen sedente, del siglo XIII.

Refectorio -que fuera utilizado como cocina, almacén y despensa del cabildo, después como sala noble, que cuenta con cuarenta y cinco claves con escudos heráldicos- y el particular apóstol con gafas del retablo, de autoría anónima, del siglo XV.

- *Refectorio y cocina, escalera helicoidal y horno chimenea.* El refectorio, ubicado en el ala sur del claustro, fue utilizado como cocina, almacén y despensa del cabildo, asi como sala noble. De planta rectangular, una sola nave, gruesos muros con ventanas saeteras, bóveda de crucería, cuenta con cuarenta y cinco claves policromadas con escudos heráldicos, capiteles tallados y una escalera de caracol helicoidal, con un ojo central de dos metros, del siglo XVI, que da acceso al sobreclaustro. En sus muros se hallaba una pintura mural de la pasión de Cristo, del siglo XIV, hoy en el Museo de Navarra. En el mismo hallaremos un retablo del siglo XV, de autoría anómina, donde aparece un apóstol con gafas leyendo un libro. Junto al refectorio, se halla la cocina, cubierta con bóveda troncopiramidal, conserva el horno y una chimenea de veintisiete metros de altura, con cuatro agujeros para que el fuego respirara. Y la cilla, del siglo XII, del templo original, que comunicaba el claustro románico con el exterior.

- *Museo Catedralicio - Occidens.* Ubicada en la antigua cillería, el antiguo dormitorio de los canónigos -donde se muestran los restos del poblado vascón y romano-, la biblioteca —con portada de arco de medio punto abocinada, tres arquivoltas, columnas con capiteles donde aparecen leones, águilas y el taqueado jaqués o ajedrezado, de planta rectangular con bóvedas de medio cañón y lunetos con arcos fajones—, fue creada en el siglo XVIII y guarda más de quince mil volúmenes, entre los que destacan un documento del siglo IX, recogido en el *Libro redondo,* del siglo XIII, el misal de Pamplona, breviarios medievales de los siglos XIV y XV, un Evangeliario del siglo III, una Biblia hebrea del siglo XV y el Comentario III al *Libro de las sentencias* de santo Tomás. En el museo encontraremos una gran colección de objetos, fruto de la entronización de linajes franceses en el reino de Navarra desde el siglo XIII al XVI. Piezas de culto y liturgia, de orfebrería, sepulturas, sepulcros, así como relicarios y reliquias entre las que destacan las de san Fermín, san Blas, santa Úrsula, san Francisco Javier, los Reyes Magos, el relicario y la reliquia del Santo Sepulcro, del siglo XIII, y un *lignum crucis,* del siglo XIV, que atesora en su interior dos trozos de la cruz de Cristo y un trozo de su túnica, regalo del erudito emperador bizantino Manuel II Paleólogo a Carlos III el Noble por su colaboración en la liberación de Constantinopla durante la dominación turca.

Relicarios y reliquias del Santo Sepulcro, del siglo XIII, y del *lignum crucis*, del siglo XIII, regalo del emperador bizantino Manuel II a Carlos III el Noble.

Iglesia de San Saturnino: las huellas de san Cernín y la Virgen del Camino

El misterioso caballero tallado en piedra -que sigue el dedo de Dios-, en la iglesia de San Cernín.

Construida en el siglo XIII, sobre un santuario anterior, es conocida popularmente como iglesia de san Cernín, siendo una de las primeras de la ciudad medieval, que perteneció al burgo de los francos. Templo románico y gótico, de una sola nave, bóveda sexpartita, coro elevado y cabecera poligonal con dos torres que le dan aspecto de fortaleza. El pórtico está formado por un amplio atrio con arcos ojivales y bóvedas del siglo XVI, donde aparecen las imágenes de Santiago Peregrino y san Saturnino. En su interior, destaca en sus muros la figura tallada de un caballero sobre un caballo, al galope, mostrando con un dedo el rumbo a Compostela, y se guarda y venera, en una capilla, la imagen de la Virgen del Camino, talla barroca, patrona de la ciudad, marcada por la leyenda, que cuenta que fue descubierta por un pastor llamado Alvar Simón Fernández en tierras leonesas.

Iglesia de San Lorenzo: la talla de san Fermín

Construida en el siglo XIV, formando parte del sistema defensivo de la ciudad, fue ampliada en el siglo XIX por Juan Antonio de Pagola y Florencio de Ansoleaga en el siglo XX. Templo de estilo neoclásico, conserva elementos románicos; su portada es barroca y en su interior alberga la capilla de San Fermín, de planta de cruz griega, donde se guarda y venera la talla de san Fermín, copatrón navarro junto a san Francisco Javier.

Iglesia de San Nicolás

Erigida en el siglo XII, consagrada en el siglo XIII, cumplió no solamente una labor religiosa, sino también defensiva del burgo de San Nicolás. Templo de estilo gótico, con planta de cruz latina, tres naves, bóvedas de cañón apuntado, la central en crucería, donde encontraremos los cuatro escudos de los antiguos burgos que formaban la urbe, y ábside. La fachada alberga un portón neogótico y rosetón románico entre dos torres. En su interior guarda un órgano barroco, del siglo XVIII, el más grande de la ciudad.

Ciudadela, el castillo de la estrella de cinco puntas

Erigida entre los siglos XVI y XVII por Felipe II, obra de Giacomo Palearo, alias el Fratin, es el conjunto defensivo más grande de Europa. Fortificación renacentista, de planta pentagonal, con forma de estrella de cinco puntas, fosos, contaba con cinco baluartes en sus esquinas, de los que se conservan tres. Fue edificada por los vecinos, obligados por el monarca, y hoy una gran parte de la misma ha sido transformada en los jardines de la Taconera.

La Ciudadela —el castillo de estrella de cinco punta— de Pamplona (Iruña).

PUENTES MEDIEVALES, DE PUENTE EN PUENTE

La ciudad atesora diferentes puentes medievales, posiblemente de origen romano.

El puente de la Magdalena es el primero de ellos. Era paso obligado de peregrinos. Referenciado desde el siglo XII, de estilo románico, con arquillos, tajamares, consta de cuatro arcos de medio punto, uno central de quince metros, dos a los lados de doce y diez metros, y el tercero de ocho metros. Alberga un crucero de inspiración románica.

El puente de San Pedro es el más antiguo de la ciudad, levantado en el primitivo asentamiento romano en el que nació la urbe. Su nombre se debe al cercano convento de las monjas de

San Pedro de Rivas. Tiene sesenta metros de longitud, tres metros de ancho y tres arcos, el central de once metros y los dos laterales, de diez metros, con cuadrantes de arcos laterales.

El puente de la Rochapea, de cuatro arcos de medio punto, aparece descrito en un poema de Guillermo de Anelier, del siglo XIII, que narra la guerra de la Navarrería.

El puente de Santa Engracia, del siglo XII, debe su nombre al monasterio fundado junto al río, destruido en el siglo XIX. Tiene una longitud de cincuenta y cinco metros y cuatro metros de ancho. De estilo gótico, consta de dos arcos ojivales de diecisiete metros de luz y otro de medio punto de siete metros y medio al lado de la orilla izquierda, con tajamares triangulares.

Saldremos de Pamplona atravesando calles en las que pervive la atmósfera jacobea, como la de Curia, Mercaderes, hasta la plaza del Ayuntamiento y la barroca casa consistorial, para proseguir por la calle Mayor y el Barrio Viejo hasta los jardines de la Taconera. Tras rodear la Ciudadela —el bastión defensivo que erigió el rey Felipe II en el siglo XVI—, y cruzar el campus de la universidad, dirección a Galar —donde en otro tiempo se levantaba la hospedería de San Juan de la Cadena, fundada en el siglo XII por la Orden de San Juan de Jersualén—, abandonaremos la capital navarra cruzando el puente de Acella, que salva el río Sadar, rumbo a la comarca de Cendea de Cizur.

El medieval puente de Acella por el que se sale de la ciudad de Pamplona (Iruña) rumbo a la Sierra y Alto del Perdón.

Cizur: la Orden de San Juan y la fuente Reniega

Referenciada en el siglo XI como Cicur, sus orígenes se remontan a un monasterio hospital de la Orden de San Juan del siglo XII, cuyos restos hallaremos junto a la románica iglesia de San Miguel Arcángel —que conserva el ábside, de cinco paños, y la portada de arco de medio punto de arquivoltas con capiteles—, nada más entrar en la villa. Su nombre —que significa «garganta» o «paso angosto»— no es sino una referencia al enclave donde se encuentra, a los pies de la sierra del Perdón, del monte Erreniega y el de San Cristóbal. En el siglo XIV fue dominio de Juana de Almoravit, hija de Fortuño de Almoravit, de origen francés, y dependió del monasterio de La Oliva. La ruta prosigue, tras sobrepasar un tramo de viviendas unifamiliares, por campos de cereales al despoblado de Guenduláin, para después alcanzar las casas blasonadas de Zariquiegui, cuyo nombre significa «colonia de sauces», la última localidad de Cendea de Cizur, y la iglesia de San Andrés, del siglo XIV, de una sola nave, con bóveda de crucería y torre cuadrada, que muestra una portada abocinada de capiteles decorados con elementos vegetales y un gran crismón en el tímpano. Más tarde, emprenderemos la ascensión del Alto del Perdón, por la zona de la fuente de Gambellacos, llamada «Reniega», lugar marcado por la leyenda, que cuenta cómo a un peregrino sediento se le apareció el diablo, quien le ofreció agua a cambio de que renegara de su fe. El caminante despreció la invitación y rezó hasta que la presencia diabólica desapareció, momento en el que apareció la fuente.

La románica iglesia de San Miguel Arcángel, del siglo XII —encomienda de la Orden de San Juan de Jerusalén y de Maltacillería, el antiguo dormitorio de los canónigos —donde se muestran los restos del poblado vascón y romano —, la biblioteca y la fuente gótica en Cizur.

Iglesia de San Andrés —encomienda de la Orden de San Juan de Jerusalén, de la Orden de Malta— en Zariquiegui.

Alto del Perdón: cruces, vientos y perdones de los peregrinos

Emprendemos en este punto la subida al monte de Erreniega, al Alto del Perdón. Tramo y ascensión mágicos, que deben su nombre al hospital y a la ermita de peregrinos llamada Santa María de Erreniega, referenciada desde el siglo xv, y que fue regida por la cofradía del Santo Hospital. Iniciamos la *perdonanza bidea* («camino hacia el perdón»), el trayecto de subida, y, luego, la *perdona bidea*, el camino de bajada. Sus nombres se deben a que aquí los peregrinos obtenían las mismas indulgencias que en Compostela, en caso de muerte en lo que quedaba de peregrinación. Destruido el templo por las tropas francesas, en el siglo xix, hoy, en el Alto del Perdón, encontraremos una escultura totémica, el *Monumento del pererino*. Una caravana de peregrinos de distintas épocas, a tamaño natural, realizado en chapa, que representa la evolución del camino en la historia, obra de Vicente Galbete, con el texto: «Donde se cruza el camino del viento con el de las estrellas».

Alto del Perdón. Monumento al Peregrino; «donde se cruzan el camino del viento y el camino de las estrellas».

Nuestro descenso, por una senda vertical y pedregosa, estará acompañado por el zumbido de las aspas de los molinos de viento del parque eólico y el recuerdo de la figura legendaria del Tartalo, hombre de un solo ojo en la frente que devoraba el ganado, que fue capturado y quemado por los pastores. Dejamos la cuenca de Pamplona y nos adentramos en el valle de Valdizarbe o Izarbe. La senda alcanzará Uterga, cuya iglesia de la Asunción, rodeada de olivos, guarda en los capiteles de la portada escenas de la infancia de Jesús, y, después, Muruzábal, donde se alza el palacio de Cabo de Armería del marqués de Zabalegui, del siglo XVII —presidente de las reales chancillerías de Granada y Valladolid, quien recibió el marquesado de Carlos II el Hechizado, con torreones de ladrillo en la fachada— y la gótica iglesia de San Esteban, del siglo XIV, ampliada en el siglo XVI, con torre neogótica, que guarda un retablo de los santos Juanes, del siglo XV, en la capilla del Madrileño, y relicarios de san Francisco de Asís, san José, san Blas, san Roque, san Esteban y san Francisco Javier.

Obanos: la cabeza-relicario de San Guillermo

Conocida como la Villa de los Infanzones, porque en el siglo XIII se celebraron las juntas de infanzones, reuniones de la pequeña nobleza de cinco comarcas que quería frenar los abusos de la Corona y establecer un poder alternativo, que finalmente fueron disueltas por Juana II y Felipe de Évreux, villa desde el siglo XVII, atesora en sus calles y casas —como las de Muzquiz, Zabalegui, Tximonco y Don Fidel— la atmósfera medieval, siendo escenario de una popular leyenda de la ruta jacobea que, cada mes de julio, es escenificada por los vecinos: el *Misterio de Obanos*. Según la tradición, todo comenzó cuando el príncipe Guillermo de Aquitania asesinó a su hermana Felicia y, tras arrepentirse y peregrinar a Compostela, se quedó como ermitaño en el monte, en el santuario de Arnotegui. Los restos de Felicia, hoy santa, fueron enterrados en la localidad de Amocáin, convirtiéndose en epicentro de sucesos milagrosos.

Iglesia de San Juan Bautista, la Virgen Blanca y reliquia de san Guillermo

Construida en el siglo XIV, fue reedificada en el siglo XX. Templo neogótico, de una sola nave dividida en cinco tramos, cubierta con bóvedas de crucería, capillas laterales, sin crucero y cabecera recta con bóveda estrellada. En el exterior, conserva las portadas góticas, de arcos apuntados, enmarcadas en un pórtico de trece arquerías, rematado con crestería y pináculos. En su interior, hallaremos una pila bautismal gótica, se guarda y se venera una talla románica de la Virgen Blanca, del siglo XIII, y el busto relicario con la reliquia del cráneo de san Guillermo, también llamado Guillén, protagonista de un singular ritual en el que se bendicen el agua y el vino pasándolos por el interior del busto relicario para ser tomado por los vecinos cada Jueves Santo.

Cabeza-Relicario de san Guillen —que guarda el cráneo del santo, y es protagonista de un ritual de paso, en el que se introduce agua y vino que después es tomado por los fieles, durante el Jueves Santo— en la iglesia de San Juan Bautista en Obanos.

Ermita de San Salvador

Ubicada a la salida de la localidad, la tradición afirma que la ermita era el punto donde se unían los peregrinos del ramal aragonés, de Somport y Jaca, con los del navarro, de Saint-Jean-Pied-de-Port y Roncesvalles. Templo románico, de una sola planta dividida en tres tramos y cabecera recta con contrafuerte y arcos de ladrillo.

Santuario de Arnotegui, el eremitorio de san Guillermo

A dos kilómetros de la villa, en lo alto del monte Arnotegui, hallaremos el santuario, marcado por la leyenda, por el *Misterio de Obanos*. Este fue el lugar donde Guillermo se asentó como ermitaño tras asesinar a su hermana Felicia y peregrinar a Compostela. Templo de una sola nave con techumbre de madera, con un pórtico de tres arcos de medio punto, al que se accede por una escalinata, rodeado por una muralla almenada, que le da un aspecto de fortaleza, que durante décadas fue custodiado por ermitaños.

Desde aquí, dos kilómetros nos separan para llegar a la templaria Puente la Reina (Gares), «donde los caminos se hacen uno».

El Puente de los Peregrinos de Puente la Reina (Gares).

11

EL CAMINO ARAGONÉS

En el reino de Hércules y el Santo Grial

El pirenaico puerto de Somport será nuestro punto de partida en el camino. A más de mil quinientos metros de altitud, rodeados por los majestuosos y sobrecogedores circos de Candanchú y Rioseta —el pico de Tortiella y la garganta de Borau—, emprenderemos el camino. Paso a paso, descenderemos de la cornisa montañosa bordeando farallones a la vera del río Aragón. Atravesaremos valles, bosques y praderas, y pasaremos junto a estaciones ferroviarias, antiguos campos francos, dólmenes, cuevas mágicas y templos con peculiares características arquitectónicas y simbólicas. Canfranc, la estación ferroviaria internacional, Villanúa o Borau serán nuestros destinos hasta llegar a Jaca, el comienzo oficial de la peregrinación medieval. Seguiremos nuestro recorrido por el Canal de Berdún —una de las grandes sendas migratorias neolíticas—, rumbo al monasterio de San Juan de la Peña, cenobio enmarcado en la sobriedad de la sierra del mismo nombre, el castillo del Grial en la literatura caballeresca, donde se guardó y veneró el Santo Grial, hoy en Valencia. Después pasaremos por Arrés, Ruesta, Artieda y Undués de Lerda. El llamado «camino azul», que discurre por un paisaje moldeado por el agua y la roca, entre *scablands* que nos sumergen en una atmósfera lunar, y donde, empujados por la búsqueda, encontraremos símbolos, claves y huellas de cultos perdidos a la naturaleza camuflados en capiteles, escaleras ofidias, serpenteantes, que recuerdan la energía de la tierra, para despedir el tramo aragonés y las cumbres herculinas. El camino prosigue después por las navarras Tierras de Javier atravesando el castillo de Javier, Leyre,

Sangüesa, la Foz de Lumbier, Monreal, Tiebas, Olcoz y finalmente Eunate y Puente la Reina (Gares). Un ramal, un camino, el de Aragón, que, todavía hoy, es el que mejor refleja y conserva el espíritu medieval y mágico de la peregrinación.

Etapa de Somport, Canfranc, Villanúa, Borau y Jaca (30 kilómetros)

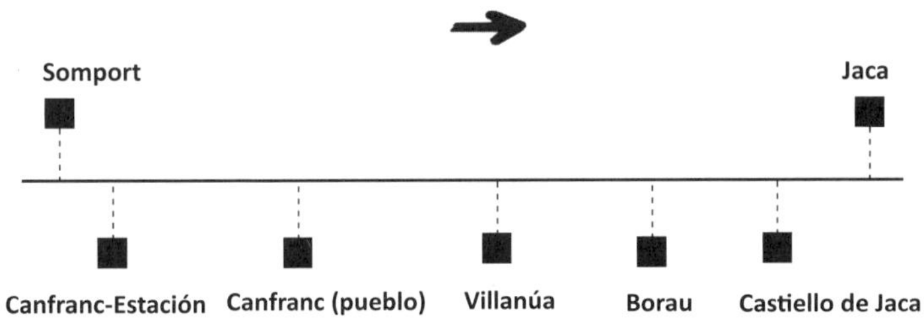

Albergues

Somport
Albergue Aysa (privado)

Canfranc-Estación
Albergue Río Aragón (privado)
Albergue Juvenil de Canfranc

Canfranc (pueblo)
Albergue Sargasanta (privado)
Refugio de Canfranc

Villanúa
Albergue Tritón (privado)

Borau
Pensión - Bar Lubierre

Castiello de Jaca
Albergue de Peregrinos Municipal de Castiello de Jaca

Jaca
Albergue Municipal de Peregrinos Hospital Viejo de Jaca

Somport: el reino de Hércules y el Santo Grial

Emprendemos el camino en el puerto de Somport, el *Summus Portus* de los romanos. El mismo puerto que utilizaban en el pasado los peregrinos procedentes de toda Europa y de Oriente para entrar en la Península, tras el duro y tortuoso ascenso del valle de Aspe. El collado y paso montañoso que hace de frontera y que el hombre ha recorrido desde tiempos inmemoriales como vía de comunicación natural —por el Canal de Berdún— al occidente peninsular. La originaria entrada del Camino de Santiago, que compartió protagonismo desde el siglo XII con la ruta diseñada por la Orden de Cluny, la de Saint-Jean-Pied-de-Port y Roncesvalles, ambas popularizadas por el *Codex Calixtinus* de Aymeric Picaud. Dejaremos atrás el panel informativo que da el «banderazo» de salida: «RUTA JACOBEA — SENDERO GR 65.3 — SANTIAGO 858 KM».

Iniciaremos la ruta por unas cumbres ligadas a dos símbolos que marcan la senda mágica hasta el *Finis Terrae*: la figura de Hércules, el gran explorador y héroe griego, y el Santo Grial, una de las grandes reliquias del cristianismo, mítico objeto de poder. Ambos imbricados en una misma búsqueda mágica, sagrada e iniciática. Por unas montañas cuya nieve son el recuerdo de las lágrimas de la ninfa Pyrene, asaltada y asesinada por el monstruoso Gerión, y que provocaron que Hércules viajara hasta el mar Tenebroso en su busca. A través de una comarca marcada por el Santo Grial, que fue escondido, guardado y venerado en diferentes templos, como los de San Adrián de Sásabe, Jaca o San Juan de la Peña, que dio origen a la literatura caballeresca medieval, que hoy se encuentra en la catedral de Valencia. En nuestro descenso por las estribaciones montañosas, entre farallones —los llamados «mallos», menhires naturales de arena rojiza—, nos encontraremos unos solitarios muros de piedra. Son los restos del monasterio hospital de Santa Cristina, el antiguo priorato de *Portibus Asperi.*

Somport y los restos del albergue-hospital de Santa Cristina.

Hospital de Santa Cristina, los caballeros de *unum tribus mundi*

Citado por Aymeric Picaud en el *Codex Calixtinus* como *unum tribus mundi,* fue uno de los hospitales más importantes, junto con el de Jerusalén, el de San Bernardo en los Alpes y el de Roma. Referenciado en 1078, en el año 1108 el rey Alfonso I el Batallador otorgó a sus moradores el derecho de no servir a «hueste, cabalgada o apellido ni hacer servicio a nadie sino a su hospital». Después, el rey Sancho IV el de Peñalen de Navarra dictó que «quien hiciera daño a Santa Cristina perdería su amor y cuanto tuviese en su tierra». El hospital de Santa Cristina era la primera edificación, tras el ascenso pirenaico, donde los peregrinos encontraban alivio a su cansancio. Constaba de una casa priorato, una capilla y una dependencia hospitalaria. Su origen está marcado por la leyenda, que cuenta que dos peregrinos francos llamados Arnobio y Sineval, tras su paso por el puerto, sin fuerzas y sin alimentos, víctimas del frío, cayeron presa del agotamiento. Acechados por los lobos encomendaron sus vidas a la Virgen y se quedaron dormidos. Horas después, cuando despertaron, la terrorífica tormenta se había disipado, en el cielo lucía el sol y sus heridas se habían curado. En ese instante apareció ante ellos una figura luminosa, una paloma con un trozo de madera en el pico, que interpretaron como una señal celestial: la respuesta ante su plegaria, por lo que decidieron construir allí, en ese mismo lugar, un albergue monasterio, en cuyo dintel de entrada esculpieron una paloma con una rama en forma de cruz en su pico, en recuerdo del prodigio. Un símbolo que encontraremos de nuevo en la localidad de Jaca, primera etapa del camino, y en Noia.

Estación de Canfranc: Los Arañones y una ferroviaria máquina del tiempo

El camino prosigue hasta la Estación Internacional de Ferrocarril de Canfranc. En enero de 1907 se decidió oficialmente el establecimiento de una nueva población denominada Los Arañones en torno a la futura estación ferroviaria. Se recuperaba así la villa que había existido en época medieval a la vera de la ruta jacobea. De hecho, durante las obras de cimentación se encontraron restos arqueológicos pertenecientes a una antigua urbe vinculada a la calzada romana entre Caesaraugusta (Zaragoza) y Benearnum (Lescar, Francia), por el *Sumus Portus*, principal ruta transpirenaica. El 18 de julio de 1928, el rey Alfonso XIII inauguró la Estación Internacional de Canfranc y el túnel que permitía al ferrocarril cruzar los Pirineos bajo tierra. Un melancólico paraje de nostálgicos edificios neoclásicos de hormigón, vidrio y hierro. En total, doscientos cuarenta metros de longitud, trescientas ventanas y ciento cincuenta y seis puertas. Y la denominada «línea P», formada por una docena de búnkeres situados en la parte superior de la estación transfronteriza. Una construcción ferroviaria que alberga el recuerdo de historias épicas y dramáticas —sobre espías, el oro nazi y «ángeles anónimos» que salvaron millones de vidas— fraguadas durante la Segunda Guerra Mundial.

Estacion Internacional de Canfranc.

Canfranc, pueblo: el primer «campo franco» del camino

Al amparo del paisaje montañoso, seguiremos por un camino angosto desde el que podremos ver diversas edificaciones militares erigidas por Felipe II para proteger y mantener la línea fronteriza, llegaremos al pueblo de Canfranc, originariamente Campo Franco, que atesora dos acepciones: *francos* eran todos los poseedores de franquicias libres, y también las gentes ultrapirenaicas, muchos de ellos procedentes del sur de Francia, además de flamencos, provenzales, normandos, borgoñones y británicos, que repoblaron los reinos durante los siglos XI y XII. Canfranc nació como burgo fronterizo y en 1095 aparece referenciada una hospedería para peregrinos en la villa. Aquí se cobraban peajes a los viajeros y se celebraban mercados, privilegios otorgados a cambio de que sus habitantes mantuvieran en buen estado los caminos. Fue una puerta de entrada a la diversidad hasta la década de 1940 en que un incendio destruyó casi todo el pueblo e hizo que los servicios se trasladaran a la Estación Internacional, condenando la vetusta urbe jacobea al olvido. Hoy se ha recuperado la vida y el antiguo espíritu peregrino. Su calle central —una antigua calzada romana, sendero del hombre desde tiempos remotos— es parte de la originaria ruta estelar. Por ella abandonaremos la localidad para cruzar el primero de los simbólicos puentes que nos vamos a encontrar en el camino aragonés.

El Puente de los Peregrinos -también conocido como Puente de Abajo, Puente del Cementerio o Pon Nou- de Canfranc.

Villanúa: cuevas mágicas, dólmenes, brujas y vírgenes negras

La estrecha y empedrada senda cruza el valle siguiendo el margen izquierdo del río Aragón hasta llegar a Villanúa. Ubicada en las faldas de Peña Collarada —antigua Villa Novo, llamada «lugar de villanos»—, sus restos megalíticos revelan sus orígenes. Asentamiento en el siglo I a. C. para la tribu de los jacetanos, aparece citada en las *Crónicas visigodas de Toledo* del siglo VII. Fue repoblada en el siglo X, como refiere el *Cartulario de Santa Cruz de la Serós*, por beameses franceses, y luego convertida en tierras de realengo por Sancho II. Territorio de hombres libres bajo protección real, fue cuna de la brujería aragonesa según reflejan los autos de fe. Procesos inquisitoriales en los que destaca la figura de Guirandana de Lay, vecina de la villa, quien en

1460 fue apresada, trasladada por el Santo Oficio a Jaca y condenada a la hoguera porque «era y es ponzoñera, fatillera, horrida, mala, perversa *et vite horribilis*». Una urbe en cuya iglesia de San Esteban, del siglo XI, se guardaba y veneraba una Virgen Negra, desaparecida a principios del pasado siglo XX.

Villanúa —llamada Villa Novo, «lugar de villanos»— en las faldas de Peña Collarada.

CUEVA DE LAS GÜIXAS, LA GRUTA DE LOS AQUELARRES

Fue uno de los albergues «naturales» donde se refugiaban los peregrinos en la Edad Media. La gruta pertenece a una red de galerías kilométricas que recorren el interior del monte Collarada. Tiene ochocientos metros de profundidad visitables, un arroyo recorre su interior, y formas pétreas fantásticas que se han ido labrando con el paso del tiempo. Una sima vinculada desde tiempos pretéritos al mundo del espíritu, dedicada a ritos relacionados con la naturaleza, la madre tierra, el sol y la luna. Aquí, además de en la población de Tella, las mal llamadas «brujas», mujeres versadas en saberes naturales, se reunían para celebrar sus particulares liturgias. Realizaban rituales prohibidos, celebraban los *esbats*, durante las noches de luna llena, y los *sabbats,* en los equinoccios y solsticios, junto a una oquedad existente en la techumbre llamada «la Chimenea»: un hueco en la bóveda por el que entra la luz solar y lunar que hace que en el interior de la cueva crezca vegetación, un fenómeno insólito, y que para los antiguos le concedía un mayor carácter mágico.

Cueva de las Güixas —albergue natural de peregrinos, lugar de reunión, de aquelarres, de las brujas aragonesas— en Villanúa.

Al salir de Villanúa, alcanzaremos un crucero que nos recuerda que aquí se encontraba el señorío de Aruej, citado ya en el año 1031, cuya misión era defender y proteger el paso que discurría por la calzada romana. Llegaremos a la localidad de Villa Juanita, donde tendremos la opción de desviarnos del camino principal, para girar a la derecha en dirección a uno de los ilustres pueblos de la comarca jacetana, desterrado de la memoria, marcado por la historia, la leyenda, el simbolismo y el conocimiento, Borau. Un lugar donde hallaremos «señales» mágicas en forma de prodigios arquitectónicos, sucesos milagrosos y el recuerdo, la huella, del Santo Grial.

Borau: el templo del agua y del Santo Grial (desvío opcional)

Tras dejar la villa de Aratorés en lo alto de un cerro y sus espectaculares miradores, alcanzaremos Borau, uno de los grandes núcleos del valle que recorre el río Lubierre. La urbe era parte del originario ramal jacobeo que entraba por el aragonés valle de Echo. Su casco urbano, con callejuelas estrechas, angostas y empedradas, casonas y mansiones de tejados de losa y chimeneas espantabrujas, mantiene intacta la arquitectura rural. Pocos kilómetros después, siguiendo el sendero que corre en paralelo a la carretera a Aísa, llegaremos a un desconocido enclave, señalado por la historia, el simbolismo y lo mágico-sagrado, la iglesia de San Adrián de Sásabe.

Iglesia de San Andrián de Sásabe —primera catedral aragonesa, templo griálico— en Borau.

Iglesia de San Adrián de Sásabe, el nilómetro y el Grial

Construida en el siglo x por Galindo Aznárez II, tercer conde de Aragón, fue la primera catedral aragonesa, en la que se mantuvo la liturgia tradicional hispanovisigoda, el rito mozárabe, y uno de los más destacados núcleos religiosos y culturales de la comarca, el centro neurálgico eclesiástico hasta el traslado de la sede episcopal a Jaca. Templo de estilo románico, de planta rectangular, una sola nave, techumbre de madera cerrada con bóveda de cañón, presbiterio y ábside semicircular, con tres ventanas, símbolo de la Santísima Trinidad. Atesora dos portadas. La principal tiene tres arquivoltas, dos doveladas sobre jambas, dos columnas con capiteles decorados con motivos vegetales y rostros humanos, y enmarcada con el taqueado jaqués. En la parte exterior del ábside encontraremos un friso de quince arquillos y un grabado de una mano empuñando una cruz: el símbolo del mártir san Adrián, tomado como piedra sagrada y reliquia milagrosa. En la portada sur hay una inscripción que hace referencia a tres obispos oscenses enterrados en el santuario: «*Hic requiescunt tres epicospi*». Un edificio en el que los gremios de constructores dejaron plasmados avanzados conocimientos. Está erigido sobre una zona rocosa, pero a diferencia de cualquier otra iglesia, se asienta sobre una plataforma de vigas de madera junto al cauce del río. Una rareza constructiva con la que sus creadores consiguieron mantener siempre un equilibrio perfecto. Pero hay más. En primavera, y gracias a unos orificios cuadrados en los muros, el aumento del cauce y el cambio del nivel del río por el deshielo hacen que brote el agua por las paredes del santuario. Sus muros de piedra se transforman en un verde manto de musgo. La genialidad no acaba aquí. Bajo las paredes interiores, por donde cae el agua, hay una serie de canales que conducen el agua hacia el exterior, unidos a una pequeña estructura de piedra cuadrada. Un pozo, de poca profundidad y con un orificio por donde pasa el agua, que permitía, por el principio de los vasos comunicantes, a sus constructores saber qué altura había alcanzado el cauce del río. Un ingenio hidráulico, un «nilómetro» medieval heredado del antiguo Egipto. Una pericia arquitectónica natural que, además de servir como calendario con el que regir los tiempos de siembra y cosecha, marcaba fechas en las que se celebraban ceremonias y ritos, dedicados a la madre naturaleza. Un templo que constituye uno de los vértices del triángulo mágico relacionado con el Santo Grial, uno de los lugares donde fue custodiado y venerado durante la invasión musulmana.

Castiello de Jaca: tras las huellas de las vírgenes negras y las mil reliquias

Tras retornar al ramal principal, encaramada en la pendiente del monte, aparece Castiello de Jaca. Llegamos a la ciudad que es puerta del valle de Garcipollera, referenciada en tiempos romanos. Su torre vigía queda como prueba pétrea de aquel tiempo. Perteneció hasta el siglo XVI a los monjes de Jaca, y mantiene vivo el espíritu de los burgos de montaña tanto en las calles —con casas de losas de piedra y pizarra— como en su iglesia de San Miguel Arcángel, del siglo XII. Santuario apodado como «el de las mil reliquias» debido a la leyenda que cuenta cómo un peregrino que llevaba un saco repleto de reliquias no pudo seguir su camino por el peso y las dejó escondidas en la villa.

Iglesia de San Miguel Arcángel —llamada de las «mil reliquias»— en Castiello de Jaca.

Abandonaremos Castiello de Jaca por el puente de San Cristóbal —del que solo quedan tres pilares originales—, para alcanzar el «Banco de la Salud», donde se levantaba una iglesia dedicada a san Esteban, que poseía una casa para enfermos y peregrinos y un albergue de leprosos dedicado a san Lázaro.

Nuestros pasos seguirán por los repliegues del valle rumbo a Jaca, la que fue capital del reino de Aragón, el inicio oficial del Camino de Santiago en tiempos medievales, donde nos reciben los restos de la iglesia hospital de San Marcos, del siglo XII, y un crucero que recuerda lo que antaño fue un lugar de poder, en el que se encontraba un árbol sagrado, un olmo cuyo contacto daba fuerzas y sombra a los peregrinos, que murió hace años, el llamado «Árbol de la Salud».

Jaca: las reliquias de santa Orosia, san Félix, san Voto y la catedral de San Pedro

Ubicada entre los ríos Gas y Aragón, los orígenes de Jaca se pierden en el tiempo. Conocida como Iaka, habitada por la tribu de los jacetanos, según describió Plinio, llamada Lacca en época romana, el cónsul Marco Porcio Catón la convirtió en la capital de la Jacetania. Quedó despoblada con la caída del Imperio y, en el siglo VIII, fue conquistada por el rey Abud, quien la rebautizó con el nombre de Ghart. Fue una de las últimas poblaciones peninsulares en caer en manos musulmanas, y la primera en el levantamiento del conde Aznar Galíndez, en el inicio de la Reconquista. Fue fundada oficialmente en el año 1033, cuando Sancho III el Mayor deja el reinado a su hijo Ramiro I, y este instala en ella la capital del naciente reino de Aragón, convirtiéndola en el comienzo, y eje de la ruta jacobea junto con el monasterio de San Juan de la Peña. En 1077 el monarca Sancho Ramírez la nombró diócesis, y más tarde le concedió fuero municipal —el primero de este rango en nuestro país—, privilegio que luego se ampliaría a otras urbes jacobeas como Sangüesa y Estella. Pasó de ser villa a ciudad, momento en el que se empezó a construir la iglesia catedral románica para celebrar los actos importantes del reino, y albergar una preciada reliquia: el Santo Grial. Los fueros y derechos no dejaron de aumentar con Ramiro II, Alfonso II y Pedro II. Jaca nació, creció y fue clave en el Camino de Santiago. Era la salida «oficial» de los peregrinos a Compostela en España, y fue durante años núcleo político, eclesiástico, espiritual y comercial, pues canalizaba el tráfico de viajeros y mercancías que entraban por los Pirineos en dirección a las tierras occidentales de la Península. Una ciudad cuyo nombre es un misterio, ya que podría proceder etimológicamente de «Jacob», vinculado al gremio de constructores que en ella estuvieron asentados, los Hijos del Maestro Jacques. Curiosamente, fue la primera urbe planificada en la Edad Media en toda Europa. Creada a partir de una organización en dos ejes, de este a oeste y de norte a sur, con un trazado de calles regular que ocupó el antiguo castro del siglo X, estaba completamente amurallada y tenía siete puertas: la de San Pedro, la de Santa Orosia, la Nueva, la de San Ginés, la de los Estudios, la de los Baños y la de San Francisco. Su crecimiento fue de tal magnitud que durante cien años se utilizó como moneda la libra jaquesa —cuyo recuerdo encontraremos en el empedrado suelo de sus calles— y la vara jaquesa como patrón de medida arquitectónica, que aparece en los muros de la catedral.

Urbe logística y administrativa, eclesiástica, centro de peregrinos, multicultural, cercana a las rutas cátaras, escenario de grandes pasajes de nuestra historia, atesora en sus calles historia y leyenda como descubriremos en la ermita de Sarsa y la de la Santa Cruz, en la casa consistorial —de arquitectura plateresca del siglo XVI—, en la gótica Torre del Reloj —antigua prisión medieval—, en el palacio episcopal —de fachada renacentista—, el puente de San Miguel y Ciudadela, la iglesia de Santiago, el monasterio de Las Benedictinas y la catedral de San Pedro.

Catedral de San Pedro, el templo de los iniciados y de los endemoniados

Su construcción fue ordenada por el rey Ramiro I de Aragón y se inició bajo el reinado de su hijo, el rey Sancho Ramírez, en el siglo XI. Es el primer santuario románico de la Península, el más antiguo de España, y en el que los peregrinos emprendían «oficialmente» la peregrinación a Compostela. Erigido para guardar y venerar el Santo Grial, aunque finalmente nunca llegó a ser custodiado en el mismo. Su edificación empezó al mismo tiempo que la iglesia, luego catedral, de Compostela; en esta también trabajó el maestro Esteban, se utilizó la «vara jaquesa» como patrón de medida, y sirvió de modelo para el resto de las iglesias del Camino de Santiago. Templo románico, de planta basilical, tres naves, pilares cruciformes, columnas adosadas y ábsides semicirculares. Atesora dos portadas, que guardan capiteles tallados; la occidental, con un gran pórtico. La cornisa exterior tiene una sobria decoración, donde aparece el taqueado jaqués o ajedrezado, que marca los santuarios jacobeos, y un gran crismón, mágico, símbolo del ramal aragonés y de los gremios de constructores. A pesar de que en el siglo XVI se llevó a cabo una importante ampliación y reforma —añadiendo una cubierta abovedada y grandes capillas—, aún guarda y encierra diversos secretos y misterios.

Catedral de San Pedro de Jaca. Obra del Gremio de los Hijos del Maestro Jacques. El comienzo oficial de la ruta jacobea hasta el siglo XII

Claves de la catedral de Jaca

- *Cúpula.* Presenta una novedad arquitectónica, una característica que pasa desapercibida y resulta incómoda para lo «oficial». La cúpula octogonal del crucero fue construida con cuatro nervios que cruzan el tímpano, pero, a diferencia de lo que era habitual en la época, ninguno de los nervios se agarra a sus ángulos, sino al centro de sus lados. Estamos ante un prodigioso adelanto del arte ojival, que sería descubierto «oficialmente» un siglo y medio después. Todo un misterio en piedra, de cuyo arquitecto poco se sabe. Parece que era cordobés, y que su arte se extendió por Europa y España. A pesar de las transformaciones sufridas, en los capiteles de su interior hallaremos esculpidas numerosas serpientes, así como escenas helénicas y musulmanas.
- *Puerta principal, el crismón.* En la portada occidental encontramos otra novedad arquitectónica: el primer tímpano de entrada a un santuario esculpido de toda Europa, en el que aparecen tallados símbolos secretos y un gran crismón. Un círculo con el monograma griego de Cristo, rodeado por serpientes —algunas en espiral—, varias esferas y dos grandes leones. El «mandala cristiano», sello de determinados gremios de constructores, la simbología relativa a lo trascendente, a la muerte simbólica y a la transformación. Y junto al crismón, tres inscripciones: la primera, «*Hac in scvlptvra, lector sic noscere cvra: P. Pater. A. Genitvs. Dvplex est sps almvs: hi tres ivre qvuidem dominvs svnt vnvs et idem*» («En esta escultura, lector, debes interpretar lo siguiente: P. [significa] Padre. A., «el Engendrado». Doble es el espíritu vivificante: estos tres son en verdad por derecho propio un único y mismo Señor»). La segunda, «*Parcere sternenti leo scit, Xrvsque, petenti*» («El león sabe perdonar al caído, y Cristo a quien le implora»). La tercera, «*Imperium mortis conculcans leo fortis*» («El poderoso león aplasta el imperio de la muerte»).

Portada principal —con el primer tímpano esculpido en Europa, y el mágico y gran crismón, «mandala cristiano», símbolo de los gremios de constructores— de la catedral de San Pedro de Jaca.

- *Puerta de la Lonja.* Ubicada en la plaza del Mercado, antiguamente de la Lonja, por ser este el lugar donde se celebraba, en la jamba de la derecha hallamos tallada la vara jaquesa, la unidad de medida utilizada por los gremios de constructores, cuyo uso se prolongó durante cien años. En uno de los capiteles, además, descubriremos cincelada una escena vinculada al Santo Grial, en la que vemos como el papa Sixto entrega a su diácono san Lorenzo la copa de la Última Cena, junto con el resto de los tesoros eclesiásticos, convirtiendo «en historia» la leyenda que afirma la llegada de la reliquia a España.

«Capitel del Grial» donde se narra como el Santo Grial fue entregado al diácono san Lorenzo, quien lo escondió en Aragón, en la Puerta de la Lonja de la catedral de San Pedro de Jaca.

Capilla de santa Orosia —patrona de la villa, de tradición milagrosa y marcada por la leyenda— en la catedral de San Pedro de Jaca.

- *Capilla de Santa Orosia y altar mayor.* A la entrada del santuario, en un lateral, encontraremos la capilla dedicada a la patrona de la ciudad, santa Orosia, protagonista de una popular leyenda y en cuyo nombre podemos rastrear referencias simbólicas al «oro» alquímico y a los misterios egipcios. Según la tradición, Orosia, que era hija de los duques de Aquitania o de los reyes de Bohemia —no queda claro—, tras casarse con un rey visigodo, fue apresada y martirizada por los árabes, y su cadáver fue arrojado a una cueva cercana a la localidad de Yebra de Basa; unos años después un pastorcillo, guiado por un ángel, descubrió sus restos. Este hallazgo milagroso dividió a los lugareños y provocó que su cuerpo, tomado como reliquia, fuera repartido entre la ermita de la Cueva de Yebra y la catedral de Jaca. Una capilla, y una santa, además, marcada por endemoniados y exorcismos. Hasta mediados del pasado siglo XX hasta aquí acudían personas con diferentes enfermedades, algunas consideradas poseídas, que eran exorcizadas oficialmente por los sacerdotes ante la santa. Bajo el altar mayor, en el centro del santuario, en una urna de plata, se guardan y veneran las reliquias de santa Orosia, junto con las de san Indalecio, discípulo del Apóstol, así como las de san Félix y san Voto, ermitaños fundadores del monasterio de San Juan de la Peña.

- *Museo Diocesano de Arte Sacro*. El antiguo claustro del templo es la sede del Museo Diocesano de Arte Sacro, donde se exponen esculturas, capiteles y orfebrería de las iglesias de la comarca, así como frescos románicos y góticos; un conjunto de pinturas murales que han sido llamados «la Capilla Sixtina románica de Aragón».

Monasterio de las Benedictinas, la tumba maldita y milagrosa

Conocido como «las Benitas», ubicado junto a la antigua puerta de San Ginés y la desaparecida muralla, y sobre el palacio real del rey Ramiro I, fue fundado en el siglo XVI sobre la cripta de la antigua iglesia de Santa María, del siglo XI, también llamada iglesia de San Salvador y de San Ginés, y ampliado en el siglo XVIII. Conserva el ábside semicilíndrico y la puerta occidental con arquivoltas y jambas. En su interior, donde se ha habilitado un pequeño museo, hallaremos las pinturas murales del templo, del siglo XIII, y el sepulcro de doña Sancha, hija de Ramiro I y Ermesinda, la fundadora de la orden, trasladados desde el cenobio ubicado en Santa Cruz de la Serós. Una tumba, del siglo XII, joya del románico, del arte funerario medieval, protagonista de un insólito suceso que la convirtió primero en maldita y luego en milagrosa. Según cuentan las crónicas, al construirse el nuevo templo en Jaca, las monjas se instalaron en él dejando el sepulcro de la abadesa en el antiguo cenobio de Santa Cruz de la Serós. El monasterio, desde sus inicios, siempre tuvo problemas, no lograba levantar cabeza. Las religiosas pensaron que aquello tal vez estuviese relacionado con el hecho de haber abandonado la tumba de su priora, de modo que decidieron rescatar sus restos y darles sepulcro y culto en el nuevo cenobio jaquense. Desde entonces, desde su traslado definitivo a las Benitas, es venerada como prodigiosa.

Puente de San Miguel y la Ciudadela, el arte y magia de la guerra

Ciudad fronteriza, siempre propensa a conflictos territoriales, la ciudadela militar, sorprendente y majestuosa, se construyó en el siglo XVI, bajo el reinado de Felipe II, con el objetivo de cerrar el paso a los protestantes por el Pirineo central. El proyecto fue encargado al italiano comendador ingeniero al servicio de la Corona española Tiburcio Spanochi. Su edificación se prolongó durante tres cuartos de siglo, terminando las obras bajo el reinado de Felipe III, en el siglo XVII. Se accede a ella por el puente que ataño utilizaban los peregrinos para cruzar el río Aragón: el puente de San Miguel —de noventa y seis metros y tres arcos apuntados—, cuyo nombre proviene de la ermita dedicada al santo. Tiene planta octogonal, en forma de estrella, con doscientos sesenta metros cada lado. Está rodeada por un foso y una muralla. En cada uno de sus ángulos se alza un baluarte de artillería. Icono de la arquitectura militar, se erigió a las afueras de la ciudad, en la zona llamada Burnao —«burgo nuevo románico»—, aprovechando los muros de la antigua iglesia de Nuestra Señora del Burnao, del siglo XII. En su interior, hallamos la capilla de San Pedro, el sepulcro del maestre de campo Juan de Velasco y la pila bautismal, del siglo XI, que pertenecía a la desaparecida iglesia de Burnao.

Puente de San Miguel y la Ciudadela de Jaca, de planta octogonal, en forma de estrella.

Iglesia de Santiago, la bendición del peregrino y san Francisco de Asís

Construida en el siglo x, bajo el reinado de Sancho Ramírez, por orden del obispo Pedro, fue referenciada en el siglo xii en el códice conocido como *Libro de la cadena del concejo de Jaca*. La tradición afirma que fue uno de los santuarios vinculado a san Francisco de Asís durante su camino a Compostela, el primero que nos encontraremos en la ruta jacobea, que son llamados de la «peregrinación del pobre». Dependió de las Caridades de Jaca. Junto con el hospital de San Juan de Jerusalén, la alberguería de Sancti Spiritus y el hospital de la Magdalena, era albergue hospedería de los peregrinos medievales. Templo de planta rectangular, con orientación solar, de este a oeste, conserva las ventanas geminadas de su torre, así como un capitel románico que sostiene la pila bautismal de estilo califal, con misteriosas figuras geométricas talladas. Un santuario especial en el que se celebra la bendición del peregrino antes de comenzar el camino.

Etapa de Jaca, Santa Cruz de la Serós, San Juan de la Peña y Arrés (30 kilómetros)

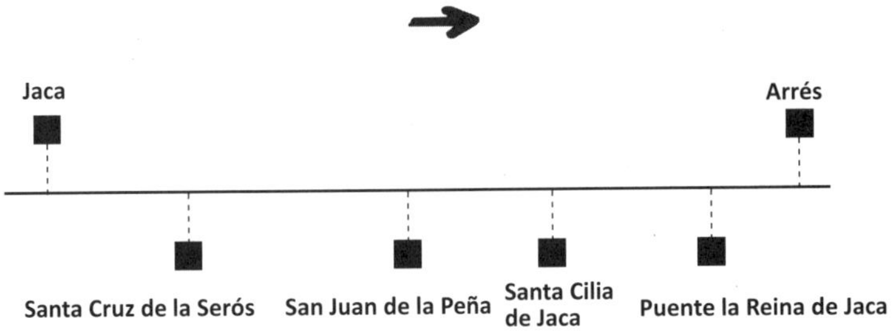

Albergues

Santa Cruz de la Serós
Hotel Aragón
Hotel El Mirador de los Pirineos

San Juan de la Peña
Hotel Hospedería Monasterio Alto San Juan de la Peña

Santa Cilia de Jaca
Albergue de Peregrinos Santa Cilia de Jaca

Puente la Reina de Jaca
Hostal Amaya
Hostal Carmen

Arrés
Albergue de Peregrinos de Arrés

Jaca: las reliquias de santa Orosia, san Félix, san Voto y la catedral de San Pedro

En otro tiempo, los peregrinos salían de Jaca por la desaparecida puerta de San Baños y tomaban el camino real a Navarra en dirección a Santiago. Hoy abandonaremos la urbe siguiendo las conchas por sus calles y después, de nuevo, las flechas amarillas. El camino gira noventa grados para, a partir de ahí, emprender rumbo siempre a poniente. La senda entra por el llamado Canal de Berdún, en el valle del río Aragón, una vasta depresión salpicada de altozanos, ya recorrida por el nómada ser humano desde tiempos neolíticos siguiendo las migraciones animales. Dejaremos atrás el caserío de Esculabolsas, donde en el siglo XII existía un albergue monasterio, el hospital de Annol. Poco después llegaremos a un cruce, donde tendremos la posibilidad de desviarnos del camino principal, rumbo a la villa de Santa Cruz de la Serós y el monasterio de San Juan de la Peña, hito del Camino de Santiago, panteón real, prodigio tallado por los gremios de constructores, en el que se guardó y veneró por templarios el Santo Grial.

Santa Cruz de la Serós, de casas de piedra, tejados de pizarra y chimeneas espantabrujas, tienes sus orígenes en un cenobio de monjas de sangre azul. jas, tienes sus orígenes en un cenobio de monjas de sangre azul.

Santa Cruz de la Serós, crismones, columnas serpiente y marcas de cantero (desvío opcional)

Tras un serpenteante y suave ascenso entre montañas aparecerá ante nosotros Santa Cruz de la Serós, una villa que conserva la atmósfera peregrina y mágica en su conjunto urbano. Su origen está ligado al monasterio fundado en el siglo X por Sancho Garcés, y su nombre, a las hijas de Ramiro I, que ingresaron en el cenobio en el siglo XI, las tres sórores: Sancha, Teresa y Urraca. En sus calles descubriremos la arquitectura religiosa y rural, medieval y pirenaica, caracterizada por casonas de muros de piedra, muchas de ellas levantadas con los sillares del antiguo monasterio, tejados de pizarra, galerías de madera en las solanas y chimeneas cilíndricas rematadas con espantabrujas, los amuletos aragoneses que protegían los hogares de malos espíritus y de cualquier otro peligro o enfermedad. Allí nos esperan la ermita de San Caprasio, la ermita de la Virgen de la Peña y la iglesia de Santa María, las tres del siglo XI, y las tres con misterios, secretos y leyendas por descifrar.

Iglesia monasterio de Santa María, el crismón mágico y la sala secreta

Construida en el siglo XI, destino de numerosas damas cortesanas, su monasterio permaneció hasta el siglo XVI, cuando Felipe II ordenó su exclaustración y que las monjas se trasladaran a Jaca. Templo románico, de planta de cruz latina, de una sola nave dividida en dos tramos, cubierta de bóveda de cañón reforzada por arcos fajones sobre columnillas adosadas, pilastras y capiteles, taqueado jaqués en sus muros, falso crucero, dos capillas laterales y ábside semicircular. En el exterior, destaca la monumental torre campanario, de planta cuadrada y tres cuerpos, con vanos geminados de maineles cilíndricos en cada uno de sus lados, coronada por un remate octogonal. En el exterior, en el pórtico de entrada, bajo un tejaroz con canecillos, encontraremos un crismón de ocho radios entre dos leones; uno de ellos pisa una flor de doce pétalos, el signo místico de la cruz. En el interior, a mitad de la nave, en una pequeña portada de vano adintelado, que daría paso al desaparecido claustro, hallaremos otro crismón compuesto por una rueda de seis radios entre rosetas, con las marcas X, P, A y W, y a media altura encontraremos el taqueado jaqués. Junto al ábside, se alza una columna rematada por ocho capiteles arbóreos invertidos, que emergen del fondo de una singular pila bautismal en la que, simbólicamente, el agua parece alimentar un pétreo árbol de la vida tallado en la piedra. Sobre la bóveda octogonal, escondida, se encuentra una sala secreta, también octogonal, a la que solo se puede acceder por un pasadizo desde el coro. Una estancia que tenía las funciones de protección, donde las monjas se escondían ante peligros y en la que se realizaban ceremonias de la primera orden de mujeres medievales, de la que poco se sabe.

Iglesia de Santa María en Santa Cruz de la Serós, con el crismón mágico en la portada, guarda en el interior un pétreo árbol de la vida y una octogonal sala secreta.

San Juan de la Peña, el panteón real y el castillo del Grial (desvío opcional)

Desde Santa Cruz de la Serós continuaremos la ascensión por una abrupta, brumosa y solitaria ladera, hasta llegar a un eremitorio incrustado en la roca del abrigo montañoso, que fue pilar cultural, político y religioso, además de panteón real. En San Juan de la Peña se fusionan la naturaleza y la obra del ser humano. El monasterio se alza sobre un asentamiento íbero y un templo al dios romano Pano. Aquí se hallaba la cueva de Galión, santuario donde se daba culto a las fuerzas de la tierra y del agua, que siempre brotaba de sus rocas. Su origen se sitúa en las cuevas eremitorias donde se refugiaron numerosos cristianos tras los ataques musulmanes en el siglo VIII. La historia nos cuenta que fueron san Voto y san Félix quienes hallaron los restos incorruptos del santo Juan de Atarés, primer eremita, y quienes decidieron cuidar y perpetuar la comunidad de anacoretas en la sima. Tras la muerte de los santos, les tomaron el relevo otros dos hermanos, Benedicto y Marcelo, que iniciaron la vida monacal y, a mediados del siglo IX, levantaron la primera iglesia, el germen del templo que hoy conocemos. En el siglo XI, Sancho III el Mayor fundó el monasterio, con su actual nombre, sobre la primitiva iglesia, con el beneplácito de la Santa Sede, bajo los ideales de pobreza, castidad, obediencia, humildad y penitencia. Erigido y custodiado por templarios, después por caballeros del Santo Sepulcro, fue escenario de la unificación del rito de la liturgia cristiana en nuestro país, que sustituyó al rito mozárabe. Sus orígenes están marcados por la leyenda, que cuenta cómo el noble aragonés san Juan de Atarés, el primer cristiano que ocupó los montes, y que se pasaba las horas rezando junto a una gran cruz, fue tentado por el diablo para dejar la vida de asceta y volver a la vida cortesana. Superó la prueba y se le apareció un ángel que le instó a buscar una cueva y levantar en ella un altar en honor a san Juan Bautista. Un encuentro del que ha quedado huella en una roca junto al santuario que dice: «Yo, Juan, primer anacoreta de este lugar, habiendo despreciado el siglo por amor a Dios, fabriqué según alcanzaron mis fuerzas esta iglesia en honor a san Juan, y aquí reposo». Un templo donde fue custodiado el Santo Grial por Alfonso I el Batallador y los caballeros templarios, que inspiró los romances trovadorescos y luego la literatura caballeresca, las obras de Chrétien de Troyes, Robert de Boron y Wolfram von Eschenbach. En el siglo XIII comenzó la etapa de decadencia, justo cuando sus monjes mostraron apoyo al herético papa Luna de la castellonense Peñíscola. Dos incendios, uno en el siglo XV y otro en el siglo XVII, lo condenaron definitivamente al abandono. Por fortuna, los planes de restauración y conservación lo han rescatado del olvido, y hoy podemos recorrerlo en busca de la fuerza y de la energía de un lugar de poder, en busca de los secretos que encierra.

Monasterio de San Juan de la Peña el castillo del Grial.

Monasterio Viejo, el templario castillo del Grial

El monasterio, que asombra por su emplazamiento y su simbólica distribución y diseño, está marcado, al igual que su génesis legendaria, por el número dos, por la dualidad, por cultos a la madre tierra, y más concretamente al agua, cuyo rumor puede escucharse en las paredes de las celdas de los religiosos. El edificio está dividido en dos estancias, la inferior y la superior, y se construyó a lo largo de diferentes épocas: en el siglo X, la iglesia «baja», en el siglo XI, la iglesia «alta» y en el siglo XII, el claustro. Accederemos a través del atrio a la sala de los concilios, después a la iglesia baja y luego al panteón real. Posteriormente, subiremos a la iglesia alta, y al claustro, donde hallaremos la capilla de San Victorián y la capilla de San Voto.

Monasterio de San Juan de la Peña Castillo del Grial.

Claves del monasterio de San Juan de la Peña

- *Iglesia mozárabe («baja»).* Fue la primera construcción del conjunto arquitectónico, edificada sobre las cuevas eremitorias del siglo X. Templo mozárabe, de dos naves y dos ábsides. Sus constructores, en vez de utilizar el número tres como clave constructiva, como era la norma, emplearon el número dos. En los muros podemos contemplar las pinturas románicas originales relacionadas con el mismo autor que las del panteón real de San Isidoro, en León. La ampliación del santuario se inició justamente sobre la iglesia «baja», que al final quedó enterrada y convertida en cripta, soterrada bajo los muros, que se transformó en estancia ceremonial para ritos de iniciación de los caballeros templarios y de la Orden del Santo Sepulcro.
- *Panteón real.* En la segunda planta, tras ascender unas escaleras, encontraremos el panteón de los reyes de Navarra y

Aragón, así como los crismones nobles y reales, de cuando ambas coronas estuvieron unidas. Están ubicados en dos hileras de nichos, decoradas con arcos de medio punto y el taqueado jaqués. En una estancia contigua hallaremos las tumbas del primer rey de Aragón, Ramiro I, y de Sancho Ramírez y Pedro I, entre otros.

- *Iglesia románica («alta»).* Erigida sobre la iglesia «baja», se funde con la montaña. Templo de planta rectangular, una sola nave, bóveda de medio cañón y tres ábsides excavados en la roca. Aquí estuvo guardado y fue venerado el Santo Grial, por Alfonso I el Batallador y sus milicias templarias. El mismo que estuvo en Siresa, Sásabe, Iguacel, la cueva de Yebra y Jaca, y que hoy se custodia en la catedral de Valencia. El cáliz con el que Jesús de Nazaret celebró la Última Cena, traído de Jerusalén por los freires templarios y a su vez proveniente de Roma que llegó a España gracias al diácono san Lorenzo, tradición recogida en uno de los capiteles de la catedral de Jaca que vimos anteriormente. Copa mágica y sagrada con la que, en el año 1071, se cambió el rito mozárabe por el rito romano, unificando la liturgia, pasando el monasterio a depender de los monjes de Cluny. Aquí permaneció la reliquia hasta 1399, cuando el rey Martín el Humano ordenó su traslado a Zaragoza, Barcelona, Mallorca y Valencia.

Iglesia «alta» del Monasterio de San Juan de la Peña. De tres ábsides excavados en la roca, donde fue guardado y venerado el Santo Grial.

- *Claustro*. Construido entre los siglos XII y XIII, como prolongación de la capilla del Santo Grial, de la iglesia «alta», en el exterior del templo y bajo el abrigo de la roca montañosa. Su autor, conocido como el maestro de San Juan de la Peña, trabajó en Aragón y Navarra en el siglo XII. Marcado por el simbolismo, guarda numerosos mensajes escondidos como la inscripción del dintel de la puerta de acceso: *«Porta per hac caeli fit per via cuique fideli si studeed fideli iungere iussa Dei»* («Esta puerta abre el cielo a todo fiel que se esfuerce en unir la fe al cumplimiento de los mandamientos de Dios»). Alberga un conjunto de capiteles de gran belleza, con un tallado característico, de figuras humanas de enormes ojos abultados. La temática se divide en tres ciclos. El primero corresponde al libro del Génesis, la Creación, Adán y Eva, la tentación, la expulsión del paraíso, Abel como pastor y Caín como labrador. El segundo a la infancia de Jesús, desde la anunciación a María hasta la matanza de los inocentes. El tercero, la vida pública de Jesús, su retiro al desierto, las bodas de Caná, la historia de la mujer adúltera, la resurrección de Lázaro, la pecadora y Simón, la entrada de Cristo en Jerusalén, la Última Cena, el lavatorio de pies, el prendimiento y el juicio. Ciclo que representaría la creación y el nacimiento del hombre, el tiempo dedicado al aprendizaje, después a la iniciación y, por último, el dominio de las fuerzas naturales.

Claustro, bajo el abrigo montañoso, del Monasterio de San Juan de la Peña. Obra del «Maestro de San Juan de la Peña» que trabajó en Aragón y en Navarra en el siglo XII.

Tras abandonar San Juan de la Peña y Santa Cruz de la Serós, retornaremos al camino principal. Nuestro itinerario continuará a la vera del río Aragón, bordeando el Canal de Berdún para llegar a Santa Cilia de Jaca y, poco después, a Puente la Reina de Jaca. Ambas localidades reunían a los peregrinos que entraban por el pirenaico puerto del Palo, un ramal jacobeo menor que bajaba por Siresa, a través del valle de Echo.

Santa Cilia de Jaca: el priorato del monasterio de Santa Cecilia

Santa Cilia de Jaca aparece referenciada desde el siglo IX como dependiente secular del monasterio de San Juan de la Peña. En 1098 se le otorgó fuero de libertad y franquicia. Aquí se encontraba un importante priorato dedicado a santa Cecilia. Cobró gran notoriedad en el siglo XIII, y de su pasado de esplendor dan testimonio el palacio de Clavería, el puente medieval, en el que se cobraba el peaje a los rebaños trashumantes, y la ermita de la Virgen de la Peña, que rememora desconocidos y mágicos orígenes. Las casas conservan la arquitectura tradicional. Y sus calles fueron diseñadas siguiendo un curioso trazado, con vías paralelas y transversales, de idénticas medidas. Una planificación urbana medieval similar a la que tenemos en la actualidad en las grandes ciudades.

Iglesia del Salvador en Santa Cilia de Jaca.

Iglesia del Salvador, la románica Virgen de la Peña

Construida en el siglo XIV sobre una iglesia anterior, fue ampliada en el siglo XVIII. Templo de una sola nave dividida en cinco tramos, separados por arcos fajones, cubierta con bóveda de cañón y lunetos, tiene dos capillas laterales unidas entre sí. Conserva la gótica torre campanario, de planta cuadrada, con portada y coro. En el interior, hallaremos las tallas de santa Cecilia y santa Bárbara, y en el altar mayor, la imagen de la Virgen de la Peña, del siglo XIII, de tradición milagrosa, reminiscencia de un antiguo lugar de poder, relacionado con cultos paganos y ceremonias dedicadas a la madre tierra.

Puente la Reina de Jaca: la antigua Astorito u Osturit

Confundida muchas veces con la urbe navarra que encontraremos más adelante, fue sede regia. Su nombre procede del puente de piedra que salva el río Aragón y de una reina de la que poco se sabe. Referenciada por Aymeric Picaud en el *Codex Calixtinus* como Astorito u Osturit, quedó despoblada en el siglo XIV. Salvo el puente, nada queda de su esplendoroso pasado medieval. Aquí llegaban los peregrinos que venían por los ramales del valle de Echo y del puerto del Palo. Antiguamente se podía seguir la ruta por el margen derecho del río. Tras cruzar el puente, se continuaba por las localidades de Berdún, Asso, Veral, Sigües, Tiermas, para llegar al monasterio de Leyre y después a Sangüesa. Pero las aguas del polémico embalse han cubierto este ramal del camino, que era uno de los trazados históricos, dejándolo en el abandono. Ahora, desde Puente la Reina de Jaca, las flechas amarillas nos conducirán por la segunda ruta que utilizaban los peregrinos medievales, por la orilla izquierda del río Aragón, a través de Arrés, Martes, Mianos, Artieda, Ruesta y Undués de Lerda.

Puente de los Peregrinos de Puente la Reina de Jaca, referenciada en el *Codex Calixtinus* como Astorito u Osturit.

Etapa de Arrés, Artieda, Ruesta y Undués de Lerda (40 kilómetros)

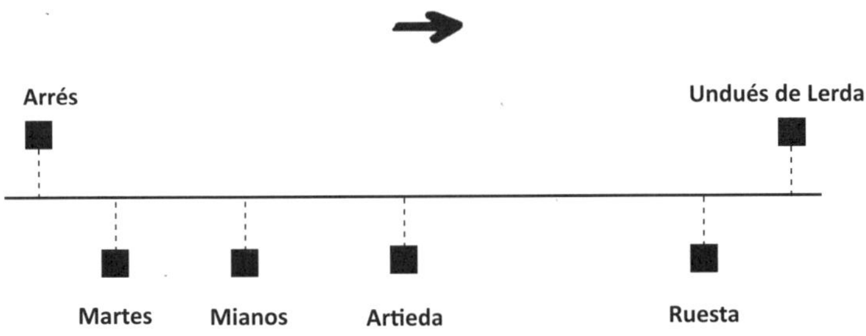

Albergues

Artieda
Albergue de Peregrinos Municipal de Artieda

Ruesta
Albergue Municipal del Sindicato CGT

Undués de Lerda
Albergue de Peregrinos Municipal de Undués de Lerda

Arrés, hospitaleros en el camino, montaña sagrada y rituales de paso

Arrés vigila desde lo alto de una cresta rocosa el camino, junto al río Aragón. Justo enfrente, al otro lado del cauce, está la villa de Berdún. La primera referencia escrita data del siglo XI, cuando Sancho Ramírez recibió el pueblo del monasterio de San Juan de la Peña. Hoy, la historia y el misterio se palpa en su torre, ejemplo de castillo fronterizo aragonés, y en su iglesia, un lugar de poder, mágico, marcado por piedras sagradas y ritos de paso.

Albergue «La Casa de las Sonrisas» en Arrés. Donde se da acogida tradicional a los peregrinos. «Balcón del Canal de Berdún».

Iglesia de San Miguel, los ritos de paso y su pila bautismal

Referenciada en el siglo xv, lo cierto es que no se sabe la fecha de su construcción. Su orientación y diseño siguen los cánones estelares: el altar hacia el este, hacia Jerusalén. El retablo principal, coronado por san Miguel Arcángel, santa Águeda y san José, hacia el norte. En él, además, aparece representado un pelícano picándose el pecho y dando de comer a sus crías. El retablo de la izquierda se orienta al oeste, y muestra el calvario de Jesucristo, con la Virgen y san Juan. En una pequeña capilla, a la derecha, aparecen pinturas renacentistas. Y justo al lado, empotrada en la pared, dividiendo la capilla del pasillo, y hecha de una sola piedra, una singular pila bautismal de forma cuadrada. Está ubicada en los muros de la capilla original del castillo del conde Samitier, que habitaba en la torre, sobre la cual se construyó el actual templo. Una piedra sagrada donde se siguen realizando rituales de paso y mágicas bendiciones con los recién nacidos y los peregrinos.

Pila bautismal, escenario de rituales de paso, mágicas bendiciones y bautizos de niños, de la iglesia de San Miguel en Arrés.

El paisaje se encrespa en este ramal izquierdo, que se ha revitalizado durante los últimos años y nos ofrece imágenes únicas. Antes de alcanzar el abrigo de los montes, seguimos entre «desfiladeros» de piedras pulidas y moldeadas por el pantano. Un fenómeno conocido como *scablands*. Agua y piedra han conformado esta moderna senda de aspecto lunar, el denominado «camino azul», que atrae y sobrecoge. El camino discurrirá por altozanos, pequeños barrancos y puentes. En nuestra marcha dejaremos atrás Martes, referenciado en el siglo XI, con su ermita, y Mianos, hasta alcanzar Artieda.

Artieda: la capital de «camino azul» y las columnas romanas de la ermita de San Pedro

La ascensión al pueblo endurece las piernas, pero compensan las espectaculares panorámicas del Canal de Berdún. Artieda, referenciada desde el siglo X, dependiente del monasterio de Leyre, fue designada en el siglo XI como villa real y albergó un hospital de peregrinos. Antaño situada cerca del río y actualmente ubicada en lo alto de una colina, su estructura urbana muestra un peculiar trazado rodeado por un cinturón de manzanas y casas que configuran terrazas y un cerco defensivo. Sus calles, donde se alzan el palacio de los Diezmos o la casa hospital, atesoran igualmente un misterioso diseño, cerrado sobre sí mismo, marcado por la calle Mayor, con dos brazos en ángulo que forman un rincón sin salida, y que, desde lo alto, muestra la figura de un compás.

Iglesia de San Martín, la escalera de caracol de los canteros

Templo románico erigido en el siglo XII, del que conserva el ábside circular, fue ampliado en el siglo XVI, con una portada clasicista. De planta cuadrada, cubierta con bóveda de crucería estrellada, bóveda de arista y bóveda de cañón, atesora una singular torre campanario, de tres cuerpos, provista de un husillo que aloja una escalera de caracol en piedra, de una sola pieza, que muestra la genialidad de los gremios de constructores.

Iglesia de San Martín, y la escalera de caracol, de Artieda.

Ermita de San Pedro, los capiteles del templo romano a Jano

Al salir de Artieda y descender al camino principal, encontraremos una pequeña ermita cercana al río Aragón. En ella hallaremos una nueva «señal» mágica y pagana. El templo fue erigido sobre un santuario al dios Jano, del que ha quedado huella en las columnas principales que sustenta el santuario. Dos columnas romanas con capiteles corintios, que remarcan el carácter mágico y sagrado del lugar y la cristianización de la senda estelar.

La ermita de San Pedro, en Artieda, erigida sobre un antiguo lugar mágico-sagrado, conserva las columnas y los capiteles romanos del templo romano al dios Jano sobre la que fue edificada.

Ruesta: el antiguo monasterio hospital de San Juan del priorato de Santiago

Antes de llegar a Ruesta, cambia el entorno. Los pinares y robles cobran protagonismo. Atrás quedan los descampados y las sendas lunares de piedras azules. Comienzan paisajes únicos. A uno y otro lado del cauce del río surgen pueblos de casas agrupadas en torno a la iglesia y el castillo. Todos ellos conforman una invisible línea, el reflejo del pasado medieval fronterizo que obligaba a un celoso cuidado para garantizar la seguridad y ayuda a los peregrinos. Tras recorrer el sendero del bosque, aparecerá ante nosotros la fantasmagórica imagen de Ruesta. Una villa atrapada en el tiempo. Un pueblo fantasma. Antigua fortaleza cristiana, arrasada por Almanzor en el siglo x, fue recuperada por el rey Sancho Garcés III en el siglo xi, que fundó allí un monasterio hospital dedicado a san Juan, y pasó más tarde a dominio de Sancho Garcés IV y Ramiro I. Fortificada más tarde por el infante Alfonso en el siglo xiii, ya en el siglo xi aparece documentada una comunidad judía, que debía de ser importante, y que pagaba un tributo llamado *lezda de los judíos,* que desapareció en el siglo xv.

Ruesta evoca aquella época de priorato y fe. Sus calles ahora están vacías y en ellas reina el silencio, ya que fue despoblada en 1959 debido a los planes hidrográficos del pantano de Yesa. Hoy, rehabilitada, muestra un importante conjunto urbanístico de grandes casonas en torno al santuario y al castillo. Su fortaleza, de la que surgen dos grandes torreones de base cuadrangular, es un alcázar fortificado del siglo xiii.

Mucho antes de que las aguas anegaran el valle, los peregrinos subían hasta esta villa atalaya, y aquí obtenían cobijo y ayuda en el priorato de Santiago de Ruesta, ubicado a la salida del pueblo.

Iglesia de Santa María de Ruesta.

Los torreones, la iglesia de Santa María y la iglesia Virgen de la Asunción

Del castillo —uno de los cuatro enclaves defensivos de Aragón, junto a Samitier, Petilla y Loarre— se conservan dos torreones: la torre del homenaje, la más alta, y la segunda, más pequeña, ambas unidas por un muro rematado con almenas. En la entrada a la población hallaremos la iglesia de Santa María de Ruesta, fundada en el siglo X, donada por Sancho Ramírez o Pedro I a la abadía francesa de la Selva Mayor. Fue reconstruida en el siglo XVI; hoy, su esqueleto de piedra rememora el esplendor de otros tiempos. Sobre la ladera, hallaremos la iglesia de la Virgen de la Asunción, donde según la tradición se celebraban ritos paganos, antiguos cultos a la naturaleza.

Undués de Lerda: la calzada romana y las cruces templarias de san Martín

Tras recorrer la boscosa sierra de Peña Musera, el camino se convierte en una pista empedrada. Entraremos a Undués de Lerda por su inalterada calzada romana, de dos mil años de antigüedad. Es el último pueblo por tierras aragonesas. Y nos dará la despedida desde las casas blasonadas de sus calles, arquitectura y arte popular, mostrándonos su historia en el Camino de Santiago y la importancia que en otro tiempo tuvo la ciudad en un territorio fronterizo abierto. Las primeras crónicas de su existencia datan del siglo XIV, pero hay referencias del origen de la población desde el siglo X, cuando el rey Sancho Garcés I entregó la villa, llamada de Ondosse, al monasterio de Leyre. El rey Jaime II de Aragón daría el impulso definitivo, repoblando la frontera e iniciando un proceso integrador en la población bajo el nombre de La Real.

Su casco urbano, de trazado y origen medieval, se organiza en torno a la iglesia de San Martín y el palacio arzobispal, de estilo gótico, dos plantas, hoy sede del Ayuntamiento y antiguamente albergue de peregrinos. Las edificaciones góticas y renacentistas

—con su piedra rojiza, portadas y ventanas elegantemente decoradas—, junto al nevero medieval y las salinas romanas, hacen de esta población un museo al aire libre.

Iglesia de San Martín, y su pila bautismal con cruces templarias, de Undués de Lerda.

IGLESIA DE SAN MARTÍN, ENTRE CRUCES TEMPLARIAS Y MARCAS DE CANTERO

Construida en el siglo XVI sobre una fortificación de la que ha quedado la gran torre, de dos cuerpos y rematada con almenas, el santuario, de grandes proporciones, guarda una orientación solar, de este a oeste. Templo románico y gótico, de planta de cruz latina, una sola nave dividida en cuatro tramos, coro y crucero, bóvedas de crucería estrellada y portada con decoraciones y frisos clásicos, destaca por su trabajo en sillería. En la fachada encontraremos numerosas marcas de cantero que son un misterio por desvelar. En su interior, guarda un tesoro en el coro tallado en madera, con barandilla de tracería gótico mudéjar, en la que aparece un bestiario medieval, así como una pila bautismal del siglo XII, que tiene grabadas cruces templarias.

Etapa de Undués de Lerda, Javier, Leyre y Sangüesa (25 kilometros)

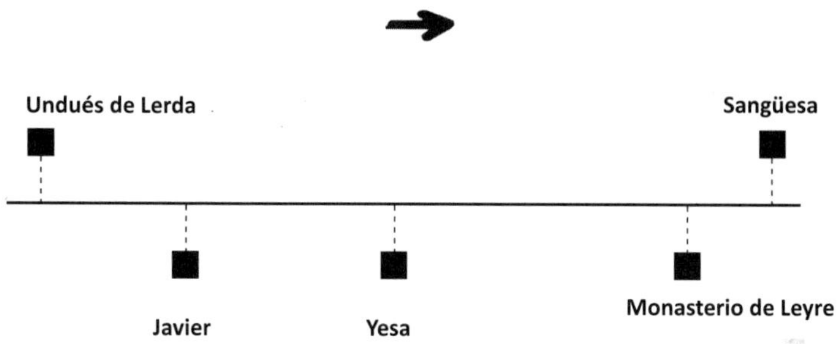

Albergues

Javier
Albergue de Peregrinos San Javier
Hospedería Santuario San Javier (privado)

Yesa
Albergue de Peregrinos Municipal de Yesa

Monasterio de Leyre
Albergue de Peregrinos y Transeúntes del Monasterio de Leyre
Hospedería Monasterio de Leyre (privado)

Sangüesa
Albergue de Peregrinos Municipal de Sangüesa

Undués de Lerda: la calzada romana y las cruces templarias de San Martín.

Dejaremos Undués de Lerda atravesando campos agrícolas. El camino nos sumerge ahora en la historia del viejo reino de Navarra. En una comarca rica y diversa, repleta de secretos y misterios, fronteriza, de villas erigidas como atalayas, que nos muestran el pasado del Camino de Santiago. Aquí tendremos la opción de seguir directos a Sangüesa, o desviarnos del camino principal para adentrarnos en las llamadas «Tierras de Javier», el territorio que fuera núcleo político y religioso en época medieval, donde encontraremos el castillo de Javier, el oratorio del popular santo y un Cristo milagroso, y después, llegar al monasterio de Leyre, hito en el Camino de Santiago, que guarda secretos en su cripta mágica, donde resuenan los ecos milagrosos del obispo Virila.

Javier: estelas medievales, el oratorio y Cristo de San Javier (desvío opcional)

Tras desviarnos, siguiendo la carretera a la derecha, surgirá una peculiar construcción, hito en la historia de Navarra: el castillo de Javier. Hoy es un moderno colegio jesuita, centro espiritual religioso, en el que todos los años se reúnen miles de jóvenes para celebrar la Javierada, la peregrinación en honor a san Francisco Javier, patrón navarro. Entre los años 1965 y 1974, la Diputación Foral de Navarra, en un plan de reformas urbanísticas, desplazó la urbe un kilómetro hacia el este, dejando así el lugar como centro de peregrinación para acoger a las miles de personas que acuden los dos primeros fines de semana de marzo. La romería comenzó oficialmente en 1886 tras varias epidemias de cólera, y reviste tintes paganos y ancestrales. Javier es un paraje sagrado desde muy antiguo, escenario de cultos y ceremonias mágicas, espirituales y religiosas para diferentes culturas. Buena prueba de ello son los restos del castro celta, sobre el que después los romanos erigieron un templo dedicado al dios de la guerra, Marte, cuyas columnas corintias aún se conservan.

Basílica, Oratorio y Castillo de Javier, epicentro de las Javieradas.

Castillo de San Javier, el oratorio del santo y el Cristo milagroso

No se conoce la fecha exacta de su construcción. Lo único cierto es que lo erigieron los cristianos tras la invasión musulmana y la posterior recuperación de los territorios. Una fortaleza que, junto con los castillos de Liédena, Sangüesa y Ulil, formó la primera línea defensiva y fronteriza del rey Sancho el Mayor, quien lo donó a la familia de los Vela. En su origen, era una torre de vigilancia —de forma prismática y gran altura—, situada junto al aljibe, más tarde fue ampliada hasta convertirse en la torre de un castillo erigido con piedra ciclópea y que ostenta la distinción de ser el más antiguo de Navarra. Fue levantado con el mismo diseño de las fortificaciones aisladas y se accedía a él mediante un puente de madera. Conserva los basamentos y zócalos musulmanes del siglo x, y está formado por tres cuerpos. En su estructura destacan la torre del Santo Cristo y la torre del Homenaje, llamada de San Miguel, que es la más antigua. En su interior, un laberinto de escaleras conduce hasta la parte superior, a la terraza, en la que estaba todo dispuesto para que los soldados, antes de ser capturados y torturados, se quitaran la vida tirándose al vacío. Es una edificación marcada por la biografía de un santo: san Francisco Javier, patrón de Navarra, misionero y cofundador de la Compañía de Jesús, y por la talla de un crucificado milagroso, el Cristo de Javier, que según las crónicas lloró sangre el día de la muerte del santo, una de las primeras imágenes religiosas sangrantes en España.

Oratorio de San Francisco Javier

Junto al castillo hallaremos la basílica y el oratorio del santo, así como un museo. El canonizado jesuita nació en la atalaya en 1506. Hijo de Juan de Jaso y María de Azpilcueta, estudió en la Universidad de París, donde entabló amistad con santa Bárbara e Ignacio de Loyola. Decidió tomar los votos e ingresó en la Compañía de Jesús. En 1539, recibió el encargo por parte de Juan III de Portugal de ir a la India. Tan solo un año después, en 1540, el santo navarro llegó a tierras niponas. Allí fundó la primera misión. Su inquietud hizo que prosiguiera su aventura misionera por tierras chinas. Y allí, en el país más poblado del planeta, moriría víctima de una pulmonía, concretamente en la isla de Sacián, en la localidad de Cantón, en 1552. Fecha en la que, según la leyenda, el Santo Cristo del Castillo lloró sangre. En los muros del oratorio descubriremos también una representación de la danza de la muerte, un mural del siglo XV, el recordatorio de que todos tenemos una cita con la muerte, sea cual sea nuestra condición.

En el oratorio encontraremos al Santo Cristo. Talla del siglo XII, policromada, que no solamente está marcada por el prodigioso episodio del llanto de sangre, sino además por ser uno de los muchos «Cristos emparedados» en la Reconquista. Imágenes que fueron escondidas, ocultadas a los infieles, y que luego fueron halladas de forma prodigiosa. Según la leyenda, el Cristo de Javier fue tapiado en la atalaya durante la invasión musulmana. Pasados los siglos, perdido en el tiempo, durante la construcción del castillo apareció tras una pared sin los brazos y atado con una cadena de hierro. Cuando fue llevado al oratorio, el Cristo estiró los brazos y quedó en su posición natural.

Estelas medievales, parte del antiguo cementerio, junto a la iglesia de la Anunciación en Javier.

IGLESIA DE LA ANUNCIACIÓN, TEMPLO SAGRADO Y DE PODER

Situada frente a la gran plaza y el castillo, se erige la iglesia de la Anunciación. Se trata del primitivo santuario al que acudían los vecinos de Javier antes de que el pueblo fuera trasladado a su nueva ubicación y de que la duquesa de Villahermosa levantara la gran basílica de estilo ecléctico sobre el palacio residencial. Construida en el año 1500 sobre un antiguo templo, fue restaurada y ampliada en el año 1702 con la casa abacial. En su interior, hallaremos, además, lienzos de san Francisco y de san Ignacio, varios retablos —como el del Sagrado Corazón, del siglo XVII—, y un sepulcro con los escudos de la familia Azpilicueta —en el que está enterrada doña Violante, hermana de la madre del santo—, la pila bautismal donde fue bautizado el patrón navarro, del siglo XV, tardogótica, con dos grandes fustes octogonales y decorada con figuras geométricas, bolas y escudos desgastados.

Yesa: relojes solares y marcas de cantero

Tras dejar Javier, el camino prosigue en descenso por la Cañada Vieja de los Roncales. La senda nos lleva al antiguo puente romano, el puente de los Roncales, que cruzaban los peregrinos para salvar el río Aragón —donde se pagaba el impuesto de los rabosos y tuvo lugar una legendaria batalla contra los musulmanes—, hoy junto a una piscifactoría, hasta alcanzar Yesa. Llamada Esa en el siglo XI, tras la construcción del moderno pantano, el municipio se ha renovado por entero. A pesar de la polémica en torno al embalse, y de los cambios urbanísticos que este ha generado, el pueblo guarda sorpresas para el peregrino buscador: la iglesia de Yesa, dedicada a san Esteban, de estilo gótico, posee, además de un reloj solar en la fachada exterior, unas fascinantes pinturas medievales del siglo XIII.

Desde Yesa tenemos la posibilidad de seguir rumbo a Sangüesa, o bien, desviarnos y ascender durante cinco kilómetros, para llegar a un lugar que ha sido desterrado del camino principal, marcado por la historia de Navarra, que fuera panteón real, que atesora secretos relacionados con los gremios de constructores, en el que se guarda y venera una Virgen Negra, y que fue escenario de un popular milagro de la ruta jacobea protagonizado por el *crononauta* —esto es, viajero en el tiempo— abad Virila: Leyre.

Leyre: la Virgen Negra y el milagro del abad Virila (desvío opcional)

Escondida en un silencioso paraje, dominando el valle, rodeada por farallones de roca, en la sierra de Errando, se alza una de las más emblemáticas y mágicas construcciones en este ramal del camino: el monasterio de San Salvador de Leyre.

Monasterio de San Salvador de Leyre, la cripta mágica

Todo lo que atañe a este cenobio rezuma magia y leyenda. Su nombre, origen, ubicación, arquitectura, historia, todo está envuelto en el misterio del tiempo. Erigido sobre unas cuevas de eremitas, el nombre parece tener relación con el río gascón Leyre, lo que podría indicar un origen carolingio. El primer testimonio documental de su existencia data del siglo IX, siendo citado por san Eulogio de Córdoba, quien, en el año 848, cuando viajaba a Francia, se encontró con el monasterio, regido en aquel tiempo por el abad Fortunio. Almanzor lo destruyó a finales del siglo X. En el siglo XI ganó relevancia tras su consagración. Y a partir del siglo XII empezó su época de esplendor. Sancho III el Mayor llegó a referirse a él como «centro y corazón de mi reino». El monarca mandó la ampliación de la originaria iglesia prerrománica, la construcción de los tres ábsides, la torre y la cripta. Fue sede de la primera corte de los reyes navarros, eje de la vida política, religiosa y cultural, así como panteón real. Su biblioteca era uno de sus mayores tesoros. Poseía una completa colección de obras ejemplares, entre ellas, el *Apologeticus martyrum*, *La ciudad de Dios* de san Agustín, La *Eneida* de Virgilio y las *Sátiras* de Juvenal. Un monasterio que, incluso, fue escenario de guerras seculares, como la que libraron los monjes «negros» de Cluny y los «blancos» del Císter, cuyos apodos se debían a sus hábitos. Los cistercienses, primitivos protectores del recinto monástico, perdieron la batalla y, con ello, la custodia del santuario, que pasó a manos cluniacenses. El ocaso político y religioso —que no espiritual y mágico— comenzó cuando, en 1134, García Ramírez decidió enterrarse en Pamplona. A partir de entonces, la Corona se olvidó de Leyre, y el monasterio cayó en el abandono. A mediados del siglo XX, la orden benedictina recuperó y restauró el templo. Hoy está habitado por una veintena de monjes, que lo cuidan y trabajan, y que rezan en él. Son ellos quienes se encargan de mostrar al visitante la mágica cripta del siglo XI, la iglesia abacial, el pilar octogonal de la capilla principal presidida por la Virgen de Leyre, que sustituyó a la desaparecida Virgen Negra, y la acústica prodigiosa del templo gracias a sus cantos gregorianos y al imponente órgano de cuarenta y cinco registros y dos mil quinientos setenta tubos.

Monasterio de San Salvador de Leyre.

Claves del monasterio de Leyre

- *Iglesia.* Es una de las más antiguas de España, junto a la de Jaca. Accederemos al santuario por la llamada Porta Speciosa, que recuerda a la puerta de Platerías de la catedral de Compostela, donde hallaremos un teatro de figuras, con músicos y canteros, junto al Juicio Final, de reminiscencias egipcias, tallado en la piedra. Templo prerrománico, románico y gótico, de tres naves y tres altos ábsides. Se distinguen en ella tres partes: la cabecera románica, del siglo XI, con columnas que son una prolongación de los pilares de la cripta y que acaban en una sola clave formando un mágico esquema pétreo; la gran nave, también románica, elevada sobre la cabecera, y, por último, la bóveda gótica del siglo XVI, que cubre con un solo arco los catorce metros de la nave. En su interior, en el muro norte, en un arcosolio neogótico de madera, se encuentran los restos de los primeros reyes de Pamplona. En este mismo muro se halla la entrada a la capilla dedicada a las santas Nunilo y Alodia, con una portada del siglo XI y un misterioso crismón que pasa desapercibido. Dentro de la capilla se guarda una arqueta arábiga de siglo XI que fue relicario de las santas —dos adolescentes martirizadas en Huesca y patronas del enclave—, así como otro arcón del siglo XVII que contiene los restos del abad Virila, de quien nos ocuparemos posteriormente.

- *Cripta.* Erigida en el siglo XI, al igual que el ábside y la torre, está formada por pesados arcos bajos sostenidos por pétreos capiteles. Sobre ellos, columnas de piedra que parecen no alcanzar el suelo, sino penetrar en él. Todos los fustes de las columnas tienen capiteles de diferentes alturas y grosores, unos labrados, otros a medio labrar y otros sin nada. Una particularidad arquitectónica simbólica que se mantiene en la iglesia superior, ya que sus pilares cruciformes no son paralelos, sino que se aproximan al ábside central, uniéndose en uno. Un juego pétreo que, «oficialmente», simbolizaría a la Iglesia, que se levanta sobre la imperfección del hombre para conducir todas sus obras a Dios. Y que, además, mostraría un mensaje secreto a iniciados: el camino del ser humano imperfecto que lucha por la perfección y la conexión con las «energías», con las corrientes telúricas de la tierra.

La mágica cripta —un bosque de columnas— del monasterio de San Salvador de Leyre.

- *Virgen de Leyre.* En la iglesia abacial, escondido tras el altar mayor y el coro, hallaremos un pilar octogonal en la capilla principal, y sobre él, la Virgen de Leyre. Moderna talla que sustituyó a la desaparecida Virgen Negra que aquí se custodiaba y veneraba y que, al igual que otras vírgenes «morenas», marcaba el enclave como lugar de poder.

Virgen de Leyre, la originaria negra, del monasterio de San Salvador de Leyre.

- *Arqueta de las doce tablillas.* Tras la desamortización del siglo XIX, el monasterio cayó en el abandono. En 1863, el alcalde y el párroco de Yesa subieron a la montaña y recuperaron todo lo que pudieron del santuario. Entre el material que reunieron figuraban doce tablillas y huesos humanos, que fueron guardados en un arcón. En las tablas aparecían los nombres de los reyes enterrados allí: Sancho Garcés, Ximeno Enríquez, Íñigo Arista, García Íñiguez, Fortuno VIII, Sancho Abarca, Ramiro XIII, Andrés Príncipe y Martín Phoebo Príncipe, así como los de siete reinas.

Biblioteca del monasterio de San Salvador de Leyre.

FUENTE Y MILAGRO DE VIRILA: LA PUERTA A OTROS MUNDOS Y EL CRONAUTA

A un kilómetro y medio del monasterio encontraremos un enclave marcado por el misterio: la fuente donde se produjo uno de los milagros jacobeos más populares. Cuenta la leyenda que un buen día, hacia el año 928, Virila, el abad del monasterio de Leyre, salió a dar un paseo y, mientras descansaba sentado junto a una fuente cercana al templo, meditando sobre la eternidad, se quedó extasiado por el canto de un ruiseñor. En aquel tiempo se creía que la felicidad suprema del paraíso consistía en la pura contemplación *per saecula saeculorum* del rostro de Dios. El abad, tras observar como el ruiseñor bebía agua y alzaba el vuelo, decidió regresar al santuario. Pero una vez allí todo había cambiado: ninguno de los religiosos le resultaba conocido, y por ninguno fue reconocido como el abad que era. Entonces, el prior le explicó un insólito suceso que había ocurrido trescientos años antes y que podía explicar el misterio. Los monjes pudieron comprobar en los manuscritos la crónica del abad Virila, que había desaparecido en extrañas circunstancias y de quien nada se había vuelto a saber. Hasta aquel día, tres siglos después, en el que todos quedaron estupefactos.

Sangüesa: la templaria iglesia de Santa María la Real y el maestro Leodegarius

Llegamos a Sangüesa La Nueva, porque la villa originariamente se encontraba ubicada en la cima de la cercana colina, la actual Rocaforte de Sangüesa. Asentamiento de la tribu de los suessetanos, llamado Corbio en el siglo v a. C., fue después la población romana, conocida como Sinsuetum. Situada en una singular y estratégica posición de paso, aparece referenciada en el siglo IX como Onneca de Sancosa.

Los reyes Sancho Ramírez y su hijo Alfonso I el Batallador, en el siglo XII trasladaron la urbe a la llanura y le otorgaron los mismos fueros que a Jaca, con el fin de que se convirtiera en un eje de la ruta jacobea. Fundada, finalmente, en 1122 a orillas del río Aragón, bajo el nombre de Sanctorum Ossa —que significa «huesos de santos»—, rápidamente se transformó en un importante núcleo político, religioso, económico y cultural en la ruta, convertida en cabeza de la merindad por Teobaldo I.

Tras la desaparición de los templarios, pasó a manos de la Orden de San Juan de Jerusalén. El propio camino marcó el desarrollo urbanístico de la villa, alrededor de su recorrido por la calle Mayor, y de forma mágica. Si seguimos por esta misma calle en la dirección del puente, la ciudad se erige como una fortaleza, con calles paralelas y perpendiculares, cercada por murallas con torres y cuatro portales orientados a los cuatro puntos cardinales. Los peregrinos medievales accedían a la localidad por la puerta de Jaca, entraban en la calle Mayor y recibían albergue en el hospital de los Caballeros de San Juan. Sangüesa llegó a tener hasta cinco parroquias y cuatro conventos de frailes. Ese pasado de esplendor se refleja en su conjunto monumental, formado por numerosos templos y edificios civiles de los siglos XIV al XVIII: el templario palacio de la Encomienda, hoy conocido como palacio del Príncipe de Viana; el palacio de París, donde estudió san Francisco Javier; el palacio de Vallesantoro, de gigantes canecillos y monstruosas figuras femeninas; el convento de San Francisco, la iglesia de San Salvador, el convento del Carmen o la iglesia de Santa María la Real. Una ciudad medieval a la que se entraba y de la que se salía por tres puentes; el principal era el que cruzaba el río Aragón, construido por Sancho Ramírez en 1090. Tiene el mismo diseño que el de la localidad de Puente la Reina. Ascendente y descendente, con siete arcos, de los que solo se conservan dos originales. El segundo era el puente de San Martín, hoy desaparecido, y que cruzaba el río Irati. Y el tercero, que salvaba el río Onsella, en la zona sur, tenía sesenta metros de longitud y cuatro arcos de ancho desigual.

Sangüesa muestra un monumento en cada calle, pero además encierra secretos y misterios que pasan desapercibidos.

Nuestro camino mágico recorre la calle Mayor, la misma que delimitó sus parroquias, y nos lleva por la colegiata de Santa María, la iglesia convento de San Francisco de Asís —templo de la «peregrinación de pobres», vinculada a la peregrinación del santo, con un bello claustro de los siglos XIV y XV— y la iglesia de Santiago en busca de reliquias, esculturas milagrosas, mensajes ocultos tallados en la piedra, la huella de cultos paganos y de los gremios de constructores.

Colegiata de Santa María —encomienda de la Orden del Temple— en Sangüesa.

Colegiata de Santa María la Real, la firma del maestro Leodegarius

Erigida junto al cauce del río —sobre un antiguo lugar de poder, de culto al agua—, fue originariamente un pequeño oratorio dedicado a la Virgen que formaba parte del palacio real donado en 1131 por Alfonso I el Batallador a los caballeros de San Juan de Jerusalén. La iglesia es el eje de la ciudad, su puerta principal, la portada, se abre a la calle Mayor y al camino, y está marcada por el gnosticismo sanjuanista y templario. Templo románico, de planta de cruz latina, de tres naves, crucero, cimborrio, tres ábsides y torre octogonal almenada, sus características francesas delatan su origen, vinculado a los gremios de la catedral de Chartres en Francia. Es uno de los pocos santuarios donde hallaremos la firma de uno de sus maestros constructores, Leodegarius. Una construcción que alberga también la simbología germánica medieval. Concretamente un escudo tallado en la piedra, a la derecha del arco apuntado de la nave interior, con un héroe legendario de la mitología germánica y escandinava: el caballero Sigfrido o Sigurd, que aparece matando al dragón y entregando su corazón al mago forjador.

El santuario está presidido por la Virgen de Rocamador, de origen francés, muy presente en todo el camino y estrechamente vinculada a milagros relacionados con el agua y la naturaleza.

Claves de la colegiata de Santa María la Real

- *Portada: el ahorcado del tarot, el Juicio Final y el maestro cantero.* En la portada sur, en la fachada meridional, encontraremos un triple tímpano y un frontal repleto de altorrelieves del siglo XIII. Produce la impresión de un enorme puzle. Arriba apreciamos una *maiestas,* obra de los mismos canteros de San Juan de la Peña. Sobre la puerta, Dios rechaza a los pecadores y acoge a los elegidos. Rodean la escena ángeles, músicos, guerreros, artistas y animales mitológicos. Además, su constructor dejó esculpidos extraños símbolos, e incluso se añadieron tallas romanas que son un misterio.

Aparecen las esculturas del «maestro iniciador», de una mujer desnuda dando de mamar a un sapo y a una culebra, marcas cátaras, laberintos célticos, serpientes y espirales. La obra es del maestro Leodegarius, que dejó su firma en una inscripción: *«Leodegaruis me fecit»*, maestro constructor que además realizó una composición que corresponde a un pobre trasunto de la francesa y mágica catedral de Chartres. El tema central de la portada, rematado por un Cristo en majestad y un apostolado, es el Juicio Final, de reminiscencias egipcias, y está decorado con estatuas que hacen la función de columna, y que representan a María Magdalena, la Virgen María, María (la madre de Santiago), san Pablo y san Pedro. Allí hallamos otra escultura única en todo el mundo: una imagen de Judas ahorcado, una figura, clave secreta, relacionada con el tarot y el juego de la oca: mensaje para los iniciados.

Pórtico de la Colegiata de Santa María —con la firma del maestro Leodegarius y el ahorcado— en Sangüesa.

- *Reliquias de san Román.* En el santuario se guardan y veneran las reliquias del soldado romano san Román. Aunque el patrón de Sangüesa es san Sebastián, la devoción por este peculiar santo y sus reliquias es muy grande. Sobre sus restos sagrados pesa una curiosa prohibición: las reliquias no pueden salir de la iglesia, y los fieles tienen prohibido sacarlas en procesión. La orden fue dictada en el siglo XVI por las autoridades eclesiásticas, porque en aquel tiempo los sangüesinos sacaban en romería al santo cada día, tanto para pedir lluvia como para que dejara de llover.

Reliquias de san Román en la Colegiata de Santa María de Sangüesa.

Palacio Príncipe de Viana, los bafomets templarios

Construido sobre el flanco de la muralla y el foso, entre dos torreones, del palacio original, del siglo XIII, se conserva el cuerpo central. Fue residencia de los reyes de Navarra hasta el siglo XV, y en él se celebraron las Cortes del Reino. A finales del siglo XVI se destruyó el ala sur y se edificó la casa consistorial. Hoy su antigua plaza de armas, llamada La Galería, es un espacio abierto, y su pasado templario se muestra en los rostros barbudos, en los bafomets, guardianes vigilantes, que se asoman al mundo desde la fachada.

Iglesia de Santiago, la bendición del peregrino y el milagroso Cristo

Construido en el siglo XII, es el santuario donde se da la bendición del peregrino diariamente. Templo románico y gótico, de tres naves y tres ábsides, atesora una poderosa torre coronada con almenas que le da aspecto de fortaleza. En la portada, en el tímpano, encontraremos la imagen de dos peregrinos con sotanas marrones, vieiras al cuello, gorro negro y bastones en la mano, flanqueando al apóstol, que descansa sobre una concha. En su interior se guarda y venera un Cristo milagroso, protagonista de romerías y rogativas para pedir agua y combatir plagas y enfermedades, así como una escultura en granito de Santiago Apóstol del siglo XIV, de dos metros de altura, portando bordón y un libro. Descubierta casualmente en los años sesenta mientras se hacían reformas, es símbolo de los peregrinos. Frente a la iglesia se alza una noble mansión con doble portada de piedra de arco semicircular, el antiguo hospital de peregrinos y casa abacial, en cuyo pórtico aparecen más símbolos jacobeos.

Iglesia de Santiago, escenario de la bendición del peregrino, en Sangüesa.

Iglesia de San Salvador, el Juicio Final y el Libro de los Muertos

Construida entre los siglos XII y XIII, fue fundada por los Doce Caballeros de Sangüesa. Templo gótico, de una sola nave, cabecera poligonal, con fuertes muros de piedra, potentes contrafuertes y altos ventanales apuntados. En la portada —con pórtico del siglo XVI— aparece Cristo entre san Juan, la Virgen, dos ángeles portadores de la lanza y la cruz del sacrificio, así como ángeles trompeteros en las arquivoltas. Bajo ellos, a lo largo del dintel, mediante una sucesión ordenada de estilizadas figuras, se representa el Juicio Final, de reminiscencias egipcias, con la resurrección de los muertos, hombres esperando a ser juzgados y los condenados en el infierno dentro de las fauces del demonio.

Iglesia de San Salvador —dónde aparecen tallados símbolos solares y el Juicio Final, de reminiscencias egipcias— en Sangüesa.

Etapa de Sangüesa a Monreal (30 kilómetros)

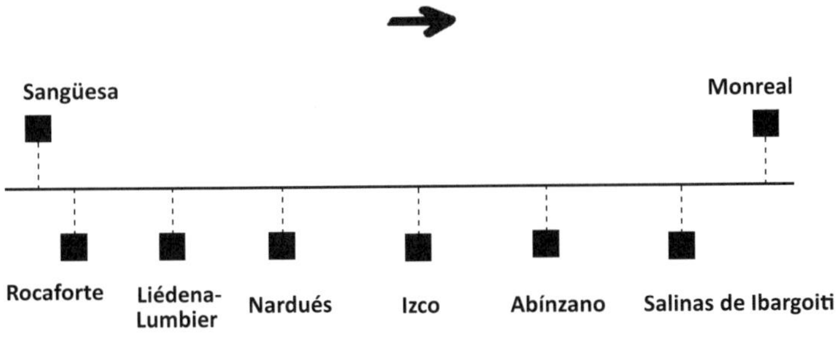

Albergues

Liédena
Hostal Latorre (privado)

Lumbier
Hotel Iru-Bide (privado)

Nardués
Albergue Parroquial de Peregrinos de Nardués

Monreal
Albergue de Peregrinos Municipal de Monreal

Sangüesa: la templaria iglesia de Santa María la Real y el maestro Leodegarius

Abandonaremos Sangüesa cruzando el puente —al que debe su nueva ubicación la urbe—, antaño de piedra y hoy de hierro; construido a finales del siglo XI para el paso de peregrinos, y de cuyo original solo quedan los arcos centrales. Justo a la salida de la población se nos presenta la posibilidad de desviarnos del camino principal y ascender varios kilómetros por un paraje agreste hasta la villa Rocaforte de Sangüesa.

Rocaforte: la «ermita de los arbolicos» y San Francisco de Asís (desvío opcional)

Origen de la actual ciudad de Sangüesa, es un lugar mágico, marcado por la tranquilidad y el silencio, donde hallaremos una ermita —la única que cuenta con el título de real basílica— y un árbol marcados por el milagro.

Ermita de San Bartolomé, conocida como «Ermita de los Arbolicos», en Rocaforte.

Ermita de San Bartolomé, la «ermita de los arbolicos»

Construida por Pedro I de Navarra y Aragón, fue consagrada por el obispo de Trento en el siglo XII. A pesar de sus pequeñas dimensiones, son numerosos los fieles que la visitan, movidos por las propiedades curativas de un árbol ubicado en su entrada. Cuenta la tradición que en su peregrinaje a Compostela, san Francisco de Asís, acompañado por fray Bernardo de Quintavalle, se encontró con un enfermo. El santo pidió a Quintavalle que cuidara al enfermo y que levantara una hospedería. Golpeó con su báculo el suelo y surgió un árbol, una morera que se convirtió en el eje de la ciudad y de fama milagrosa: cura las llagas, los procesos reumáticos y los miedos a niños y adultos, además de conceder el favor de buenas cosechas y el casamiento.

Liédena-Lumbier: la villa romana y el puente maldito

Tras descender de Rocaforte, de nuevo en el camino principal, seguiremos la senda para llegar a Liédena. Ubicada en lo alto de una colina, fue referenciada por Aymeric Picaud en el *Codex Calixtinus*, en su etapa entre Jaca y Monreal. En Liédena, antaño, se unían los peregrinos que venían del paso interior. En sus calles se alzan las primeras casonas de estilo gótico navarro. Tras cruzar el puente sobre el río Irati, recorremos una senda de tierra que conduce a los restos de la villa romana —que conserva los muros de mampostería, canalizaciones y estanques— y a uno de los «modernos» y mágicos lugares del camino: un estrecho desfiladero, de piedra grisácea, escarpados riscos y oscuros pasos por túneles.

Puente del Diablo, los fantasmas romanos

Frente a la villa romana se encuentran los restos del puente que atravesaba la boca de la Foz de Lumbier. Construido en el siglo XVI, tenía ocho metros de largo, dos de ancho y quince de alto. Fue destruido por las tropas francesas en el siglo XIX. El lugar, conocido como el «puente del Diablo», está marcado por la aparición de figuras fantasmales.

Entrada a la Foz de Lumbier moderno lugar de poder.

FOZ DE LUMBIER, LUGAR DE PODER, LA LUZ AL FINAL DEL TÚNEL

Enclavada donde confluyen los ríos Irati y Salazar, en las estribaciones de la sierra de Leyre, se halla la Foz de Lumbier, un cañón pétreo de una extraordinaria belleza natural. Es una garganta estrecha, de un kilómetro y medio de longitud, delimitada por unos titánicos paredones calizos. El camino discurre por donde tiempo atrás lo había hecho el tren de Irati, el ferrocarril que desde principios del siglo xx unía las localidades de Sangüesa y Pamplona. Hoy la zona está declarada reserva natural. Recorreremos un sendero moldeado entre peñascos, vigilado por colonias de buitres leonados, quebrantahuesos y águilas reales, bajo el rumor del agua, que sobrecoge al peregrino.

Tras la Foz de Lumbier emprenderemos la subida al alto de Loiti. En nuestro camino dejaremos atrás varios pueblos pequeños, como Nardués, formados por grupos de casas dispuestas alrededor de una iglesia. Son pueblos que pasan desapercibidos, pero que en algunos casos esconden secretos y misterios de los gremios de constructores medievales, como sucede en Izco.

Izco, el cincelado de los canteros

Ubicado en el valle del Ibargoiti, Izco recibe al peregrino con las silùetas de manos de colores dibujadas, a modo de bienvenida, en los muros blancos de sus casas. En la iglesia parroquial podremos observar la huella, las técnicas, de los antiguos canteros medievales.

Iglesia de San Martín, la huella en la piedra de los constructores

Templo románico y gótico, del siglo XIII, de una sola nave dividida en dos tramos, cubierta con bóveda de cañón y torre de dos cuerpos. En la portada, bajo un pórtico, encontraremos capiteles con grabados de trenzados en forma de estrellas, la flor de lis y los fustes de las columnas inacabados, que revelan como fueron talladas, con el método de desbaste, a base de trinchantes, por el cantero medieval. En su interior, hallaremos una románica pila bautismal semiesférica, un sepulcro-arcosolio grabado con temas geométricos, dos escudos y una cruz, y en la sacristía, una talla románica de la Virgen del Sagrario, del siglo XIII. En el atrio exterior se alza una cruz de hierro forjada por el herrero del pueblo, y a la salida, un crucero, lo que marca el enclave como jacobeo.

Iglesia de San Martín —y la huella de los canteros en las columnas— en Izco.

Abínzano-Salinas de Ibargoiti, una senda de árboles sagrados

Saldremos de Izco por una pista agrícola que, avanzando entre naves ganaderas, campos de cultivo y bosquetes de robles y chopos, y siguiendo un trazado de subidas y bajadas, conduce a Abínzano. Aquí se alza la barroca iglesia de San Pedro Apóstol, en la que destaca el retablo dedicado al santo. A las afueras hallaremos los restos de un poblado eneolítico, origen de la villa. Más tarde, en nuestro recorrido aparece el sacro monte Elomendi, la Higa de Monreal. Paso a paso, al otro lado del valle, emerge la masa montañosa de Peña Izaga, donde se encuentra la ermita de San Miguel. Y, tras cruzar el puente Grande y salvar el río Elorz, llegaremos a Salinas de Ibargoiti, villa que debe su nombre a los ocho pozos salineros que poseía, con los que alcanzó esplendor económico y comercial, y en cuyas calles descubriremos un conjunto de arquitectura gótica inesperado, de casonas con puertas de arco apuntado y ventanas geminadas, y la iglesia de San Miguel.

Iglesia de San Miguel, el hospital de los caballeros de San Juan

Construida en el siglo XIII, fue erigida en el lugar donde los caballeros de San Juan poseían un hospital monasterio. Se trata de un templo gótico de una sola nave dividida en dos tramos desiguales, cubierta con bóveda de crucería simple y cabecera con crucería gallonada, torre prismática y grandes contrafuertes en el exterior. En el pórtico, del siglo XVI, conserva, junto a arquivoltas, capiteles corridos y baquetones, un crismón de seis brazos, curvados los del aspa, con el alfa y el omega, y una P con una tilde en cruz en el interior.

Monreal: cárcel del terror e iglesia de la Natividad

Tras haber recorrido parajes de bosque umbroso, pinos y robles, el peregrino entra en Monreal siguiendo un sendero arbolado y cruzando el bello puente románico —de dos arcos, veinticinco metros— que salva el cauce del río Elorz, uno de los pocos restos jacobeos originarios que quedan, junto a la torre del castillo y la calle Mayor. Llegamos a la localidad mencionada como final de la segunda etapa en tierras aragonesas por Aymeric Picaud en el *Codex Calixtinus*. Villa real, cuyo nombre proviene de Monte Real —Mons Reallus o Mons Regalis—, fue el lugar elegido por el rey García Ramírez para el establecimiento de francos y judíos, siendo edificada y estructurada por y para el camino. Su diseño así lo revela, con la calle Mayor en forma de sirga. En la parte media del pueblo se alza la iglesia de la Natividad, muy reformada e incluso con su orientación cambiada. Dominando la población hallaremos el castillo. La fortificación, del siglo XII o XIII, referenciada en tiempos de Sancho VII el Fuerte, antaño estaba rodeada por varios cuerpos de murallas escalonados que la volvían inexpugnable. Sufrió importantes daños en las guerras entre agramonteses y beamonteses en el siglo XV. Hoy, en la atalaya, y a pesar de que Cisneros ordenó su demolición y solo dejó en pie la parte inferior, podremos descubrir la tenebrosa antigua cárcel. Se encuentra en la base de la torre homenaje. Los condenados eran encerrados en un claustrofóbico habitáculo de dimensiones reducidas, sin luz, sin agua, sin aire, con una única y estrecha ventana. Para entrar en ella se necesita una escalera móvil. Se la llamaba «la ciega» porque los que entraban allí estaban condenados a no salir jamás, al olvido y a la muerte.

Iglesia de la Natividad, la capa de san Martín y una románica Virgen

Construida en el siglo XIII, fue ampliada en los siglos XVI y XIX. Templo románico, de planta de cruz latina, con una sola nave dividida en cuatro tramos y cabecera. Junto a la portada hallaremos un sepulcro en forma de arcosolio apuntado, con baquetón en la rosca y escudete con cruz, del siglo XIII. En su interior, el retablo mayor está presidido por una imagen de estilo rococó de san Martín partiendo su capa, y se guarda y venera la Virgen de la Natividad, talla románica del siglo XIII.

Puente de los Peregrinos entrada a la villa de Monreal.

Etapa de Monreal, Tiebas, Olcoz, Eunate y Puente la Reina (Gares) (30 kilómetros)

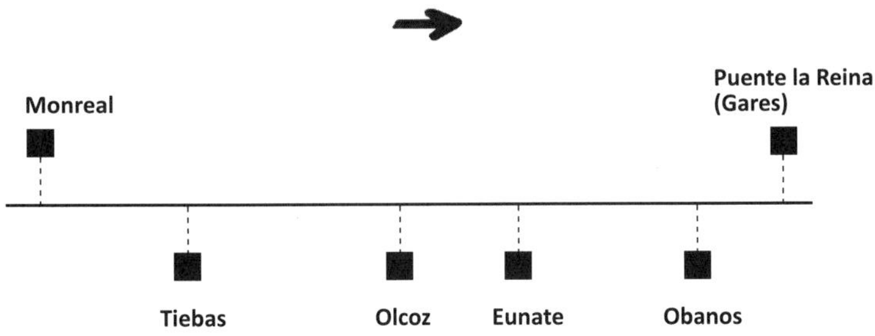

Albergues

Tiebas
Albergue de Peregrinos Municipal de Tiebas

Obanos
Albergue de Peregrinos Municipal de Obanos

Puente la Reina (Gares)
Albergue de peregrinos parroquial de los Padres Reparadores
Albergue Estrella Guía (privado)
Albergue Jakue (privado)

Monreal: cárcel del terror e iglesia de la Natividad

Saldremos de Monreal por la calle Mayor y recorreremos una pista de tierra escoltados por grandes chopos a los pies de la montaña mágica y sagrada, la Higa de Monreal. Cruzaremos el río Elorz —por un puente de dos ojos y veinticinco metros de largo— para llegar al lugar donde se encontraba la iglesia-hospital de Garitoáin, priorato dependiente de Santa Fe de Conques y del que solo quedan los muros. Dejaremos a un lado la ermita de San Babil y seguiremos por la ladera montañosa, el tajo del barranco del Diablozulo. La senda, que avanza encajada entre arbustos y maleza por las estribaciones del monte, nos llevará a Yárnoz. Es el primero de los diversos pueblos, aparentemente, adormilados de la sierra de Alaiz que nos esperan. De su pasado medieval solo se conserva la torre, lo que queda del castillo, que Teobaldo I hizo levantar en el año 1234. Después de unos tramos de pista que discurren entre pastizales y bosques en regeneración, abriendo cancelas en medio de la nada, nos esperan los pintorescos pueblos de Otano —donde se alza la iglesia de la Asunción de la Virgen—, Ezperun y Guerendiáin —en cuyas calles los vecinos han realizado una particular y mágica decoración con pequeños monumentos— a la vera del Canal de Navarra.

Tiebas: la urbe residencia real, y «maldita», de Teobaldo

Entraremos a la villa bajo la sombra de su castillo. Situado en la ladera, fue de suma importancia por su ubicación estratégica para el reino. Sus restos a duras penas reflejan la grandiosidad del tiempo en que fuera residencia real. La referencia documental más antigua que se conserva de Tiebas es la donación que Lope, prior de Roncesvalles, realizó a favor de Teobaldo II. De aquella época se conservan la iglesia románica dedicada a santa Eufemia y los vestigios de la atalaya, morada de Teobaldo I, el rey trovador, poeta y cantor de amores, oriundo de la Provenza francesa.

Castillo de Tiebas, la fortaleza maldita

Castillo maldito, la desgracia lo persigue desde que fue erigido. Fue destruido por primera vez por las tropas castellanas en 1378. Juan II de Aragón lo reconstruyó para donárselo a Juan de Beaumont en 1442, canciller del reino. En 1492 fue destruido de nuevo y más tarde reconstruido otra vez. Finalmente, fue arrasado en las guerras de Castilla.

Castillo de Teobaldo, de fama maldita, en Tiebas.

Iglesia de Santa Eufemia, los templarios *bafomets* y la tau

Construida en el siglo XIII sobre un santuario romano, bajo la advocación de santa Eufemia, pasa desapercibida, pero guarda en su interior claves y misterios. Templo gótico de una sola nave dividida en cinco tramos, con bóveda de cañón y ábside pentagonal con bóveda de estrella de cuatro nervios que se unen en una clave donde hallaremos el *Agnus Dei,* junto con los escudos de armas de Navarra y Teobaldo II. En el exterior, el pórtico está formado por arcos de medio punto que descansan en pilares, y la portada es de un arco apuntado con tres arquivoltas. En el interior, hallaremos capiteles labrados en forma de hojas de roble, labores de cuerda y rostros humanos, así como dos rostros humanos de ojos abiertos y cerrados que evocan al dios Jano. Atesora, además, una singular pila bautismal que tiene grabada una tau, la cruz utilizada por antonianos y templarios. El altar mayor está formado por sillares del castillo y restos de las columnas romanas del antiguo templo sobre el que se erige el santuario. Por último, en la sacristía, en una de las paredes, hay una fuente-pila bautismal en la que los vecinos del pueblo siguen realizando un ritual de paso con los recién nacidos durante los bautizos, así como para curar determinadas enfermedades. Se trata de una muestra de la unión de lo profano y lo sagrado.

Iglesia de Santa Eufemia -donde se guarda una pila bautismal con cruces templarias y una fuente en la sacristía escenario de rituales de paso- en Tiebas.

Saldremos de Tiebas por el sendero que bordea el campo de fútbol y desemboca en una carretera que baja hasta una rotonda, incorporación de la autopista. Cruzaremos por debajo del puente y giraremos a la izquierda, para después llegar a un pequeño túnel que salva la línea de ferrocarril, y entraremos en Muruarte de Reta. Dominando la villa se alza la gótica iglesia de San Esteban, del siglo XII. Frente al pórtico de cuatro arcadas de medio punto que protege la portada medieval hallaremos un crucero, rematado en cruz con Cristo crucificado y la Virgen.

Olcoz: la torre de linaje y el «pórtico espejo» de Eunate

Nuestro camino continuará en línea recta para alcanzar, a menos de dos kilómetros, la localidad de Olcoz, donde se alza la torre de linaje —en la que podremos visitar la exposición «Eunate-Olcoz: claves del Camino de Santiago»—, y la iglesia de San Miguel, que guarda en su fachada el «pórtico espejo» de Eunate.

Iglesia de San Miguel, el *lignum crucis* y el pórtico estelar gemelo de Eunate

Templo gótico del siglo XII, del que se conservan la torre y la portada, es de planta de cruz latina dividida en cuatro tramos, cubierta con bóveda de medio cañón con lunetos y bóveda de aristas, coro y cabecera recta. En su interior, se guardan y veneran un relicario de san Blas del siglo XVI, así como un *lignum crucis*, custodiado en un relicario de plata dorada en forma de cruz del siglo XVIII. En el exterior del templo, en la fachada del Evangelio, hallaremos un misterio cincelado en piedra, un pórtico, que originariamente pertenecía a la ermita de Eunate, conocido popularmente como «pórtico espejo» de Eunate, ya que son exactamente iguales, pero con las figuras en sentido inverso. La portada está marcada por la leyenda, que cuenta que fue tallada en una sola noche. Tanto en sus arquivoltas como en sus capiteles aparecen representaciones astronómicas, constelaciones, que guardan una simbología con los solsticios y equinoccios. El secreto aparece cuando juntamos las figuras de uno y otro pórtico; no solo son simétricas, sino, además, complementarias.

Iglesia de San Miguel —donde se encuentra el pórtico gemelo de la ermita de Eunate— en Olcoz.

Eunate: el templo de las «cien puertas»

Saldremos de Olcoz por un camino de tierra que nos lleva al valle del río Robo. Tras cruzar una pista agrícola, giraremos a la izquierda, cruzaremos una carretera, la que une Ucar y Tirapu, y recorreremos un paisaje cubierto por campos de cereal —verde en primavera, amarillo en verano— para llegar a Enériz. Atravesaremos el casco urbano, en cuyo centro se levanta la iglesia de Santo Domingo, y seguiremos por una pista agrícola, primero recto atravesando el valle de Valdizarbe, para girar a la derecha, y a través de un sendero arbolado, a la vera de un maizal, alcanzar un lugar emblemático y sorprendente, icono de la arquitectura mágica, de belleza y sobriedad extraordinaria, rodeado de leyenda, magia y misterio: la ermita de Nuestra Señora de Santa María de Eunate. Erigida en el siglo XII —de planta octogonal, igual a la del Santo Sepulcro de Jerusalén, con deambulatorio exterior, porticado y ábside pentagonal—, este templo es epicentro del misterio. Su nombre originario podría ser Onate o Unate, derivado del vascuence, que significaría «la puerta buena», aunque se ha traducido por «cien puertas» por la arquería que rodea el santuario. Fue construida sobre un antiguo templo romano dedicado al dios Jano, en un paraje marcado por fuerzas telúricas desde tiempos remotos. La bóveda está compuesta por ocho nervios que convergen de forma irregular en la clave central. La cúpula encierra un secreto. Los nervios están dispuestos como una rosa de los vientos de lo sagrado, indicando lugares de poder mágicos a lo largo del camino y la Península. Además, en su ábside pentagonal, el juego de nervios y columnas conforma un nuevo enigma pétreo. Sus trazados dejan ver la letra *teth* hebrea, la novena sefirá y la anksada egipcia. La ermita está edificada sobre un antiguo campo santo de peregrinos, cuyos constructores dejaron en él sus firmas con marcas de cantero de «Pata de Oca», «Roque» y otros símbolos de carácter iniciático. En el exterior, en su puerta principal, aparecen en las arquivoltas dos rostros barbudos: los célebres bafomets, que marcaban e informaban de la sacralidad del lugar.

La templaria ermita de Santa Maria de Eunate hito del Camino de Santiago.

Ermita de Santa María de Eunate, el octogonal templo de las «Cien Puertas», custodiado por los bafomet templarios en su portada, que guarda una cúpula que es un mapa pétreo.

Abandonaremos Eunate por un camino que sube hasta lo alto de una colina para luego descender hasta la carretera, donde tendremos la posibilidad de llegar a Puente la Reina (Gares) de dos formas; una, continuar recto, cruzar la carretera, atravesar el barranco de Muruzábal y, tras un fuerte repecho, llegar a Obanos y después a Puente la Reina. Dos, seguir por el lado izquierdo de la carretera directos hasta Puente la Reina.

Obanos: las reliquias —y mágica bendición— de san Guillermo

Conocida como la Villa de los Infanzones, llamada así por ser el lugar en el que, en el siglo XIII, se celebraron las juntas de infanzones, la unión de una pequeña nobleza de cinco comarcas que quería frenar los abusos de la Corona estableciendo un poder alternativo, que finalmente fue disuelta por Juana II y Felipe de Évreux. Villa desde el siglo XVII, atesora la atmósfera medieval en sus calles y casas —como las de Muzquiz, Zabalegui, Tximonco y Don Fidel— y el escenario de una popular leyenda de la ruta jacobea que cada mes de julio es escenificada por los vecinos: el *Misterio de Obanos.* Según la tradición, todo comenzó cuando el príncipe Guillermo de Aquitania asesinó a su hermana Felicia y, tras arrepentirse y peregrinar a Compostela, se quedó como ermitaño en el monte, hoy santuario de Arnotegui. Los restos de Felicia, hoy santa, fueron enterrados en la localidad de Amocáin, que se convirtió en epicentro de sucesos milagrosos. El santo, cuyas reliquias se guardan en un relicario con forma de cabeza, es protagonista de un particular y mágico ritual. Cada Jueves Santo se introduce agua y vino para que sean bendecidos y tomados por los vecinos.

Iglesia de San Juan Bautista, la Virgen Blanca y las reliquias de san Guillermo

Construida en el siglo XIV, fue reedificada en el siglo XX. Templo neogótico, de una sola nave dividida en cinco tramos, cubierta con bóvedas de crucería, capillas laterales, sin crucero y cabecera recta con bóveda estrellada. En el exterior conserva las portadas góticas, de arcos apuntados, enmarcadas en un pórtico de trece arquerías, rematado con crestería y pináculos. En su interior hallaremos la pila bautismal gótica, y se guarda y venera una talla románica de la Virgen Blanca del siglo XIII, así como el relicario con forma de cabeza con las reliquias de san Guillermo, también llamado Guillén, protagonista del ritual en el que se bendicen el agua y el vino, para después ser tomado por los vecinos cada Jueves Santo

ERMITA DE SAN SALVADOR

Ubicada a la salida de la villa, la tradición afirma que era el santuario donde se unían los peregrinos de Somport a Jaca con los de Saint-Jean-Pied-de-Port a Roncesvalles. Templo románico, de una sola planta dividida en tres tramos y cabecera recta con contrafuerte y arcos de ladrillo.

SANTUARIO DE ARNOTEGUI, EL EREMITORIO Y ERMITAÑOS DE SAN GUILLERMO

A dos kilómetros de la villa, en lo alto del monte Arnotegui, hallaremos el santuario, marcado por la leyenda, por el *Misterio de Obanos*. Este fue el lugar donde Guillén se asentó como ermitaño tras asesinar a su hermana Felicia y peregrinar a Compostela. Templo de una sola nave con techumbre de madera, con un pórtico de tres arcos de medio punto, al que se accede por una escalinata, rodeado por una muralla almenada, que le da un aspecto de fortaleza, y durante décadas fue custodiado por ermitaños.

Desde aquí, desde Obanos, dos kilometros nos separan de la templaria Puente la Reina (Gares), «donde los caminos se hacen uno».

12

EL CAMINO DESDE PUENTE LA REINA (GARES)

Donde los caminos se hacen uno: la serpiente y el Santo Grial

Puente la Reina y el templario Cristo de la Pata de Oca son el punto de inflexión, y epicentro, de la ruta jacobea. En esta villa se unen los dos ramales, el procedente de Roncesvalles y Jaca, navarro y aragonés, y todos los peregrinos, que vienen desde Europa. Aquí los caminos se hacen uno, y todos los caminantes, tras cruzar el esotérico puente sobre el río Arga, recorren la misma senda rumbo a Compostela y Finisterre. Continuamos el camino por tierras navarras. En el horizonte —entre las ondulaciones del terreno— aparecerán Mañeru, Cirauqui y Estella, la localidad donde cobran protagonismo insólitas luces que dan nombre a la villa, y su Virgen Negra del Puy, reminiscencia templaria de los cultos a la diosa madre, y el mensaje secreto de los gremios de constructores tallados en la piedra en templos como la iglesia de San Pedro de la Rúa. Después, el monasterio de Irache, que atesora sincréticas marcas de canteros, reliquias y tumbas de ilustres personajes, y la fuente del vino, que da fuerzas al peregrino para poder proseguir hasta Ázqueta —donde Pablito regala calabazas y bordones a los peregrinos desde hace décadas—; más tarde, Los Arcos, donde nos espera otra Virgen Negra, la de los ojos zarcos, en la iglesia de Santa María, que es además escenario de dos «milagros de la luz»; más tarde Torres del Río, marcada por la templaria iglesia del Santo Sepulcro, que alberga secretos mensajes labrados en sus muros y al Cristo de los Pies Largos, para proseguir por Bargota —el pueblo del popular nigromante-sacerdote Johannes, ilustre de la heterodoxia española—; para finalmente alcanzar la medieval urbe de Viana, en cuyas calles —entre casonas, mansiones palaciegas y templos— encontraremos reliquias y el recuerdo de crónicas brujeriles.

Etapa de Puente la Reina (Gares) a Estella (Lizarra) (22 kilómetros)

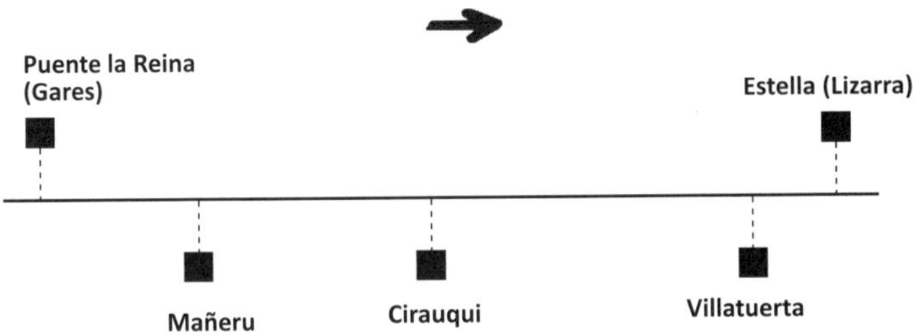

Albergues

Mañeru
Albergue El Cantero (privado)

Cirauqui
Albergue Casa Maralotx (privado)

Lorca
Albergue José Ramón (privado)

Villatuerta
Albergue La Casa Mágica (privado)

Estella (Lizarra)
Albergue de Peregrinos Municipal de Estella
Albergue de Peregrinos de la Parroquia de San Miguel
Albergue Hostería de Curtidores (privado)

Puente la Reina (Gares): la templaria Ponte Arga y el Cristo de la Pata de Oca

Referenciada desde el siglo IX, en tiempos de la reina Muniadona de Castilla, esposa de Sancho el Mayor, por su puente como paso de peregrinos, fue fundada oficialmente en el siglo XII por Alfonso I el Batallador. Este impulsó el asentamiento como eje y cruce del camino, bajo el nombre de Ponte Arga o Ponte Regia, le otorgó carta puebla, la repobló con francos y la donó a la Orden del Temple, cuyo primer comendador fue fray Grisón, que se comprometió a dar cobijo gratuito a los peregrinos *propter amorem Dei*. Extinguido el Temple, en el siglo XIV, las posesiones pasaron a los caballeros de la Orden de San Juan de Jerusalén. Su prior fue Juan de Beaumont, quien inició las obras del nuevo hospital de peregrinos junto a la iglesia del Cristo del Crucifijo, y quien además creó una hermandad en torno al Cristo de la Pata de Oca. Puente la Reina guarda la atmósfera medieval y jacobea en sus calles y plazas. Su diseño urbano —creado en torno a la empedrada calle Mayor, la rúa de los peregrinos, eje de la urbe— revela un curioso misterio: si buscamos en un plano su centro, lo localizaremos en la iglesia de Santiago, descubriendo así que la villa fue edificada de forma concéntrica alrededor del santuario, configurado como eje espiritual, además de geográfico, de la ciudad.

Cristo de la Pata de Oca en la Iglesia del Crucifijo de Puente la Reina (Gares).

Iglesia del Crucifijo, el Cristo de la Pata de Oca

Fue construida en el siglo xii, bajo la advocación de santa María de las Huertas, por la Orden del Temple. Templo románico, ampliado en gótico, de una sola nave dividida en cuatro tramos, bóvedas de cañón apuntado, arcos fajones, ábside semicircular con bóveda de horno y torre del siglo xvii. En el exterior, sobre la portada, se levanta un arco que se une a las paredes del antiguo monasterio, un arco del triunfo bajo el cual pasaban, y pasan, los peregrinos para entrar en la localidad. El pórtico es abocinado, de tres arquivoltas apuntadas sobre otras tantas columnas, donde hallaremos labrados diferentes escenas dedicadas a la lujuría y al pecado, así como lo que parece ser un templario bafomet, una efigie barbuda. En su interior, hallaremos numerosas cruces templarias, conserva pinturas góticas, y se guarda y venera una talla románica de la Virgen del siglo xiii, y el llamado Cristo de la Pata de Oca, una imagen del siglo xiv cuyos orígenes se sitúan en la región alemana de Renania, con peculiaridades que la hacen única y mágica. Y es que presenta una inexplicable postura sobre el tronco de madera —sin desbastar y labrar, con nudosidades y desgarros—, clavado con los brazos hacia arriba, en forma de Y, de pata de oca. Una Y que era uno de los símbolos de reconocimiento entre las hermandades y canteros medievales que trabajaban para la Orden del Temple. Un símbolo, además, que siglos más tarde llevaron como sambenito los agotes, uno de los considerados «pueblos malditos» en tierras navarras, especialistas en el trabajo de la madera.

Iglesia de Santiago, el apóstol negro, Santiago Beltza

Construida en el siglo xii en tiempos de García V Ramírez, el Restaurador, ampliada en el siglo xvi, sus dimensiones son catedralicias. Templo románico, de una sola nave dividida en tres tramos, con bóvedas estrelladas y nervios en abanico similares a palmeras de piedra, coro de sillería barroca, crucero, cabecera, claustro y sala capitular del siglo XVIII. Presenta dos características únicas en su portada. La primera: tiene un pórtico polibulado —con portada de medio punto abocinada y cinco arquivoltas sobre cinco columnas a cada lado con sus correspondientes capiteles—, de influjo islámico en España, similar y tallado antes de los que encontraremos posteriormente en la iglesia de San Pedro de la Rúa, en Estella, y la de San Román, en Cirauqui. La segunda: rostros humanos, de rasgos grotescos y angelicales, como final de columnas, que miran al peregrino antes de entrar al templo, la representación de la transformación de las sombras a la luz, del mal al bien, y donde, además, aparece un hombre clavando su espada a un león. En su interior, se guardan y veneran dos imágenes consideradas milagrosas e iconos jacobeos: la primera, la talla gótica de Santiago Beltza, el apóstol negro, de madera, del siglo XIV, que representa a Santiago peregrino con bordón. La segunda, la de la Virgen de la Soterraña, protectora del municipio, que llegó en el siglo XVIII traída a hombros desde Segovia por devotos vecinos. Y en el retablo mayor, más de treinta reliquias entre las que destaca la momia de san Plácido.

Iglesia de Santiago —en cuya portada, de influencia musulmana, aparecen rostros humanos de rasgos grotescos y angelicales— en Puente la Reina (Gares).

La momia de san Plácido, una de las treinta reliquias que se guardan en el retablo mayor de la Iglesia de Santiago en Puente la Reina (Gares).

El puente de los Peregrinos, el Ponte Arga y la Virgen del Txori

Hito del camino, fue construido en el siglo XI por doña Mayor, esposa del rey Sancho el Mayor. Tiene ciento diez metros de longitud, una anchura de cuatro metros y está soportado por seis arcos de medio punto —de veinte metros el mayor y diecisiete metros los restantes—, con ventanas en sus pilares. Antaño poseía dos torreones con puertas y cadenas para que la guarnición cerrara la ciudad por las noches en tiempos de guerra.

El Puente de los Peregrinos, hito del Camino de Santiago, que da nombre a Puente la Reina (Gares).

En el centro del puente había una hornacina con la talla de piedra de la Virgen del Puy, conocida como Txori, hoy en la iglesia de Santiago, que según la leyenda era visitada todos los días por un pajarillo que la limpiaba con su pico ante el asombro de todos y que evitaba cualquier accidente. No en vano, el día que la pequeña imagen fue trasladada de sitio, un hombre cayó del puente y falleció.

Abandonaremos la capital de Valdizarbe —donde los caminos se hacen uno— por el simbólico puente de los Peregrinos. Paso a paso, avanzaremos por su antiguo empedrado medieval, abrillantado por el sudor y los pasos de los caminantes a través de los siglos, para seguir la senda que discurre por el fondo del valle a través de una pista de tierra, al principio a la vera del río Arga —hasta el convento de las Comendadoras de Sancti Spiritus, del siglo XVII, erigido sobre uno anterior—, y después por continuos repechos rodeados de matorral mediterráneo y pinos.

Mañeru: cruceros medievales, cristos milagrosos y apariciones marianas

Un particular crucero —del siglo XVI, con un capitel con la imagen de un Cristo, la Virgen con Niño y un querubín— nos recibe y da la bienvenida al llegar a Mañeru, una villa donde se alzaba un templo romano en el siglo II, como avala la estatua del dios Mercurio hallada en la casa consistorial. Referenciada desde el siglo XII por Sancho VI el Sabio, antigua estación de monjes hospitalarios, bajo dominio de la Orden de San Juan de Jerusalén, guarda algunos misterios en la iglesia de San Pedro. Templo del siglo XVIII, erigido sobre uno anterior del siglo XVI, barroco, de planta de cruz latina, con tres naves con los brazos en exedra, portada neoclásica, en el que se guardan y veneran un conjunto de reliquias traídas de Santa María la Real de Nájera en el siglo XVII, y un Cristo, protagonista de diferentes prodigios relacionados con unas apariciones marianas a unas niñas de la población en los años treinta del siglo XX. Una localidad, además, señalada por un célebre caso de ovni. Ocurrió en febrero de 1976, y tuvo como protagonistas a un grupo de niños —llamados Natividad Salvador, Carmenchu Santesteban, Miguel Ángel Martínez, Javier Lizarri y Alfredo Arbeola— y a su profesora, Dorotea Apesteguía. Todos ellos pudieron observar la aparición en los cielos de un artefacto ovalado con una cúpula acristalada que aterrizó sobre el cercano monte de El Ristro y cómo salía de él una figura humanoide.

Iglesia de San Pedro en Mañeru.

Cirauqui: la senda imperial y el altar pagano de san Román

El camino continúa por tramos de la vieja calzada romana, vestigio de la ruta imperial, el itinerario medieval original. Tras dejar atrás las ruinas del hospital de Bargota, escondidas entre la maleza, el sendero serpentea por campos de vides, olivos y almendros para sortear un barranco hasta Cirauqui. Ubicada en la cima de una colina, es una de las villas referentes del tramo jacobeo navarro. Contaba Aymeric Picaud en el *Codex Calixtinus* que aquí, junto al río Salado, los bandidos se apostaban para envenenar el agua y hacerse así con las monturas y animales de los peregrinos. Originariamente emplazada en un cerro, construida en círculos concéntricos en torno al monte, sobre un enclave telúrico, fue trasladada a la llanura para ser eje de los caminantes. En sus intrincadas calles salen al paso casonas con escudos nobles. Atravesaremos sus murallas e impresionantes arcos-puertas, como el de la calle Portal, del siglo XIII, la romboidal plaza Mayor, los soportales de la casa consistorial, parte del camino, hasta sus dos espectaculares y fascinantes iglesias, la de San Román, del siglo XII, de secretos tallados en la piedra, y la de Santa Catalina, del siglo XIII, levantadas sobre antiguos lugares de poder y donde estuvieron presentes los caballeros templarios.

Murallas-Puertas de Cirauqui.

Iglesia de San Román, el ara romana y el arte simbólico

Construida en el siglo XIII, bajo el reinado de Sancho VI el Fuerte, edificada sobre un santuario romano, atesora influencias orientales, y similares características arquitectónicas y escultóricas que las iglesias de San Pedro de la Rúa en Estella y la iglesia de Santiago en Puente la Reina, todas ellas vinculadas a la Orden del Temple y al mismo gremio de constructores. Se trata de un templo románico de planta rectangular, originariamente de una sola nave, ampliada a tres, dividida en cuatro tramos, coro —manierista, de once sillas, del siglo XVI—, ábside semicircular y torre, con ventanas geminadas de arcos apuntados. La portada está formada por un gran arco apuntado abocinado, con ocho arquivoltas, un arco lobulado con arquillos de herradura de influencia musulmana y un crismón en la clave. En su interior, se guarda y venera una talla gótica de san Román del siglo XIII, así como un ara romana, procedente del templo romano, que durante mucho tiempo estuvo bajo el altar mayor, con la inscripción: «T(e) Rent (I)VS MAR/TIALIS, (L) Osae/V/(Otum) L (IBENS) S (OLVIT)».

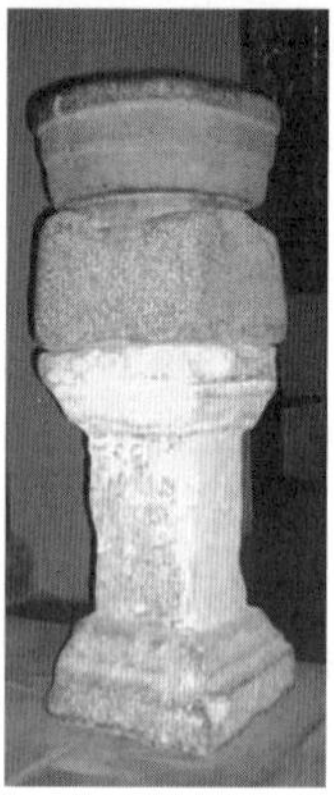

Iglesia de San Román —erigida sobre un santuario romano del que se conserva el ara en el interior del templo— en Cirauqui.

Saldremos de Cirauqui por la calzada romana de Iguste y escoltados por filas de cipreses. Atravesaremos el puente romano —de ocho metros de longitud y un solo arco de medio punto— y superaremos la autovía por un paso inferior. El camino se convierte primero en pista, después en una senda, hasta cruzar el puente medieval de Dorrondea. Pasaremos el despoblado de Urbe, luego Alloz, y cruzaremos el río Salado por el puente del camino Real, del siglo XII, de dos arcos ojivales, treinta metros de longitud y tres metros de ancho. La ruta atraviesa Lorca, la antigua Al-Aurque morisca —que significa «batalla»—, por el valle de Yerri, bordeando un robledal por la Cañada Real de Tauste y la sierra de Andía, para alcanzar Villatuerta.

Villatuerta: los milagros de san Veremundo y la Orden de San Juan

Tras rebasar una zona de viviendas unifamiliares y cruzar el puente medieval del siglo XIII que salva el río Iranzu —que divide en dos la localidad—, entraremos en la villa, que contaba desde el siglo XI con un hospital monasterio para peregrinos, el de San Miguel, referenciado en tiempos de Sancho Garcés IV, el de Peñalén. La historia de la villa, que estuvo bajo dominio de la Orden de San Juan de Jerusalén, está marcada por uno de los grandes personajes, hombre prodigioso e iniciado, del camino: san Veremundo, nombrado por la Iglesia protector de los caminantes y patrón del Camino de Santiago a su paso por Navarra. Nació en el año 1020 y siendo muy joven entró al monasterio de Irache, del que fue prior a los treinta y tres años. Allí se hizo popular por sus milagros. Como cuenta la tradición, recogía comida para los peregrinos que llamaban al convento, y un día, sorprendido por el abad con los faldones llenos de alimentos, mintió piadosamente asegurando llevar flores, momento en el que de sus hábitos cayeron decenas de rosas. Además de «hombre milagro», es uno de los responsables de la edificación y vertebración del camino, vinculado a tres dinastías reales: fue confesor de García el de Nájera, amigo de Sancho el de Peñalén —a quien regaló una espada para la guerra—, y asesoró a Sancho Ramírez para la repoblación de Estella con francos. Canonizado un siglo después de su muerte, sus restos se guardan y veneran durante cinco años en la iglesia parroquial, y durante otros cinco años en la villa de Arellano, que también se disputa ser ciudad natal del santo.

Iglesia de la Asunción, las reliquias de san Veremundo

Erigida en el siglo XIII, reconstruida en el siglo XIV, fue ampliada en los siglos XVI y XVII. Templo románico y gótico, de planta rectangular, una sola nave dividida en tres tramos, cubierta con bóvedas de cañón y de crucería, cabecera pentagonal y torre. En el exterior está soportada por doce grandes contrafuertes prismáticos con saeteras que le dan aspecto de fortaleza. En la fachada de la epístola encontraremos la portada románica procedente de la ermita de San Román. Protegida por un pórtico barroco, la portada principal, en el lado del evangelio, es gótica, de arco apuntado y seis arquivoltas, en cuyas claves aparecen ángeles con los símbolos de la Pasión. En su interior, hallaremos pinturas murales medievales, y en la sacristía, dos tablas de madera procedentes de la ermita de San Miguel Arcángel —en una de ellas aparece san Miguel luchando contra los demonios, y en la otra un arcángel pesando las almas—, y la arqueta que contiene las reliquias de san Veremundo.

Al salir de Villatuerta, pasaremos junto a la ermita de San Miguel Arcángel. Referenciada en el siglo XI, en tiempos de Sancho IV Garcés, el de Peñalén, poseía en sus muros relieves prerrománicos con figuras de animales y antropomorfas, en la actualidad en el Museo de Navarra. Tras una larga senda de repechos, de subidas y bajadas, llegaremos a Estella. Esta ilustre villa jacobea en tierras navarras, enclavada en un paraje mágico, marcado por el agua y las corrientes telúricas, está habitada desde tiempos remotos y fue encomienda templaria, de la que decía Aymeric Picaud en el *Codex Calixtinus* que era: «Fértil en buen pan y excelente vino, así como carne y pescado, abastecida de todo tipo de bienes».

Estella: luces populares, secretos de maestros canteros y la Virgen Negra del Puy

Entraremos en la ciudad por la misma calle por la que lo hacían los peregrinos medievales, la rúa de los Curtidores, anteriormente rúa de Peregrinos, en el barrio de la Judería. Urbe cargada de magia y misterios, repleta de simbología, de mensajes escondidos, fue escenario de episodios celestiales, empezando por el prodigioso descubrimiento de su Virgen Negra del Puy, patrona de la población, hermana de la francesa Virgen Negra de Le Puy. Y es que, según la leyenda, la ciudad y su nombre tienen su origen en la aparición en el cielo de unas misteriosas luces por las que se halló la talla virginal, suceso prodigioso que ha quedado reflejado en su escudo.

Etapa de Estella (Lizarra) a Los Arcos (24 kilómetros)

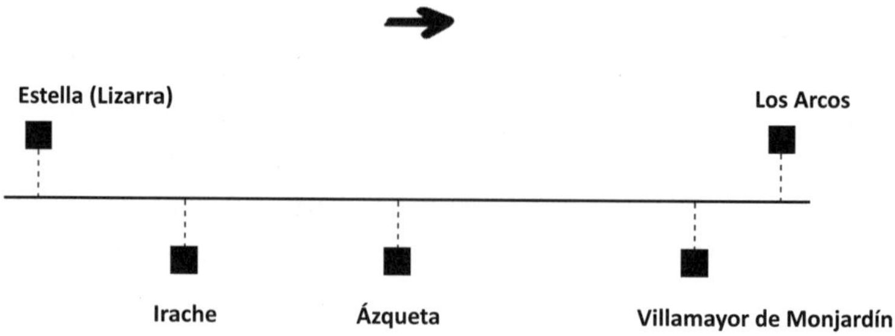

Albergues

Villamayor de Monjardín
Albergue Hogar de Monjardín (privado)
Albergue Villamayor de Monjardín (privado)

Los Arcos
Albergue de Peregrinos Municipal Isaac Santiago
Albergue La Casa de la Abuela (privado)
Albergue La Fuente-Casa de Austria (privado)

Estella: luces populares, secretos de maestros canteros y la Virgen Negra del Puy

Estella, la capital de la merindad, ubicada a orillas del río Ega, es misterio. Originariamente conocida como Lizarra, su actual nombre está relacionado con la prodigiosa aparición de unas luminarias que hicieron posible descubrir a unos pastores una Virgen Negra, idéntica a la gala y negra Notre Dame du Puy, que se guarda y venera en la ciudad, de la que es copatrona. De este suceso portentoso ha quedado huella en su escudo, formado por una estrella. Estrella de ocho puntas vinculada también a la alquimia y a los alquimistas. Fue fundada en el siglo XI por Sancho Ramírez, quien amplió un asentamiento de francos y judíos, le otorgó fueros y convirtió la villa en eslabón jacobeo para los *concheiros*. Vinculada y erigida por caballeros templarios, estaba formada por los burgos de San Miguel y de San Juan, a los que después se les sumó el de Arenal, con murallas independientes —que separaban las colonias francesas y judías—, de las que ha quedado huella en el puente gótico del Azucarero, el románico de la Cárcel y la puerta medieval de Castilla. Urbe unificada en el siglo XIII, llegó a albergar cinco hospitales para peregrinos: los de Santa María, San Pedro, San Millán, San Salvador y San Juan. En el entramado de las calles y plazuelas no solo encontraremos historia y arte, sino además claves secretas y «huellas» mágicas, empezando por su diseño urbano. Es idéntico al de la urbe francesa de Le Puy. Si superponemos un mapa de ambas poblaciones, Le Puy y Estella, tomando como eje el templo de su Virgen Negra, su ubicación geográfica es idéntica. Ambas están construidas entre valles y junto a un río. Y ambas cuentan con una iglesia dedicada a san Miguel, en los dos casos ubicada en lo alto de un monte. Le Puy y Estella fueron concebidas como un juego de espejos. Las coincidencias no acaban aquí. Ambas tuvieron una industria agrícola basada en una planta, el zumaque. Una conexión nada casual teniendo en cuenta la existencia de una hermandad y gremios de origen franco antes de su fundación oficial. De hecho, hasta el siglo XIV los vecinos de la villa hablaban provenzal. Cuando recorramos la rúa Mayor de la que fue llamada «Estella la bella» en el siglo xv, el itinerario original jacobeo, de orientación solar, de este a oeste, hallaremos la iglesia del Santo Sepulcro, el palacio de los Reyes, la iglesia de San Pedro de la Rúa, la iglesia de Santiago, la iglesia de San Juan y la basílica de la Virgen.

Estella (Lizarra), la ciudad alquímica, cuyos orígenes están marcados por la milagrosa aparición de negra Virgen del Puy y unas misteriosas luces en los cielos, reflejadas en su escudo y el Monumento al Auroro.

Palacio de los Reyes de Navarra, el combate de Roldán y Ferragut

Conocido como palacio de los duques de Granada de Ega, es el único edificio románico civil existente en tierras navarras, siendo hoy sede del Museo Gustavo de Maeztu, dedicado a la pintura moderna. Construido en el siglo XII, en sus muros hallaremos talladas leyendas jacobeas. La fachada -articulada en tres cuerpos y dos torreones, con galería de cuatro arcos de medio punto y cuatro ventanales, divididos por arquillos- está enmarcada por dos columnas con capiteles -dos vegetales y dos historiados-, en los que aparece la fábula del burro tañendo el arpa que escucha un león, dos avaros de cuyos cuellos cuelgan bolsas de dinero y caminan hacia su castigo cogidos por un cepo, condenados que se queman en una caldera vigilada por cuatro diablos y el combate entre Roldán y el gigante Ferragut, que cae herido de muerte por un lanzazo en el ombligo, su punto débil, recuerdo de la épica francesa que intentaba avalar los orígenes puros de la dinastía carolingia y relacionar al emperador Carlomagno con la ruta jacobea.

Iglesia de San Pedro de la Rúa, las columnas «serpientes» y tumbas milagrosas

Encaramada en un alto de un encrespado cerro, dominando la ciudad, fue construida en el siglo XII por el rey García Ramírez. Su imponente y sólida torre de planta rectangular le da aspecto de fortaleza militar, reforzado por saeteras. La portada, del siglo XIII, atesora arcos lobulados de influencia árabe y rica ornamentación vegetal, geométrica y figurativa. En el frontispicio aparece la Virgen Negra del Puy bajo la inscripción: «Esta es la estrella que bajó del cielo a Estella para reparo de ella». Su claustro, románico, del siglo XII, parcialmente destruido en el siglo XVI, conserva las galerías originales norte y oeste, en las que trabajó el mismo gremio de canteros que en la iglesia de Santiago de Puente la Reina (Gares) y la iglesia de San Román de Cirauqui. Antiguo cementerio de peregrinos, de planta cuadrada, posee arquerías de medio punto, nueve por banda, apoyadas en parejas dobles, con capiteles donde se representan escenas de santos, de la vida de Cristo, motivos vegetales y animales fantásticos, como arpías. Y un guiño, «señal mágica», de los gremios de constructores, que también se halla en Burgo de Osma y Santo Domingo de Silos: una sorprendente columna serpenteante, formada por cuatro columnas entrelazadas, retorcida sobre sí misma, que marca el lugar como mágico y sagrado. No es la única columna «mágica».

Iglesia de San Pedro de la Rúa -con portada de arcos lobulados y capiteles tallados con animales fantásticos y singulares marcas de cantero, entre ellas la firma del maestro constructor- en Estella (Lizarra).

En el interior del santuario, junto al altar mayor, hay otra, legado de uno de los últimos canteros españoles del siglo XIX y que está formada por tres serpientes enroscadas en eterna ascensión. En el claustro, además, hallaremos tumbas medievales señaladas por el misterio, entre ellas, la tumba del infante Teobaldico, sobrino de Teobaldo II, y que murió a los nueve meses de edad al caer de los brazos de su nodriza por las almenas del castillo, una muerte precoz con la que se extinguió la dinastía. Y la milagrosa tumba del obispo de Patrás. Según la leyenda, la aparición de una insólita luminaria permitió descubrir la sepultura —y la identidad— del religioso griego que, en su peregrinaje a Compostela, falleció en Estella, en el anonimato. Con el hallazgo de sus restos comenzó su veneración y culto, en un nuevo mausoleo-capilla, junto a la reliquia de san Andrés que llevaba consigo. En el interior del templo destacan una pila bautismal del siglo XIII en la que está representado el árbol de la vida, y se guarda y venera una románica imagen de la Virgen de Belén, y un crucifijo del siglo XIII, de tradición milagrosa, que según la leyenda un judío arrojó al río Ega, cuya corriente remontó la talla hasta la iglesia del Santo Sepulcro, donde fue recogida. En el muro sur aparecen varias estelas funerarias romanas, incorporadas a los sillares, decoradas con dos arquivoltas de medio punto con un pájaro y una estrella de seis puntas inscrita en un círculo, flanqueados por dos candelabros y un ave.

La Columna de las Serpientes —en el altar mayor— y la Columna Torsa —en el claustro— de la iglesia de San Pedro de la Rúa en Estella (Lizarra).

Iglesia de San Miguel, los ancianos músicos del Apocalipsis y el Juicio Final

Ubicada en un escarpe rocoso llamado La Mota, fue construida en el siglo XII, en el burgo donde convivían francos y navarros. Templo románico, de tres ábsides con tres ventanas de arcos apuntados, capiteles historiados y estilizadas columnas, atesora dos portadas, la sur, del siglo XIII, en cuyas arquivoltas aparecen capiteles con temas vegetales y rostros humanos, y la norte, que atesora setenta esculturas talladas en la piedra y el escudo de Navarra anterior a las Navas de Tolosa, emblema heráldico con rubíes, piedra emblemática de los Champaña, que representaba los ojos del basilisco, el animal mítico que personificaba a san Miguel y el arte de la alquimia. Las piedras preciosas se mantuvieron en el escudo hasta el siglo XVII, cuando se cambiaron por las cadenas actuales. Y, además, encontraremos a Cristo en Majestad, rodeado por el tetramorfos, los símbolos de los cuatro evangelistas, la Virgen y san Juan, como intercesores del Juicio Final. Y en las ménsulas, un león tragándose a una persona, otro enfrentado devolviéndola, el ciclo de la infancia de Cristo, los veinticuatro ancianos músicos del Apocalipsis, la lucha de san Miguel contra el dragón y las tres Marías frente al sepulcro vacío de Jesús. Junto al templo, donde se encontraba el cementerio, se levanta la capilla de San Jorge, gótica, del siglo XIV, de aspecto militar, que conserva una talla en madera de san Jorge a caballo matando a un dragón alado, de estilo gótico flamenco.

Iglesia del Santo Sepulcro, la tridimensionalidad de la Última Cena

Construida en el siglo XII, vinculada a la Cofradía del Santo Sepulcro, ampliada en el siglo XIV, fue terminada en el siglo XVI. Templo románico y gótico, conserva el ábside -de planta circular con arco apuntado-, pórtico abocinado, polilobulado, la portada se sustenta sobre trece columnas y atesora doce arquivoltas y capiteles vegetales y zoomórficos. La parte superior tiene una galería con doce arquillos trilobulados y hornacinas con los apóstoles. El tímpano aparece dividido en tres bloques. En el superior aparece Jesús crucificado, flanqueado por el soldado Longinos y su lanza —considerado un objeto de poder—, María y San Juan, y en los extremos los ladrones. En la parte central se representan la visita al sepulcro de Jesús, el descenso de Jesús a los infiernos y la aparición de Cristo resucitado a la Magdalena. El bloque inferior esta ocupado por la representación de la última Cena, que fascina por la simetría de los personajes y la peculiar disposición en la mesa, alterando la perspectiva del observador. En el dintel, además hallaremos, dos bustos, identificados como judíos, así como dos imágenes; la de Santiago, con hábito de peregrino, y la de san Martín de Tours, vestido de obispo, bendiciendo.

La templaria iglesia del Santo Sepulcro en Estella (Lizarra).

Iglesia de Santa María Jus del Castillo, Centro de Interpretación del Románico

Construida en el siglo XII por el rey García el Restaurador en el solar donde encontraba la antigua sinagoga, al pie del antiguo Castillo de Zalatambor, fue donada la catedral de Pamplona. Templo románico, de una sola nave dividida en tres tramos y ábside, mantuvo el culto hasta el siglo XVII. Durante décadas cerrada —solo abierta para la celebración de la festividad de Santa Lucía—, es sede del Centro de Interpretación del Románico y del Camino de Santiago, para lo que se ha reconstruido la puerta de Santa María, una de las nueve que tuvo la muralla medieval de la ciudad.

Basílica de la Virgen Negra del Puy, el culto a la diosa madre

Erigida sobre un alto, en el mismo lugar donde se produjo el hallazgo milagroso de la Virgen Negra del Puy por unos pastores tras contemplar unas misteriosas luces en los cielos, el moderno santuario fue construido por Víctor Eusa en 1921. La primera ermita fue levantada por Sancho Ramírez, posteriormente se edificó una iglesia barroca, de la que hoy se conservan algunos elementos en el pórtico de entrada y el patio que le precede. Una larga escalinata da acceso al templo, que tiene uno de los espacios más simbólicos de la arquitectura moderna: de planta estrellada, elemento que se repite constantemente en la decoración y mobiliario, recrea un intenso efecto luminoso con numerosos ventanales, recordando el prodigioso suceso. En su interior se guarda y venera la aparecida Virgen Negra del Puy, talla del siglo XIII, gótica, de madera policromada, forrada de plata, con una corona dorada y una media luna a los pies, copatrona de la villa junto a san Andrés desde que, en el siglo XVII, de nuevo, se apareciera a los estelleses que combatían en la defensa de Fuenterrabía.

Virgen Negra del Puy, patrona de Estella (Lizarra), hallada de forma prodigiosa tras la aparición de unas misteriosas luces en el cielo,

IRACHE: LA FUENTE DEL VINO Y EL PRIMER HOSPITAL DE PEREGRINOS NAVARRO

Tras dejar Estella, el camino sube por Montejurra y nos conduce a unas bodegas y a una fuente muy particular. El lugar es parada obligada en el camino del siglo XXI. Se trata de la única fuente del mundo de la que brota vino, además de agua. Es la fuente del vino de Irache, que rememora la costumbre de los monjes medievales que daban vino a los peregrinos cuando llegaban a los monasterios-hospitales. Desde aquí, y a escasa distancia, nos encontraremos con el monasterio de Irache.

La fuente del vino -la única del mundo que da agua y vino- y las reliquias de san Veremundo en el Monasterio de Irache.

MONASTERIO DE IRACHE, RELIQUIAS, MARCAS DE CANTERO, ARQUITECTURA MÁGICA

Su nombre significa «lugar de helechos», lo que revela ya su relación pagana. De orígenes visigóticos, las primeras noticias del cenobio datan del año 958. García Sánchez III el de Nájera construyó y fundó aquí el primer hospital de peregrinos de Navarra, en 1052. El templo está señalado por la figura de san Veremundo: santo iniciado, abad del monasterio, hombre milagro, que llegó a ser asesor de tres monarcas durante la expansión del cristianismo y la vertebración del camino. De él cuenta la leyenda, como comentamos anteriormente, que llevaba alimentos a escondidas a los peregrinos que paraban en el hospital en contra de las órdenes de la congregación, y siempre que era sorprendido por los hermanos, los alimentos se convertían en flores. La iglesia, del siglo XII, edificada sobre un templo anterior, es de estilo gótico, con planta de cruz latina, tres naves dividas en tres tramos, cubiertas con bóvedas de crucería, separadas por pilares cruciformes con capiteles historiados, ábsides románicos y una gran cúpula con cimborrio octogonal. Presenta influencias inspiradas en Santo Domingo de la Calzada y medidas similares a Santa María la Real de Sangüesa. Atesora dos portadas románicas del siglo XII. La norte, llamada de San Pedro, está formada por cinco arquivoltas en la que aparecen jinetes, centauros, arpías y el sueño de san Martín dando su capa a un pobre, junto a un crismón. En el interior se guardaba y veneraba la Virgen de Irache, talla románica del siglo XII, de madera recubierta con plata, salvo las manos y los pies, hoy custodiada en la iglesia de la localidad de Dicastillo. Posee dos claustros: el nuevo, del siglo XVII, en la parte norte, y el viejo, en la parte sur, del siglo XVI, de estilo plateresco, con una peculiaridad arquitectónica-histórica: la zona norte fue construida antes del Concilio de Trento, y la norte y noroeste, después del cónclave. De ahí que la mitad del claustro, el preconciliar, muestre capiteles con desnudos, y la otra mitad, el posconciliar, solo escenas piadosas religiosas. El monasterio fue desde 1544 sede del Colegio de Artes y Universidad Pontificia en 1616 de la mano del papa Paulo V, confirmada por el rey Felipe IV, con imprenta propia y cinco facultades: Teología, Filosofía, Derecho Canónigo, Derecho Civil y Medicina.

Ázqueta: la fuente de los Moros y Pablito, el hacedor de los bordones del camino

El camino prosigue por una verde y arbolada quebrada para llegar a Ázqueta, a orillas de un afluente del Ega, donde vive uno de los personajes ilustres del camino. Pablito, más conocido como «Pablito el de las varas», lleva más de treinta años regalando calabazas y bordones a los peregrinos, eligiendo maderas, tallándolas, dejándolas secar, seleccionando calabazas y vaciándolas. Tres décadas preparando y confeccionando los símbolos del camino. Y más aún, enseñando a caminar con el bordón, explicando su historia, su simbolismo, así como el de la calabaza, a todos los que hasta su casa se acercan. Al salir del pueblo y antes de llegar a Villamayor, por una senda siempre en ascensión, encontraremos la gótica fuente de los Moros, antigua parada y fonda de los peregrinos medievales, construida en el año 1200, protegida por un doble arco y una empinada escalinata hasta donde brota el agua, por debajo del nivel del suelo.

Pablito, «el de las varas» —una vida regalando calabazas, conchas y bordones, enseñando a caminar con ellos a los peregrinos— en Ázqueta.

VILLAMAYOR DE MONJARDÍN: LAS LEYENDAS CAROLINGIAS DEL «MONTE DE GRACIA»

Su nombre deriva de *more grasini* o *mons gasreara,* traducido como «monte de gracia». Antiguo lugar de poder, formó parte de los territorios musulmanes recuperados en el siglo X por Sancho Garcés I. Su historia está ligada al castillo de San Esteban de Deyo, erigido en lo alto del cerro junto a la atalaya de los Banu Qasi por el monarca, y donde según la tradición se encontraban su tumba y la de sus hijos. Fortaleza siempre anhelada, después dominio de Sancho VII el Fuerte y Teobaldo I, en el siglo XIII, de ella solo quedan algunos restos de los muros, el aljibe y la torre del homenaje. La villa está marcada por la leyenda carolingia recogida en la *Crónica de Turpín,* que cuenta que aquí Carlomagno se enfrentó al adalid navarro Furré. El emperador supo, por inspiración divina, que en la batalla iban a morir ciento cincuenta hombres. Para salvar sus vidas, decidió dejar ese número de soldados en el campamento. Sin embargo, a su regreso de la batalla, tras la triunfal contienda que ganó con ayuda de los ángeles, descubrió que todos habían desaparecido.

Iglesia de San Andrés —que atesora en su portada el «crismón de la serpiente»— en Villamayor de Monjardín.

IGLESIA DE SAN ANDRÉS, EL «CRISMÓN DE LA SERPIENTE»

Templo del siglo XII, de estilo románico, posee una sola nave dividida en dos tramos, con arcos fajones apuntados, bóveda de cañón y amplia cabecera, con columnas de capiteles vegetales y bóveda de horno. La portada, formada por arquivoltas, jambas y capiteles tallados con motivos vegetales y figurativos, atesora numerosas marcas de cantero y la representación de la legendaria batalla entre dos caballeros, Carlomagno y un príncipe navarro. Sobre ella, encontraremos un crismón que alberga en su centro una serpiente, símbolo de las fuerzas telúricas y el conocimiento, que marca el carácter mágico y sagrado del lugar. En el interior se guarda y venera una cruz procesional de plata del siglo XII, de tradición milagrosa, asociada al monarca Sancho

Garcés. Y en la sacristía, diferentes piezas de orfebrería del siglo XVII y relicarios.

Tras salir de Villamayor de Monjardín, el camino discurre por una pista forestal que bordea la montaña donde se hallaban el llamado Corral Santo y el antiguo emplazamiento de Cogullo. Giraremos en ángulo recto y recorreremos la vaguada por una estrecha senda escoltada por pinos. Atravesaremos el barranco de Cardiel, entre juncos y carrizo, campos de cereales y parcelas de olivos, para acabar alcanzando Los Arcos.

Etapa de Los Arcos a Viana (20 kilómetros)

Albergues

Sansol
Albergue Sansol (privado)
Albergue Codes (privado)

Torres del Río
Albergue La Pata de Oca (privado)
Albergue Casa Mariela (privado)
Parada y Fonda: Casita Lucía de Pepe

Viana
Albergue de Peregrinos Municipal Andrés Muñoz
Albergue de Peregrinos de la Parroquia de Santa María

Los Arcos: la Virgen Negra de los ojos zarcos y los «milagros de la luz»

Rodeada por campos de cereales, entraremos a la población por la calle Mayor. Referenciada desde el siglo XII como Cornoria de illos Arcos, justo a la entrada una fuente nos recuerda lo que afirmó Aymeric Picaud en el *Codex Calixtinus* sobre ella, que *«Urancia que dicitur Arcus»* era la ciudad «del buen agua». Sus orígenes se pierden en el tiempo, como muestran los yacimientos arqueológicos de la zona. Morada y lugar sagrado desde la Edad del Hierro, asentamiento de la tribu de los vascones, era conocida en época romana como Curnorium. Fue fundada en el siglo XI por el rey Sancho Garcés IV —sobre el poblado de Santa Olalla y su castillo—, tras la batalla de Valdegón, de donde viene su nombre, según la leyenda porque el monarca tensó un arco agradecido por la victoria. Repoblada con francos, Sancho VI el Sabio le otorgó fueros a la villa, ubicada a orillas del río Odrón. Tuvo asiento en las Cortes de Navarra, y en ella vivió Carlos III el Noble. Llegó a contar con tres hospitales de peregrinos: el de Santa María de Roitegui, Santa Brígida y San Lázaro. Conserva su casco urbano medieval, en el que sobresale la casa consistorial, así como restos de sus murallas y puertas, como las del Estanco, San José y Castilla. La rúa de los peregrinos atraviesa toda la localidad hasta la iglesia de Santa María, que esconde nuevos secretos y claves mágicas en su Virgen Negra, y donde el misterio se hace realidad, cobra vida y forma cada año en el «milagro de la luz».

Iglesia de Santa María de la Asunción —escenario del «milagro de la luz», el fenómeno de la luz equinoccial— en Los Arcos.

IGLESIA DE SANTA MARÍA DE LA ASUNCIÓN, LA VIRGEN NEGRA Y LOS «MILAGROS DE LA LUZ»

Templo del siglo XII, ampliado hasta el siglo XVIII, de estilo románico y gótico, con planta de cruz latina, una sola nave, yeserías, con pinturas renacentistas y barrocas en sus muros, coro manierista elevado de veintitrés asientos, claustro y torre octogonal, de cuatro cuerpos y vanos cerrados, considerado una obra maestra del Renacimiento. En la portada y el pórtico, de estilo plateresco, entre grandes arcadas y tracería flamígera, junto a las tallas de san Pedro y san Pablo, aparece una imagen de la Virgen con el Niño, rodeada por querubines y ángeles. En su interior se guarda y venera la Virgen Negra de Santa María la Real, llamada «Virgen Negra de los Ojos de Zarcos», talla gótica, de madera policromada, del siglo XIII, reminiscencia de una anterior románica que se custodiaba en la primitiva iglesia. El santuario, además, es escenario de dos «milagros de la luz», dos fechas en las que se produce el fenómeno de la luz equinoccial. El primero, entre el 23 de abril y el 16 de agosto, cuando el sol del atardecer ilumina el rostro de la Virgen de la portada. El segundo, el 15 de junio, cuando al atardecer los rayos de sol se cuelan por un rosetón para iluminar la talla de la Virgen Negra en el altar mayor. Estos fenómenos luminosos-astronómico-arquitectónicos marcan no solo fechas y ceremonias, sino también la conexión cósmica del templo, señalándolo como lugar de poder.

Virgen Negra de Santa María, conocida como Virgen Negra de los Ojos de Zarcos, de tradición milagrosa, en la iglesia de Santa María de la Asunción de Los Arcos.

SANSOL: TRAS LAS HUELLAS DE SAN ZOILO

Abandonaremos Los Arcos por la puerta de Castilla, situada entre la iglesia y el río Odrón. Tomaremos un sendero que avanza entre olivos y chopos, y, tras cruzar el puente del Vado, llegaremos a Sansol. Referenciada desde el siglo XII, en tiempos de Sancho VI el Sabio, y donde el *Codex Calixtinus* indicaba la existencia de un gran hospital de peregrinos, debe su nombre a su patrón, san Zoilo, venerado en el santuario parroquial. En sus calles se alzan casonas señoriales barrocas y la iglesia de San Zoilo, edificada en el siglo XVIII sobre una anterior del siglo XVI, barroca, de planta de cruz latina, con una sola nave dividida en tres tramos, bóvedas de arista, en la que se guardan y veneran una talla gótica de san Pedro del siglo XIII, y las reliquias de san Cornelio, san Valentín y san Zenón en relicarios del siglo XVII.

Sansol, referenciada en el *Codex Calixtinus*, y la iglesia de San Zoilo.

TORRES DEL RÍO: LA OCTOGONAL IGLESIA DEL SANTO SEPULCRO

Después de Sansol —siguiendo el camino del Cerrillo— la senda pedregosa prosigue hasta Torres del Río, escondida en un alto, en un paraje pintoresco. Tras pasar un túnel subterráneo y adentrarnos por su ascendente e irregular trazado urbano, aparecerá ante el caminante la octogonal, y sorprendente, iglesia del Santo Sepulcro.

La villa, también llamada Torres de Sansol, tiene sus orígenes en un campamento y villa romana, citada con el paso de los suevos por la Península en el siglo V. Fue Sancho Garcés quien recuperó la población de los musulmanes y la entregó a la Orden del Temple, época de la que proviene su nombre, debido a las cinco casas fuertes con torre que albergaba, y que tras la disolución de los templarios pasó a manos de la Orden del Santo Sepulcro. En 1109 tenía un monasterio que fue donado por don Jimeno Galíndez a Irache. Referenciada por Aymeric Picaud en el *Codex Calixtinus* por las «aguas venenosas» de su río, y más tarde, en el siglo XIV, por el peregrino Geofroi de Buletot en su obra *Dietario íntimo,* atesora en sus estrechas y empinadas calles numerosas casas nobles con escudos nobiliarios y un hito de la arquitectura mágica, un lugar de secretos marcado por lo mágico y sagrado, «linterna de muertos»: la octogonal iglesia del Santo Sepulcro.

La octogonal iglesia del Santo Sepulcro —llamada «linterna de los muertos», vinculada a la Orden del Temple, después a la Orden del Santo Sepulcro, y su cúpula de estrella— de Torres del Río.

IGLESIA DEL SANTO SEPULCRO, LA MÁGICA Y OCTOGONAL CÚPULA ESTRELLADA

Construida en el siglo XII, atribuida «oficialmente» a la Orden del Santo Sepulcro, ya que su último prior, Santiago de Ábalos, murió aquí, lo cierto es que anteriormente fue sede de la Orden del Temple. Santuario de símbolos y claves secretas por desvelar, la primera de ellas es su planta octogonal, igual a la de la ermita de Eunate. El exterior consta de tres tramos superpuestos separados por molduras y flanqueados por columnas. En el primero atesora un tímpano liso apoyado en pilastras cuadradas con una cruz patriarcal. En el segundo, arcos apuntados y dos ventanas de medio punto estrechas y decoradas. En el tercero se abren ocho ventanales de medio punto, con columnas laterales con arcos abocelados y decoración vegetal. Posee una linterna de ocho lados y un torreón adosado llamado «linterna de los muertos», cuyos ventanales están orientados a los cuatro puntos cardinales, lo que recuerda su función funeraria, así como más de cincuenta capiteles. En su interior, los canteros cincelaron celosías arábigas y capiteles con motivos islámicos y figuras moriscas. Entre ellos destaca un rostro barbudo en la parte superior, el bafomet, así como el Grial, el arca de la alianza, un descendimiento de la cruz, el Santo Sepulcro y tallos serpenteantes con los nombres de los apóstoles, que esconden el nombre ilegible del maestro constructor entre un rostro humano y una cruz floreada. Su cúpula, de crucería, está formada por ocho arcos que crean un octógono, y los nervios, una estrella de cinco puntas con un círculo de ajedrezados inscritos en él, de influencia musulmana, semejantes a las cúpulas que cubren el mihrab de la mezquita de Córdoba. El enclave tiene como eje central, como «piedra angular», la talla de un crucificado, con corona real y cuatro clavos: el Santo Cristo de los Caballeros del Sepulcro, también conocido como Cristo de los Cuatro Clavos y Cristo de los Pies Largos, talla que mide noventa y seis centímetros, de madera, del siglo XIII, que tiene los pies más grandes de lo normal, un guiño a los peregrinos paganos y heterodoxos. Se trata de un Cristo que camina en busca de la gnosis, parte de la simbología que muestra el carácter del templo como escenario de ceremonias vinculadas a la muerte y resurrección simbólica.

Abandonaremos Torres del Río por una pista de tierra, acompañados por un arbolado de pinos y pináculos de piedras, y llegaremos a un lugar especial: la ermita del Poyo, antaño hospital de peregrinos. Allí, siempre que sea primavera, verano y otoño, conoceremos a dos de los grandes personajes del camino, Pepiño y su mujer, quienes, con una decena de «caminos» como experiencia, atienden a los caminantes y mantienen vivo el mágico espíritu. El camino desciende y continúa en paralelo a la carretera, donde tendremos la oportunidad de seguir rumbo a Viana o desviarnos a una aldea escondida entre colinas, marcada por la historia de la brujería española, Bargota.

Hitos al pie del Camino en el Alto del Poyo.

Bargota: el sacerdote brujo Johannes (desvío opcional)

Ubicada en las faldas de una ladera, referenciada desde el siglo XIII —cuando Sancho VII el Fuerte tenía el objetivo de fortalecer los territorios navarros—, sus calles conservan el trazado medieval y en ellas se alza la gótica iglesia de Santa María, en la que se guarda y venera la Virgen de la Esclavitud, talla del siglo XIV. La villa fue cuna de uno de los nombres propios de la tradición española de santones, predicadores y herejes de los siglos XV y XVI. De un brujo, obrero del mal para la Iglesia medieval, que además era sacerdote, y al que hoy se le ha dedicado un centro de interpretación: Johannes. Ilustre y enigmático personaje para los historiadores, también lo fue para sus vecinos, feligreses y correligionarios; peculiar reverendo que combinó la devoción secular con la práctica de las ciencias ocultas y que incluso llegó a obtener un salvoconducto para su práctica, expedido por el propio papa. Perteneciente a la familia Mellado, estudió en Salamanca, donde, mientras cursaba sus estudios eclesiásticos, se inició en conocimientos heterodoxos y prohibidos. Se le atribuían las capacidades de hacer desaparecer y aparecer partes de su cuerpo, como la cabeza y los brazos, y de trasladarse por las nubes, entre otros prodigios. Fue detenido por el Santo Oficio en dos ocasiones; la primera, en 1599, por desaparecer públicamente y por haber ayudado al bandido Juan Lobo a convertirse en gato al huir de la justicia, y la segunda, en 1610, por estar relacionado con las brujas y aquelarres de las charcas de Viana y de Zugarramurdi. Confesó, bajo tortura, que había asistido a ceremonias brujeriles, pero nunca se encontraron pruebas definitivas de brujería, por lo que fue condenado a llevar el sambenito. Murió en olor de santidad.

Monumento al brujo de Bargota.

Viana: César Borgia, las cartas de santa Teresa y reliquias de María Magdalena

Tras atravesar el barranco de Cornava, llegaremos a Viana, la última localidad navarra. Urbe y lugar mágico y sagrado, su historia está llena de testimonios de las culturas que la han habitado desde la Edad de Bronce. Situada en un cerro consagrado desde tiempos remotos a cultos paganos, fue asentamiento de la tribu de los berones, conocida como La Custodia en el siglo I a. C., posteriormente romana, llamada Varia en el siglo I, referenciada por Estrabón, repoblada tras las guerras sertorianas con veteranos de la Legio IV Macedónica. En el siglo VII albergó un monasterio-priorato erigido sobre un templo dedicado a la diosa Diana, como dejó referenciado el benedictino fray Gregorio Argaiz. Fue fundada en el siglo XIII por Sancho VII el Fuerte, quien unificó diez aldeas que había en torno al collado, le otorgó fueros y la fortificó con murallas. De él cuenta la leyenda que puso la primera piedra del portal de San Felices. Eje en la ruta jacobea —llegó a albergar cuatro hospitales para peregrinos: Nuestra Señora de Alberguería, San Julián, Santa Catalina y Santa María de Gracia—, su situación fronteriza entre los reinos de Navarra y Castilla, junto a la divisoria del río Ebro, hizo que siempre se viera ayudada, potenciada y fortalecida por los «poderes». La villa conserva sus murallas defensivas y el diseño urbano romano —con un trazado de *decumanos* y *cardus*—: calles largas, estrechas y rectas, de casas alargadas, y numerosos edificios civiles de piedra gris, entre los cuales destacan el antiguo hospital de peregrinos del siglo XV, hoy Casa de la Cultura, la casa consistorial —escenario de procesos brujeriles como el que se realizó sobre el cura-nigromante Johannes— y templos como la iglesia de San Pedro, el convento de San Francisco y la iglesia de Santa María.

Arco de entrada a Viana y Casa Consistorial que fuera sede de la Santa Inquisición.

Iglesia de Santa María, las cartas de Santa Teresa y reliquias de María Magdalena

Construida en el siglo XII, en tiempos de Sancho VII el Fuerte y Teobaldo I, ampliada en el siglo XV, XVII y XVIII, sus dimensiones hacen que más que una iglesia parezca una catedral. Templo gótico, de planta de cruz latina, tres naves divididas en cuatro tramos, bóvedas de crucería, coro alto —de sillería de madera sin policromar, del siglo XVIII—, presbiterio, cabecera con girola y torre. Alberga dos portadas, una gótica, del siglo XIII, en la que aparece la Virgen acompañada por dos ángeles, y otra, la meridional, manierista, del siglo XVII, adintelada bajo un arco de medio punto con un derroche de ornamentación, donde hallaremos la tumba del César Borgia. Hijo natural del papa Alejandro VI, quien le nombró obispo de Pamplona y cardenal; cuñado del rey de Navarra, el cual le designó como capitán de los ejércitos, y admirado por Maquiavelo, tuvo una azarosa vida, siempre envuelta en luchas de poder, hasta su muerte en marzo de 1507. En el interior sobresale el gran retablo barroco dedicado a la Virgen María y los doce apóstoles, y en la girola, la capilla de la Virgen de la Magdalena, patrona de la ciudad, en la que se guardan y veneran las reliquias de la Virgen de la Magdalena. Alberga un museo sacro, ubicado en la sacristía; sala capitular y cuarto del aguamanil, en el que hallaremos numerosas obras de arte, y destacan un cuadro en el que aparecen representados el arca de la alianza y Salomón —con una singular protección ante los rayos que salen de la misma—, otro lienzo, tomado como maldito, cartas manuscritas por la mística santa Teresa y una gran colección de reliquias y bustos-relicarios.

Iglesia de Santa María y la capilla y reliquias de la Virgen de la Magdalena en Viana.

Iglesia de San Pedro, los muros del esplendor

Construida en el siglo XIII, en tiempos de Sancho VII el Fuerte, es la más antigua de la ciudad. Templo gótico, con aspecto de fortaleza, en el siglo XIX se derrumbó casi por completo, quedando en estado semirruinoso. Conserva la cabecera con cinco capillas, restos del presbiterio, la girola pentagonal y la monumental portada, con un gran arco de medio punto sobre columnas gigantes bajo la que se cobija el pórtico sobre pilastras con decoración vegetal y una hornacina con una talla de san Pedro.

13

EL CAMINO DE SANTIAGO EN LA RIOJA

Cuna del castellano, tierra de brujas, lugares de poder, maestros constructores, donde las distancias engañan

La Rioja recibe al peregrino entre viñedos y fértiles huertas, y discurre por una senda de llanuras y continuos repechos que ponen a prueba las fuerzas físicas y psicológicas. Llegamos a la tierra que fue cuna del castellano, lengua que hoy hablan más de quinientos millones de personas en el mundo. Un territorio, puerta entre la Meseta castellana y la Cordillera Cantábrica, donde descubriremos huellas templarias, misterios pétreos repletos de simbolismo, reminiscencias de cultos a la madre naturaleza, nuevas claves «mágicas» para los peregrinos-buscadores o viajeros atentos. Dos puentes, erigidos por santos constructores e iniciados, señalan el comienzo y el final del tramo jacobeo navarro. Alcanzaremos Logroño, la villa del antiguo dios celta Lug, atravesando el puente de piedra que salva el río Ebro, edificado por san Juan de Ortega, para recorrer la rúa Vieja, primigenia del burgo y del camino, donde hallaremos nuevos misterios, como los vinculados al juego de la oca, los ecos de los autos de fe a las brujas de Zugarramurdi y los que guardan la iglesia de Santa María de Palacio o Santa María la Redonda, relacionados con la Sábana Santa. Tras pasar el parque y el pantano de la Grajera nos quedaremos perplejos ante las innumerables cruces dispuestas por los peregrinos a lo largo del tiempo en el monte de San Antón, cruces que antaño servían para espantar a los bandidos y a las presencias fantasmales. Más tarde visitaremos Navarrete, la población que fuera cárcel para ilustres templarios, que conserva los restos del hospital de peregrinos de San

Juan de Acre, justo al lado de unas de las más antiguas bodegas jacobeas, Don Jacobo, un alto en el camino, cuya iglesia alberga un botafumeiro, la única junto con la catedral compostelana, y una copia de la Sábana Santa de Turín. Seguiremos por el Alto del Poyo, donde resuenan los ecos de las leyendas carolingias, el combate de Roldán y Ferragut, antes de llegar a la bella, misteriosa y mágica Nájera, capital del reino, a la que entraremos por el puente que fuera erigido por el santo constructor e iniciado San Juan de Ortega y a su monasterio de Santa María la Real, donde fue hallada la Virgen Negra de la Cueva, o de la Terraza, origen de la primera orden militar religiosa española, la Orden de La Jarra. Después aparecerá Tricio —y la basílica paleocristiana de la Virgen Negra de los Arcos—, San Millán de la Cogolla —y los monasterios de Yuso y Suso— y, finalmente, Santo Domingo de la Calzada, la «Compostela Riojana», cuna y tumba del santo constructor e iniciado, por cuyo puente abandonaremos la ruta riojana: Santo Domingo. En su santuario aguardan los exvotos dejados por los presos medievales que peregrinaron para pagar por sus delitos, y un gallinero —con un gallo y una gallina— que rememora uno de los milagros jacobeos más populares, el del «gallo de Santo Domingo» y la resurrección milagrosa de un peregrino, nuevo guiño a la muerte simbólica. Las plumas de estos gallos servían en otro tiempo como prueba de haber realizado la peregrinación.

Etapa de Viana, Logroño y Navarrete (22 kilómetros)

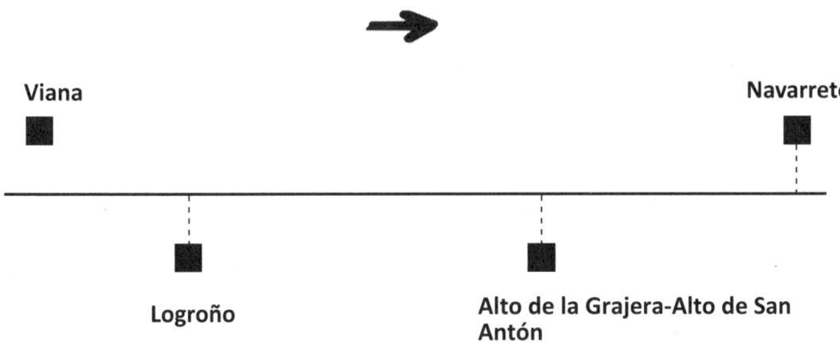

Albergues

Logroño
Albergue de Peregrinos Municipal de Logroño
Albergue de Peregrinos Iglesia Santiago el Real
Albergue Santiago Apóstol (privado)

Navarrete
Albergue de Peregrinos Municipal de Navarrete
Albergue El Cántaro (privado)
Parada y fonda: Bodegas Corral

Viana: César Borgia, las cartas de santa Teresa y reliquias de María Magdalena

Saldremos de Viana pasando junto a las ruinas de la iglesia de San Pedro y recorriendo las calles donde se encontraba el antiguo barrio judío de Torreviento. La senda entre huertas nos lleva a un templo conocido como el de la Orden de los Monjes Malos, erigido sobre un asentamiento celtibérico, más concretamente, la antigua capital de los berones, Varea. Bordearemos el monasterio de San Juan del Ramo, cuyo origen está marcado por lo milagroso, y que fue fundado por el príncipe de Viana en el siglo XII. Después la ermita de la Virgen de las Cuevas, del siglo XIII, construida en el antiguo despoblado de Cuevas, en la que se guarda y venera la talla de la Virgen de las Cuevas, del siglo XIV, de tradición milagrosa, donde hallaremos una centenaria morera, antiguo lugar de poder. Tras cruzar la carretera de la Moreda a través de un paso elevado, llegaremos a las charcas, lagunas, de Viana, escenario de la brujería española, de aquelarres y reuniones de brujas en el Medievo. Por un ancho sendero de tierra y pinos nos despediremos de las tierras navarras y entraremos en las tierras riojanas, donde un viejo cartel, que marca el límite provincial, nos da la bienvenida a La Rioja. A partir de aquí recorreremos un andadero por el que ascenderemos una colina, y nada más superar la localidad de Oyón, cuyo nombre evoca al animal sagrado del camino, la oca, y a los templarios, alcanzaremos Logroño.

Entrada a Logroño. El puesto de doña Felisa ilustre de la ruta jacobea.

Logroño: el juego de la oca, brujas de Zugarramurdi y Santa María la Redonda

Llegaremos a Logroño tras dejar el célebre puesto de Felisa, ilustre personaje del mágico camino, mujer humilde y sencilla que ofrecía y regalaba higos a los caminantes, una labor que hoy continúan haciendo su hija y sus sobrinas. Caminaremos a la vera del río Ebro para entrar en la ciudad por el simbólico y majestuoso puente de piedra, de siete arcos y doscientos metros de longitud, levantado por el iniciado y constructor san Juan de Ortega. Los orígenes de la ciudad se pierden en el tiempo y la leyenda, que cuenta que fue fundada por Túbal, hijo de Jafet y nieto de Noé. Asentamiento de la tribu de los berones, llamada Lucus Beroni —que significa «lugar sagrado en el bosque berón», vinculado al dios Lug—, en tiempos romanos, en el siglo I a. C., fue conocida como Vareia, referenciada por Tito Livio, Estrabón y Ptolomeo. Fue arrasada por las tropas de Leovigildo en el siglo VI. Citada como Lucronio, el rey García Sánchez I de Pamplona la donó al monasterio de San Millán. Fue fundada oficialmente en el siglo XI por Alfonso VI, quien la repobló con francos y le concedió fueros bajo el nombre de Grugnus. Llegó a albergar más de diez iglesias-hospitales para peregrinos, entre los que destacaba el hospital de San Juan. El apoyo real y su posición como eje en el camino contribuyeron a que se creara un asentamiento próspero, en el que el comercio, las artes y las artesanías se abrieron paso con fuerza. En la pulcra y moderna capital riojana, el paso sobre el Ebro a través del puente tiene su continuación en la rúa Vieja, la calle más antigua, a partir de la cual creció la ciudad mediante un trazado de calles paralelas, y que la recorre de sur a norte. En esa rúa encontraremos la iglesia de Santa María del Palacio —de planta octogonal y torre piramidal gótica, bautizada como «la aguja», que fuera sede de la Orden del Sagrado Sepulcro de Castilla—, la iglesia de San Bartolomé —del siglo XII, la más antigua de la urbe—, la concatedral de Santa María la Redonda —del siglo XII, en la que se guarda y venera una copia de la Sábana Santa y que atesora un cuadro del ilustre Miguel Ángel—, la iglesia de Santiago —erigida por Ramiro I tras la supuesta batalla de Clavijo— y la fuente de los

Peregrinos, parada obligatoria en la que se rezaba y se saciaba la sed. Nuestro paso sigue el mismo y original itinerario por las calles Mercaderes, Herrerías o Mayor, todas ellas relacionadas con los gremios que se asentaron. El retorcido trazado nos conducirá, además, por la casa de la Inquisición —del siglo XVI, sede del Santo Oficio, con el escudo en sus muros—, la plaza del Mercado —donde se quemó a las brujas del popular auto de fe de Zugarramurdi, en el siglo XVII— y la casa-ermita de san Gregorio, el responsable de conjurar una plaga de langostas que asolaban los campos, cuya tumba, dicen que milagrosa, se venera en la iglesia de San Salvador.

Fuente de los Peregrinos.

CONCATEDRAL DE SANTA MARÍA LA REDONDA, LA COPIA DE LA SÁBANA SANTA

Construida en el siglo XII —sobre un antiguo cenobio del siglo IX—, adquirió rango de colegiata en el siglo XV, siendo ampliada en el XVI. Templo gótico, de planta de salón, tres naves, bóvedas de crucería —que asemejan un palmeral de piedra— y girola. En el exterior, la portada está flanqueada por dos torres gemelas barrocas, que son símbolo de la ciudad. En su interior, destaca la gran capilla de Nuestra Señora de los Ángeles, de planta ochavada, siguiendo las trazas del originario santuario, con forma de polígono, que le ha dado el sobrenombre de «la Redonda». En la sacristía se guarda una particular reliquia que solo se expone en Semana Santa: una copia de la Sábana Santa de Turín, de las treinta y cinco existentes en España, considerada milagrosa y realizada por el gremio de pintores del Vaticano a petición de la Casa de Saboya. Asimismo, en el deambulatorio hallaremos una pintura al óleo, el *Calvario*, obra del genio Miguel Ángel Buonarroti, que llegó al templo de la mano del obispo Pedro González Castillo, humanista, quien edificó la capilla del Santo Cristo en el siglo XVII, donde dispuso su sepultura.

Catedral de Santa María La Redonda escenario de autos de fe y que guarda una copia de la Sábana Santa de Turín.

Iglesia de Santa María de Palacio, la Orden del Santo Sepulcro de Castilla

Construida en los siglos XII y XIII por Alfonso VII, quien le concedió el título de imperial, fue sede de la Orden del Santo Sepulcro, la primera fundada en el reino de Castilla. Templo románico y gótico, de planta octogonal, tres naves, bóvedas de crucería y de terceletes, cúpula octogonal sobre la que se eleva un cimborrio piramidal octogonal —llamado «la aguja», símbolo de la ciudad—, coro, crucero, cabecera y torre del siglo XVI, obra de Juan Acha, con ocho vanos, bóveda esquifada rematada con templete circular con columnas y cúpula. Alberga dos portadas; una barroca, reconstruida en el siglo XVII por Juan de la Riba, formada por un hueco adintelado entre columnas, con la imagen de la Asunción flanqueada por los escudos imperiales, y otra, sita en la rúa Vieja, consagrada a san Juan. Del primitivo claustro, de planta rectangular, solo se conserva el lado oeste, del siglo XVI. En su interior se guardan y veneran las tallas de la Virgen de la Antigua, románica de influencia bizantina, y la Virgen del Ebro, gótica de influencia flamenca, de los siglos XII y XIII respectivamente.

Iglesia de Santiago el Real, el Concejo y la Virgen de la Esperanza

Erigida en el siglo IX por el rey Ramiro I, tras la victoria de la batalla de Clavijo, ampliada en el siglo XVI, la más antigua de la ciudad, está marcada por la leyenda que cuenta que fue construida sobre una gruta que sirvió de refugio para los primeros cristianos, y fundada por Arcadio, discípulo de Santiago. Templo románico, de planta de salón, de una sola nave dividida en cuatro pares de contrafuertes rectangulares en el exterior y octogonales en el interior, cubierta con bóveda estrellada, coro y ábside, bajo el cual se halla una cripta-cueva. En el exterior, la portada es renacentista, del siglo XVII, obra de Juan Raón y Juan de Amezqueta, y en la misma aparece Santiago Matamoros. La torre alcanza los cuarenta metros de altura, y contaba con un chapitel octogonal de ladrillo, que tuvo que ser desmontando en el siglo XX debido a sus trescientas toneladas de peso. En su interior, destaca la capilla de Santa Catalina, en la que se reunía el Concejo de Logroño hasta el siglo XVI, y se guarda y venera la Virgen de la Esperanza, talla gótica del siglo XIV, patrona y alcaldesa mayor de la ciudad, de tradición milagrosa.

Iglesia de Santiago el Real.

Iglesia de San Bartolomé, la huella de los gremios canteros

Construida en el siglo XII, ampliada en el siglo XIII, albergó durante la guerra carlista el telégrafo óptico. Templo románico y gótico, de planta basilical, tres naves, pilares octogonales, bóvedas de crucería, crucero, ábside y torre reconstruida en ladrillo y estilo mudéjar. En el exterior, la portada es gótica, y en su arco ojival aparecen diecinueve figuras que narran la vida del santo, así como pasajes bíblicos, y en el tímpano, Cristo Redentor entre la Virgen y san Juan. En su interior encontraremos dos sarcófagos de piedra góticos sustentados en leones, con la imagen yacente de los caballeros de la familia Márquez o Beláiz, del siglo XIV. Sus muros atesoran numerosas marcas de cantero de siete tipos diferentes, una de ellas situada en el reloj de sol.

Plaza del Juego de la Oca, recuerdo del juego iniciático y Juan García Atienza

Tras recorrer la calle de Herrería llegaremos a la iglesia de San Bartolomé y a la iglesia de Santiago, donde hallaremos la plaza de Santiago, también conocida como plaza del Juego de la Oca, pues en ella está representado el juego de la oca a tamaño gigante, una obra de arte en homenaje a quien descubrió la misteriosa y simbólica relación entre el juego iniciático y el Camino de Santiago, Juan García Atienza.

Plaza del Juego de la Oca.

El camino sale de Logroño por la puerta del Camino y el Cubo del Revellín —vestigio de las antiguas murallas—, para continuar entre grandes avenidas hasta el parque de San Miguel. Desde aquí, una vía verde flanqueada por cipreses, que rememora la calzada romana de la Vía Apia, nos llevará hasta el parque y embalse de la Grajera. Creado en el siglo XIX sobre una laguna con el objetivo de recoger agua del río Iregua y regar las huertas, hoy se ha convertido en un paraíso para logroñeses y caminantes.

Alto de San Antón: las cruces de los peregrinos

Atravesaremos el pulmón logroñés, entre árboles y bordeando el pantano, hasta el Aula del Medio Ambiente, desde donde comenzaremos a ascender de forma zigzagueante por una colina y entre campos de viñedos el Alto de San Antón. Durante buena parte del camino nos veremos acompañados por cientos de cruces, que hoy, como ayer, protegen a los caminantes. El sendero discurre por la ladera de los montes, pero antaño atravesaba parajes boscosos, y allí alimentaban los campesinos sus narraciones sobre peregrinos asaltados por bandidos disfrazados de monjes que se escondían en el arbolado, o por fantasmas y figuras espectrales. Quizá por ello hoy este tramo del camino está repleto de estas cruces —de diferentes tamaños, formas y materiales— que mantienen alejadas a las almas errantes. Son deseos, promesas, ilusiones, esperanzas, cientos de pequeños instantes que los caminantes dejan como un mensaje que rompe las barreras del tiempo.

Parque-embalse de La Grajera y las cruces del Alto de San Antón Logroño.

NAVARRETE: EL MÁGICO MONASTERIO DE SAN JUAN DE ACRE

Descenderemos del Alto de San Antón por las tierras de Clavijo, donde según la leyenda supuestamente tuvo lugar la batalla que consagró al apóstol Santiago en hijo del trueno, Santiago Matamoros. Navarrete aparece en el horizonte, pero antes, tras cruzar el puente que salva la autovía, alcanzaremos los restos del monasterio de San Juan de Acre —fundado en 1185 por doña María Ramírez— y, después, los viñedos de las Bodegas Corral. Entraremos por la calle de la Cruz a la urbe donde el freire templario Beltrán Duguesclín, luego condestable de Francia, estuvo preso en 1366 tras su derrota en Nájera. La villa, que se alza sobre el cerro Tedón, de tradición alfarera, conserva un intrincado diseño urbano medieval de calles paralelas a diferentes alturas y casonas de ladrillo. Las calles están formadas por una serie de patios intercomunicados y escalonados respecto a la calle Mayor, el que fuera trazado original del camino. En ellas hallaremos El Vértigo —soportal sobrealzado, que fue el modelo arquitectónico de los Arquillos de Vitoria— y la iglesia de la Asunción, del siglo XV y XVI, que alberga un botafumeiro, y numerosas reliquias entre las que destaca una de las treinta y cinco copias milagrosas de la Sábana Santa de Turín existentes en España y El.

Calles soportales de Navarrete.

Etapa de Navarrete a Azofra (22 kilómetros)

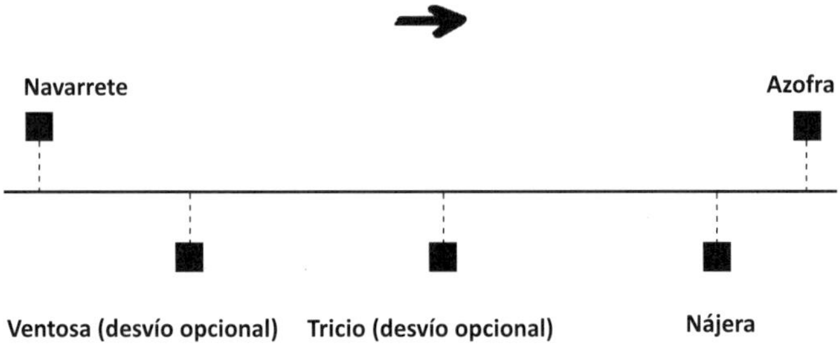

Albergues

Ventosa
Albergue de Peregrinos San Saturnino (privado)

Nájera
Albergue de Peregrinos Municipal de Nájera
Albergue Puerta Nájera (privado)

Azofra
Albergue de Peregrinos Municipal de Azofra

Navarrete: el mágico monasterio de San Juan de Acre

Saldremos de Navarrete pasando junto al cementerio municipal, camposanto donde hallaremos la fachada, portada y capiteles del antiguo hospital de peregrinos de San Juan de Acre. En ellos encontraremos grabados de caballeros en combate y peregrinos comiendo y bebiendo, testigos mudos en piedra del paso del tiempo, que siguen guardando su mensaje y secretos. Al llegar a la altura de la Cooperativa Vitivinícola de Sotés, cruzaremos la carretera y tendremos la opción de desviarnos del camino principal rumbo a Sotés y Ventosa —que contaba con un hospital de peregrinos en el siglo XII y en la que se alza la iglesia de San Saturnino, primer obispo de Toulouse, del siglo XII, y hallaremos «1 kilómetro de arte», propuesta artística entre viñedos por la antigua calzada romana—, o seguir por una pista hasta los repechos arcillosos que nos llevan al Alto del Poyo, desde donde disfrutaremos de una espectacular panorámica del valle del Najerilla.

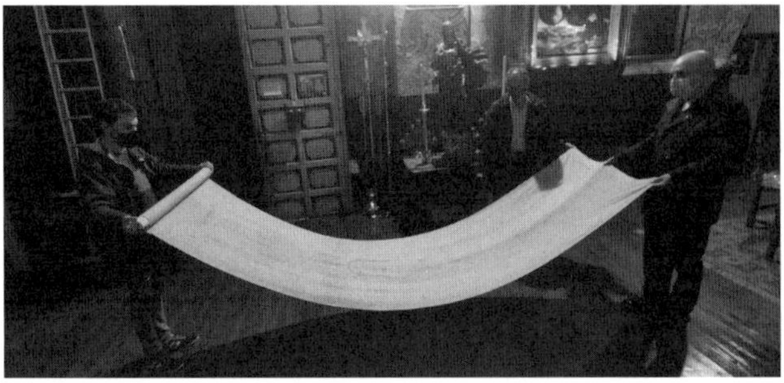

Monasterio de San Juan de Acre y reliquia de la copia de la Sábana Santa de Turín en la iglesia de la Asunción de Navarrete.

Alto del Poyo, el combate de Roldán y Ferragut

Ante nosotros aparece la sierra de la Demanda, de reminiscencias griálicas, y el pico más alto de Castilla, el de San Lorenzo, nos acompañará en el descenso entre viñedos y campos de cultivo hasta llegar al llamado Poyo de Roldán, paraje marcado por la épica y la leyenda. Según la tradición carolingia, fue aquí donde se produjo el combate entre Roldán y el gigante Ferragut. Poco después, tendremos la posibilidad de desviarnos nuevamente del camino principal, rumbo a Tricio, la antigua Tritium romana, que conserva parte de la calzada de la Vía Augusta y donde se levanta la ermita de la Virgen de los Arcos, erigida sobre un antiguo lugar de poder, mágico y sagrado, cristianizado.

Un kilómetro de arte en Ventonsa rumbo al Alto del Poyo.

TRICIO: LA BASÍLICA PALEOCRISTIANA Y LA VIRGEN NEGRA DE LOS ARCOS (DESVÍO OPCIONAL)

Asentamiento de la tribu de los berones en el siglo II a. C., posteriormente romana, llamada Tritium Magallum, alcanzó esplendor en el siglo II como eje de las calzadas romanas, de la Vía Galiana y la Vía Caesaraugusta, llegando a acuñar moneda propia con el nombre de Teitiakos. La villa guarda dos enclaves marcados por lo mágico y sagrado: la basílica paleocristiana de la Virgen Negra de los Arcos —erigida sobre un mausoleo romano, de planta basilical, con tres naves separadas por doce arcos y columnas romanas de estilo corintio, de setenta metros de altura, en cuyo interior hallaremos sepulturas, estelas funerarias y mosaicos romanos, simbología celta en sus muros, pinturas románicas del siglo XIII, y la Virgen Negra de los Arcos, talla prerrománica del siglo XI—, y en Santa Coloma, la llamada Cueva Santa, *martyrium* paleocristiano convertido en iglesia.

Basílica paleocristiana de columnas romanas de Santa María de Tricio.

Si decidimos no desviarnos a Tricio, la senda continúa hasta cruzar el río Yalde, que salvaremos por un puente de madera escondido en el bosque, para más tarde llegar a Nájera, donde el peregrino es «najerino», con el eco de unos versos que encontraremos en un muro:

> Polvo, barro, sol y lluvia es Camino de Santiago. Millares de peregrinos y más de un millar de años. Peregrino, ¿quién te llama? ¿Qué fuerza oculta te atrae? Ni el campo de las estrellas ni las grandes catedrales. No es la bravura navarra, ni el vino de los riojanos, ni los mariscos gallegos, ni los campos castellanos. Peregrino, ¿quién te llama? ¿Qué fuerza oculta te atrae? Ni las gentes del camino, ni las costumbres rurales. No es la historia y la cultura, ni el gallo de la Calzada, ni el palacio de Gaudí, ni el castillo de Ponferrada. Todo lo veo al pasar, y es un gozo verlo todo, mas la voz que a mí me llama la siento mucho más hondo. La fuerza que a mí me empuja, la fuerza que a mí me atrae, no sé explicarla ni yo. ¡Solo el de arriba lo sabe!

Entrada a Nájera y los versos del Camino.

Nájera: el Real Monasterio de Santa María y la Virgen Negra de la Terraza

Entraremos a la villa, cabecera de comarca, que llegó a ser reino, por el puente que salva el río Najerilla, construido por el santo, iniciado y constructor san Juan de Ortega. Ubicada a la sombra de la peña Malpica, los orígenes de Nájera se pierden en la bruma del tiempo. Asentamiento de la tribu de los berones, después romana, fue conocida en tiempos visigodos como Naggara en el siglo v, y a partir del siglo viii, en época musulmana, como Náxara, que significa «lugar entre peñas» o «lugar al mediodía», momento en el que se levantó un castillo sobre el cerro. Nació oficialmente tras las luchas de los reyes de Navarra y Castilla, Sancho Garcés I y Ordoño II, contra los musulmanes en el siglo x, siendo residencia real, tras la destrucción de Pamplona por Abderramán III, de García Sánchez, quien se autoproclama rey de Nájera-Pamplona, favoreciendo los monasterios de la zona, especialmente el de San Millán de la Cogolla. En el siglo xi, el rey Sancho III el Mayor le otorgó fueros —que fueron la base de la legislación navarra y del derecho nacional—, celebró Cortes y mandó acuñar aquí la primera moneda de la Reconquista. Alcanzó esplendor como eje del camino con García Sánchez III el de Nájera, quien, como cuenta la leyenda, mientras cazaba halló de forma milagrosa, por una misteriosa luz que señalaba, una cueva en cuyo interior se encontraba una jarra con azucenas y una talla de una Virgen Negra, conocida desde entonces como Virgen de la Cueva, Virgen de las Azucenas y Virgen de la Terraza. Este episodio prodigioso provocó la fundación de una abadía cluniacense, actual monasterio, y la creación de la militar Orden de la Terraza, también conocida como Orden de la Jarra y Orden de las Azucenas, una de las más antiguas de Europa. Antigua capital de La Rioja y Navarra, siempre disputada por los reinos castellanos y aragoneses, escenario de la coronación de Fernando III el Santo en el siglo xiii, la villa, marcada por el Grial y la sierra de la Demanda, creció en torno al macizo de piedra caliza y la gruta donde se descubrió la Virgen Negra. De este pasado ha quedado huella en sus calles, donde se alzan casonas medievales y bellos palacetes que conserva la puerta de la Muralla, los restos del alcázar y templos, como el Real Monasterio de Santa María la Real y la Real Capilla de la Santa Cruz, ambos señalados por la historia y la leyenda.

Puente medieval de Nájera.

Real Monasterio de Santa María la Real, la cueva sagrada y la Virgen Negra

Su origen está marcado por la leyenda: el prodigioso hallazgo de la Virgen Negra de la Terraza por García Sánchez III el de Nájera. Fue construido en el siglo XI sobre la gruta donde se produjo el milagro y la roca de la montaña. Templo románico y gótico, con elementos renacentistas, de aspecto austero por los contrafuertes exteriores, tiene planta rectangular, tres naves separadas por diez columnas, bóvedas de crucería simple, triforio con ventanales triangulares, cúpula semiesférica con casetones que atesoran un pelícano en la clave, y ábside central y laterales. En su interior, hallaremos uno de los claustros más populares del camino: el claustro de los Caballeros, adaptación de estructuras y tracerías góticas de estilizadas columnas, con decoración vegetal y geométrica, animales fantásticos y ángeles, en el que se encuentra la cueva-altar donde fue descubierta la Virgen Negra, que desapareció y fue sustituida por una talla gótica del siglo XIII, ubicada en el camarín del altar mayor entre grandes columnas salomónicas. Panteón real de las familias reales de Navarra, León y Castilla, aquí descansan una treintena de reyes, así como sus familiares: García el de Nájera, Sancho el Noble, el infante Ramiro, Sancho II Abarca, Bermudo II de León, Sancho IV el Sabio, destacando la tumba de Blanca de Navarra, esposa de Sancho III, del siglo XII.

Real Monasterio de Santa María origen de la villa y la leyenda de la aparición de la Virgen Negra y capilla de la Santa Cruz.

REAL CAPILLA DE LA SANTA CRUZ, LAS RELIQUIAS DE SAN PRUDENCIO

Construida en el siglo XI, fue originariamente la capilla del monasterio de Santa María la Real, y separada del mismo en el siglo XIII por decreto del papa Honorio III ante las diferencias entre los clérigos. Templo de planta de salón, tres naves divididas en tres tramos, cúpula semiesférica sobre pechinas rematada con una linterna de cuatro ventanas, crucero y ábside, en su interior se guardan y veneran un Cristo gótico del siglo XIII, de tradición milagrosa, y las reliquias de san Prudencio, patrón de Nájera.

Azofra: la «hermosa», cuna del castellano, la magia y arte de las palabras

Saldremos de Nájera por el antiguo camino, para continuar hasta Azofra. La antigua As-Suxra árabe, que significa «tributo», poblada por moros pecheros, referenciada como Zophar, palabra hebrea que significa «hermosa», por fray Gregorio de Argaiz en el siglo XI, contó desde el siglo XII con un hospital y cementerio de peregrinos, donde se alza la iglesia de los Ángeles, del siglo XVII.

Etapa de Azofra, Santo Domingo de la Calzada y Grañón (22 kilómetros)

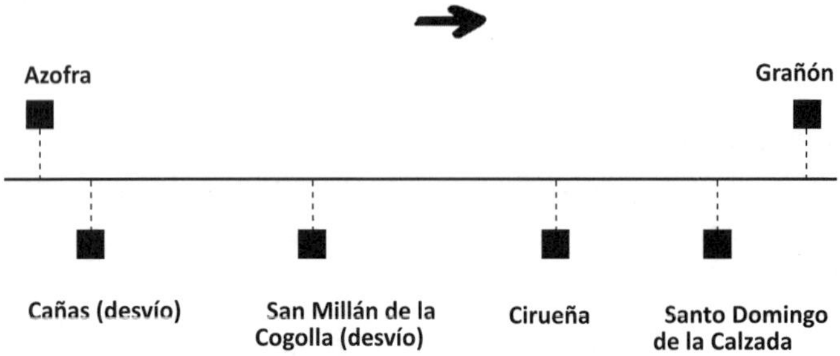

Albergues

Cirueña
Albergue de Peregrinos Virgen de Guadalupe (privado)
Albergue Victoria (privado)

Santo Domingo de la Calzada
Albergue de Peregrinos Abadía Cisterciense Nuestra Señora Asunción (privado).
Albergue de Peregrinos Parroquial Casa del Santo

Grañón
Albergue de Peregrinos Parroquial San Juan Bautista
Albergue Casa de las Sonrisas
Albergue El Cuartel (privado)
Albergue Ermita Carrasquedo (privado)
Parada y Fonda:
My Way
La Barbackana
Panadería Jesús

Azofra: la «hermosa», cuna del castellano, la magia y arte de las palabras

Desde Azofra tenemos la posibilidad de seguir recto, rumbo a Cirueña y Santo Domingo de la Calzada, o desviarnos a dos lugares de referencia y excluidos del camino principal: a cinco kilómetros, Cañas y el monasterio de San Salvador, y a diez kilómetros, San Millán de la Cogolla y los monasterios de Yuso y Suso. Antiguos lugares de poder, tierra de eremitas y anacoretas, fueron focos de la cultural medieval, cuna del castellano, en los que se guardan y veneran la tumba y reliquias de san Felices, los siete infantes de Lara y san Millán, patrón protector de Castilla.

Cañas: las reliquias del apóstol y el monasterio de San Salvador (desvío opcional)

Ubicada a orillas del río Tuerto, entre colinas y campos de cereal, sus orígenes están ligados al monasterio de San Salvador, llamado el «monasterio de la luz» por sus grandes dimensiones. Fue construido en el siglo XII, fundado por don Diego López de Haro y su esposa, doña Aldonza, y ampliado en el siglo XIII con una capilla mayor. Templo románico y gótico, de planta de cruz latina, tres naves separadas con columnas, capiteles de motivos vegetales y antropomorfos, crucero, coro —con veintiséis asientos; tenía treinta y dos originariamente—, transepto y tres ábsides. Atesora veinte grandes ventanales de alabastro del mismo estilo que los de la catedral de León. En la sala capitular, del siglo XIII, con portada de tres arcos y arquivoltas con motivos florales, cubierta de bóveda cuatripartita sobre una columna monolítica en forma de palmera, encontraremos sepulcros medievales de abadesas con báculos tallados, entre ellos el que guarda el cuerpo incorrupto de doña Urraca Díaz de Haro, hija de Diego López de Haro, abadesa en el siglo XII y proclamada beata. En su interior se guarda y veneran una talla de la Virgen, del siglo XIII, y otra del conocido como Cristo de los Tres Clavos, del siglo XIV, ambas góticas y de tradición milagrosa. La capilla de las Reliquias alberga numerosas reliquias, entre las que destacan las herraduras del caballo de Santiago, que supuestamente recogiera Diego López de Haro II tras la batalla de las Navas de Tolosa y que entregó a su hija, la abadesa doña Urraca; varias calaveras de las once mil vírgenes, un *lignum crucis* y restos de los mártires de Cardeña y de santa Engracia de Zaragoza, entre otras.

Monasterio de San Salvador de Canas que guarda los sepulcros de Urraca Díaz y las reliquias de las herraduras del caballo del apóstol.

San Millán de la Cogolla: los monasterios de Suso y Yuso (desvío opcional)

Ubicado a orillas del río Cárdenas, sobre un cerro llamado Cuna de la Lengua, fue uno de los focos culturales medievales de España y Europa, construido sobre la tumba de san Millán, hijo de un pastor, anacoreta que vivió más de cien años, hoy patrón protector de Castilla. Aquí estuvieron los primeros nombres propios de la historia de la literatura, y se escribieron, y guardan, las *Glosas emilianenses,* el primer testimonio escrito del castellano, la copia del ilustre literato Gonzalo de Berceo en el siglo XIII. Su origen está en un eremitorio del siglo V, donde se levantó en el siglo VI el monasterio de Suso. En el siglo XI, junto al mismo, se construyó el monasterio de Yuso, coexistiendo ambos hasta el siglo XII. Llamados «el de arriba» y «el de abajo», respectivamente, el primero fue fiel a la regla mozárabe, de carácter dúplice, y el segundo estuvo bajo la regla benedictina, siendo ambos los cenobios de vida monacal más prolongados en el tiempo en España.

San Millán de la Cogolla —y los monasterios de Suso y Yuso— cuna del castellano.

MONASTERIO DE SUSO, EL EREMITORIO Y LA TUMBA DE SAN MILLÁN

Excavado en la roca, el templo es de estilo mozárabe y románico, vertebrado sobre la cueva-tumba del eremita san Millán, dividido en dos niveles destinados a habitaciones, y otros dos a oratorios, donde encontraremos el cenotafio del santo y el osario. En el interior, cuyo suelo es de cantos rodados grises y ladrillos rojos formando esvásticas y rosetas, hallaremos el pozo del santo, tres cuevas altares —una de ellas, la que fue celda del santo—, las reliquias del ermitaño san Felices de Bilibio, la tumba de Gonzalo de Berceo —monje y primer poeta castellano del siglo XIII—, las tumbas de las reinas navarras Tota, Ximena y Elvira, la de don Tello González —señor de Cameros—, la de san Millán, cuya lápida alberga un encriptado mensaje de símbolos y figuras, y, según la tradición, en «Portialiello», las siete tumbas de piedra tallada que guardan los restos descabezados de los infantes de Lara.

MONASTERIO DE YUSO, EL *scriptorium* DE LOS BEATOS Y EL «MILAGRO DE LA LUZ»

Sus orígenes son legendarios. Como cuenta la leyenda, cuando iba a ser trasladado el cuerpo de san Millán a Nájera en el siglo XI por orden de García Sánchez III el de Nájera, los bueyes se negaron a moverse, lo que fue tomado como una señal celestial. La historia nos dice que fue erigido para trasladar a los monjes y dejar el de Suso como lugar de retiro. Templo románico, gótico y herreriano, de planta de cruz latina, tres naves, bóveda estrellada, coro, cimborrio, presbiterio y ábside relicario, su interior está dividido en dos espacios litúrgicos: la parte delantera, desde el coro central hasta el relicario, para uso de los monjes, y la parte trasera, desde el trascoro hasta la puerta, para el pueblo. En el oratorio encontraremos las réplicas de las arcas-relicarios de san Millán y su maestro san Felices, de los siglos XI y XII. El santuario es escenario cada fecha de equinoccio, 21 de marzo y 21 de septiembre, del fenómeno de la luz equinoccial, de un «milagro de la luz»: a las seis de la tarde los rayos de sol entran por el rosetón y proyectan un círculo perfecto en el centro del santuario. En el archivo, la biblioteca y la sala de los códices se guardan más de trescientos documentos originales —de pleitos, donaciones, privilegios, bulas y compraventas—, treinta cantorales —hechos a mano con pergamino, una de las cuatro colecciones completas existentes en España con todos los cantos de la comunidad monástica—, el *Códice 46* —del siglo X, un diccionario enciclopédico de veinte mil artículos—, el *Códice 60* —concretamente el folio 72, donde se encuentran las *Glosas emilianenses,* el primer texto en castellano del que se tiene constancia, del siglo X—, y la obra del monje Gonzalo de Berceo, poeta castellano del siglo XIII, máximo representante del mester de clerecía. Un detalle más: las fachadas del monasterio y la iglesia forman una perfecta escuadra que muestra un compás desde una visión con perspectiva.

Si optamos por no desviarnos, el camino nos conduce por una pista ondulada, en el que hallaremos la fuente de los Romeros y luego un rollo jurisdiccional, del siglo XVI, hasta Cirueña, donde aparece un sorprendente campo de golf y urbanización en medio de la nada. Desde aquí, pasaremos por un tramo espectral, las llamadas Curvas de la Degollada, donde dicen que tienen lugar apariciones fantasmales y que da «mal fario» a los caminantes, hasta alcanzar la villa que fue cuna y es tumba de uno de los grandes constructores e iniciados del Camino, escenario de una de las leyendas más populares de la ruta jacobea, «el milagro del gallo», y en cuya catedral se obtenían y obtienen indulgencias durante los años jacobeos y años del santo Domingo de la Calzada.

Santo Domingo de la Calzada: la villa del santo iniciado y el «milagro del gallo»

La torre exenta —de sesenta y nueve metros de altura, la más alta de La Rioja— rompe el horizonte y nos señala que llegamos a la llamada «Compostela riojana», a Santo Domingo de la Calzada. Su origen, al igual que su nombre, está vinculado al eremita Domingo García, y su razón de ser al camino. Cuenta la tradición que santo Domingo, tras haber sido rechazado como fraile en dos monasterios, optó por la vida de anacoreta retirándose en soledad a un bosque junto al río Oja. Allí, en el siglo XI, viendo las penurias que pasaban los peregrinos, decidió ayudarlos construyendo una ermita dedicada a santa María, un puente para cruzar el cauce fluvial y un albergue-hospital que diera cobijo y asistencia a los *concheiros* en unos terrenos cedidos por Alfonso VI. Su labor no se detuvo ahí; siguió con la vertebración de los tramos del camino entre Nájera y Redecilla con la edificación de puentes, hospitales y caminos. A su muerte, sus discípulos, entre ellos san Juan de Ortega, de quien hablaremos en páginas posteriores, continuaron su obra en piedra. Así nació la urbe, llamada «de la Calzada» por estar al pie del camino, eje en la ruta jacobea. Alfonso VIII le concedió fueros, pasando más tarde, en el siglo XIII, a ser burgo y diócesis. La villa cuenta con el privilegio de tener las mayores murallas en tierras riojanas. Fueron construidas en el siglo XIV por Pedro I para protegerse en las luchas con su hermano Enrique I de Trastámara. Tenían una longitud de mil seiscientos setenta metros, treinta y ocho torreones de doce metros de altura y un foso flanqueado por siete puertas. Tras atravesarlas, entraremos por la calle Mayor, la rúa de peregrinos, de orientación solar, de este a oeste, donde reciben al peregrino casonas nobles y palacetes de piedra —como la Casa Trastámara, las Antiguas Carnicerías, la del Corregidor, la del marqués de la Ensenada, la del alcalde Martínez de Prisión, el palacio del secretario de Carlos V o la Casa de la Cofradía del Santo, según la tradición, edificada por el santo con madera de encina cortada con su hoz del bosque donde vivía—, reflejo del pasado de esplendor, y su templo, la catedral de Santo Domingo, donde se guarda la tumba del santo iniciado constructor y se rememora una de las leyendas más populares de la ruta jacobea, «la de la gallina que cantó después de asada».

La Torre exenta, la más alta en tierras riojanas, en Santo Domingo de la Calzada.

Catedral de Santo Domingo, la cripta del santo y las gallinas del milagro

Construida en el siglo XII para guardar los restos de santo Domingo de la Calzada, sobre la propia iglesia edificada por el constructor, obra del maestro Garción, adquirió la condición de catedral en el siglo XIII. Templo románico y gótico, de planta rectangular, tres naves, coro plateresco, crucero, tribuna y girola, tenía tres capillas, de las que conserva una. En su interior, destaca el retablo renacentista del altar mayor, y descubriremos colgados en sus muros grilletes y cadenas: exvotos, reliquias, dejados por los presos medievales que realizaban el camino en compensación por sus delitos. Justo al lado de estos, empotrado en el muro, hallaremos un trozo de viga de madera y un corral gallinero —de estilo gótico decorado—, que da cobijo a un gallo y a una gallina que recorren el santuario libremente durante las liturgias. Es el recuerdo de uno de los más populares milagros de la ruta jacobea: «El milagro del ahorcado y del gallo y la gallina de Santo Domingo». Como cuenta la leyenda, tuvo como protagonista a un peregrino alemán llamado Hugonell, quien llegó a la villa con sus padres y, tras hacer noche en una posada, fue acusado de robo por la tabernera, la cual escondió una copa de plata en su zurrón. Tras ser apresado y juzgado, fue ejecutado en la horca, y tras su muerte empezó a aparecerse a sus padres demandando su inocencia; estos acudieron al corregidor tras el encuentro fantasmal. Los progenitores contaron estos hechos al mandatario, que, mientras comía, afirmaba que su hijo estaba tan muerto como el gallo que tenía en la mesa, momento en que el ave cobró vida, cacareó y salió volando. Pero si hay un lugar clave en la catedral, ese no es otro que la cripta-tumba de santo Domingo. El sepulcro es de alabastro, de diferentes estilos, compuesto por piezas de tres tumbas distintas: la lauda sepulcral en la que se representa al santo yacente, la mesa gótica en la que además se narran sus milagros, y el templete, diseñado por Bignary y realizado por Juan de Resines, tardogótico. Sobre la tumba se conserva, como reliquia, una hoz que según la tradición fue la que empleó el santo para talar las encinas del bosque y construir el templo y albergue de peregrinos. Un objeto pagano, reminiscencia de los cultos druídicos.

Catedral de Santo Domingo de la Calzada, marcada por la figura del santo constructor, atesora reliquias de presos que hicieron el Camino así como un gallinero gótico con varias gallinas que recuerda uno de los milagros jacobeos más popular, el «milagro del gallo».

Mausoleo y sepulcro de santo Domingo, ubicado en la cripta de la Catedral de Santo Domingo de la Calzada.

Parador de Santo Domingo, el antiguo hospital de peregrinos y pozo del santo

En la plaza del Santo hallaremos el antiguo hospital de peregrinos, hoy parador nacional. Construido por santo Domingo en el siglo XI, en la planta baja encontraremos arcos góticos y un pozo, lugar sagrado y de tradición milagrosa, obra del santo. El edificio, cuenta la leyenda, fue edificado con la madera del bosque de encinas donde vivía el eremita, y que fue cortada y tallada con la hoz que siempre llevaba consigo. Un nuevo guiño a antiguos cultos agrícolas, reminiscencias druídicas, y paganas. Fue hospital hasta 1840, momento en el que se trasladó al convento de San Francisco. Morada de diversas familias, se habilitó como parador en 1965.

«Pozo de los Milagros» —vinculado al santo, e iniciado, constructor—, en Santo Domingo de la Calzada.

Grañón: la estrella mágica del albergue San Juan Bautista y la Casa de las Sonrisas

Abandonaremos la ciudad cruzando el antiguo puente y pasando por la ermita de Santo Domingo, donde vivió y que erigió el eremita santo, iniciado y constructor de la hoz, en paralelo a la carretera, para después ascender una colina, en la que rebasaremos la Cruz de los Valientes —que rememora una lucha entre vecinos que ha pasado a las crónicas como uno de los «juicios de Dios» medievales— rumbo a Grañón. Villa referenciada desde el siglo IX, antiguo asentamiento visigodo, en la que se edificó un castillo por orden de Alfonso III de León, citado en las *Crónicas najerenses* y conocida como Granionne, donde se encontraban varios hospitales de peregrinos, entre ellos el de Carrasquedo, y el de san Juan, hoy iglesia, en cuyo antiguo claustro encontraremos una estrella de David dibujada con losetas, y en el albergue parroquial de San Juan Bautista, pervive la magia y el espíritu peregrino.

Albergue parroquial San Juan Bautista en Grañón.

14

EL CAMINO DE SANTIAGO EN CASTILLA Y LEÓN

Burgos, Palencia y León: misterios y lugares mágicos en los campos de la Meseta

Burgos

Castilla y León, la comunidad autónoma con más kilómetros de camino, recibe al peregrino con ese bello, duro y áspero paisaje que la caracteriza. La llanura, los eternos horizontes, nos obligan a reencontrarnos con la soledad y con nuestra historia, repleta de secretos, leyendas, magia y misterios. La primera provincia castellana que recorreremos será Burgos, después Palencia y más tarde León, donde nos esperan los que durante mucho tiempo fueran dos de los pasos más peligrosos: los Montes de Oca y Foncebadón, y el Monte Irago. En estas etapas del camino admiraremos el esplendor de numerosas villas y ciudades que hallaron en y con la ruta jacobea su desarrollo cultural, y también descubriremos construcciones, obras gremiales que, aunque a primera vista no lo parezcan, en realidad encierran un mensaje secreto y evocan antiguos cultos y conocimientos espirituales. Tierras heterodoxas en las que el paisaje se hará monótono y cobrarán nuevamente protagonismo los gremios de constructores, los templarios, el juego de la oca y el Santo Grial.

En tierras burgalesas, el peregrino pondrá a prueba sus fuerzas en los Montes de Oca, en medio del silencio y la nada, en otro tiempo territorio de fieras y bandidos, donde aparecen ermitas que recuerdan leyendas de resucitados y santuarios como el de San Juan de Ortega, en el que se venera al patrón de los arquitectos, discípulo del riojano santo Domingo y es escenario del fenómeno de luz equinoccial, prodigio arquitectónico-luminoso, el llamado «milagro de la luz». Después alcanzaremos un enclave mágico desde tiempo remoto, donde hace millones de años el ser humano ya veía amanecer: los yacimientos de Atapuerca. Más tarde, la capital, Burgos, la ciudad del mío Cid, y una de las grandes catedrales jacobeas, la «Notre Dame» española —templo alquímico de misteriosa simbología en el que se guarda y venera uno de los populares Cristos milagrosos, el Señor de Burgos—, y un particular cenobio de sangre azul, el Real Monasterio de las Huelgas. Por un juego de mesetas pedregosas, separadas por dóciles valles y la planicie de trigo, llegaremos a los restos del antiguo convento de San Antón, en el que los monjes curaban el «fuego del infierno» —donde cobra protagonismo la tau, símbolo antoniano y templario, tomado como talismán protector, guardián de lugares sagrados—, y a Castrojeriz, antiguo castro visigodo, encomienda templaria, que nos despide del camino burgalés.

Etapa de Grañón a Tosantos (25 kilómetros)

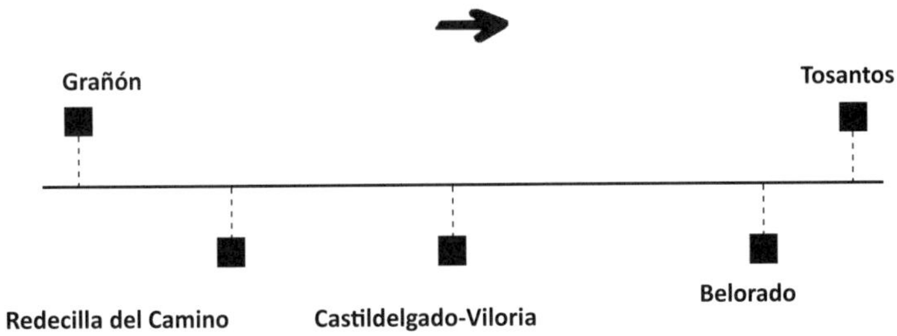

Albergues

Redecilla del Camino
Albergue de Peregrinos Municipal San Lázaro
Albergue Essentia (privado)

Castildelgado
Albergue Bideluze (privado)

Viloria
Albergue Acacio y Orietta (privado)

Villamayor del Río
Albergue de Peregrinos San Luis de Francia (privado)
Albergue Peregrinos Parada Viloria (privado)

Belorado
Albergue de Peregrinos Parroquial de Belorado
Albergue de Peregrinos Municipal El Corro

Tosantos
Albergue de Peregrinos Parroquial San Francisco de Asís
Albergue Los Arancones (privado)

GRAÑÓN: LA ESTRELLA MÁGICA DEL ALBERGUE SAN JUAN BAUSTISTA Y LA CASA DE LAS SONRISAS

Nada más salir de Grañón, el camino deja La Rioja y llega a Castilla y León. Abandonaremos el «país de la piedra» y entraremos en la «tierra del pan», la castellana, de la que decía Aymeric Picaud en el *Codex Calixtinus* que era «plena de tesoros, oro, plata, rica en paños y vigorosos caballos, abundante en pan, vino, carne, pescado, leche y miel». La senda continúa entre campos de cultivos —que en tiempos medievales acondicionó el santo constructor santo Domingo de la Calzada— y alcanza Redecilla del Camino, referenciada desde el siglo X, conocida como Redecilla de los Francos Pobres, llegó a contar con dos hospitales-hospederías de peregrinos, y fue propiedad de los premostratenses de Ibeas y los benedictinos de San Millán.

REDECILLA DEL CAMINO: «LA RADICELLA», LA MÁGICA PILA BAUTISMAL Y LA VIRGEN DE LA CALLE

La entrada a la villa, de trazado medieval, está marcada por un rollo jurisdiccional, símbolo de poder y enclave de ajusticiamientos. El camino prosigue por su calle Mayor, rúa de peregrinos, de trazado solar, de este a oeste, en torno a la cual se agrupan casonas entre las que se alza la iglesia de la Virgen de la Calle, en la que encontraremos claves «mágicas». Templo románico del siglo XII, ampliado en el siglo XVI, con torre de ladrillo, pórtico de gran arcada renacentista, sacristía con columnas jónicas, donde se guarda y venera la talla pétrea de la Virgen de la Calle, del siglo XIV, de tradición milagrosa, y que además posee una pila bautismal, de factura mozárabe, del siglo XII, que tiene extraños símbolos y mandalas jerosolimitanos tallados en la piedra. Frente al santuario, un viejo caserón recuerda que aquí se encontraba la hospedería-monasterio de San Lázaro.

Pila bautismal, de estilo mozárabe, tallada con mandalas jerosolimitanos, en la iglesia Virgen de la Calle en Redecilla del Camino.

Castildelgado y Viloria de Rioja: la «villa del pan» y cuna del santo De la Calzada

El camino prosigue hasta alcanzar Castildelgado y Viloria. La primera, conocida como la «villa del pan», nos ofrece como muestra de su pasado jacobeo el renacentista palacio de los Berberana y la fuente de Pisa Romero, en la que los peregrinos llevan saciando la sed desde hace siglos. La villa alcanzó su mayor esplendor en el siglo XVI por ser la cuna de Gonzalo Gil Delgado, obispo electo de Burgos. Referenciada desde el siglo XI por poseer un monasterio dedicado a Santiago Apóstol, junto al cual Alfonso VI levantó un hospital de peregrinos. Tras Castildelgado, llegaremos por pistas de tierra a Viloria de Rioja. Citada en el siglo XI como Villa Oria, aquí nació y vivió el constructor e iniciado santo Domingo, en cuya iglesia de la Asunción se guarda la pila bautismal donde fue bautizado.

Viloria, cuna del santo, e iniciado, constructor santo Domingo.

Belorado: la judería del Corro y las cuevas-eremitorio de san Caprasio

Después de Viloria y Villamayor del Río —conocida como Villamayor de la Sombría, que contó con una hospedería y hospital, en donde se alza la barroca iglesia de San Gil Abad—, la senda prosigue a los pies de los montes de Ayago para llegar a la capital de la llamada «Riojilla Burgalesa», Belorado. Ubicada en el fondo de un barranco, a orillas del río Tirón, paso natural del valle del Ebro a la Meseta, sus orígenes se remontan a un asentamiento de la tribu celta de los autrigones, posteriormente romano. Referenciada desde el siglo x —citada en el poema épico de Fernán González—, plaza fuerte del Cid —parte de la dote de Fernando I de León tras casarse con Jimena—, fue fundada por Alfonso I el Batallador en el siglo xii, quien le otorgó fueros, privilegios de mercado y feria, y que donó a la Orden del Temple, siendo residencia real de Alfonso el Sabio en el siglo xiii. Asentamiento de francos y judíos, albergó una gran judería, en la que la medicina y la cábala, saberes prohibidos en tiempos medievales, estuvieron muy presentes. Sus calles estrechas y tortuosas, con pasadizos, guardan la atmósfera jacobea. Del antiguo esplendor medieval dan testimonio la ermita de Belén —del siglo XII, que fuera hospital para peregrinos y sede de la Orden de Santiago, donde se venera y guarda la gótica talla de la Virgen de Belén, patrona de la localidad—; sus dos iglesias, la de Santa María, del siglo XVI, y la de San Pedro, del siglo XVII; el convento de San Francisco —del siglo XIII, donde pernoctó san Bernardino en su peregrinaje a Compostela—, el convento de Nuestra Señora de la Bretonera —del siglo XIV, refundado en el siglo XV por el Conde de Haro—, el barrio del Corro —antigua judería—, la plaza Mayor —flanqueada por casas de fachadas de perfil talud—, los restos del antiguo castillo —del siglo IX, edificado en tiempos de Alfonso III, del que queda su torre homenaje— y las cuevas-eremitorio de san Caprasio, san Valentín y santa Pía.

Iglesias de Santa María y San Pedro, las cruces templarias y la estela celta

Según la época del año en que hagamos el camino, podremos visitar una u otra iglesia. En primavera y verano, la iglesia de San Pedro, del siglo XVII, donde se reunía el Concejo, en la que se guardan varios bustos-relicarios con las reliquias de los mártires de Cardeña. Y en otoño e invierno, la de Santa María, del siglo XVI, en cuyos muros encontraremos cruces templarias y estelas celtas, y donde se guarda y venera una talla de la Virgen del siglo XIII.

Cuevas de san Caprasio, las grutas del santo, eremitas y anacoretas

En la zona de Caprás, en la parte inferior del cerro del castillo, hallaremos tres grutas que, según la tradición, sirvieron de eremitorio a san Caprasio, obispo de Agén, en la Gascuña francesa, y a su grupo de anacoretas, santa Pía y san Valentín, en el siglo III, tras las persecuciones del emperador Maximino. Cuevas que, posteriormente, durante la invasión musulmana, a partir del siglo VIII, fueron refugio de eremitas.

Tosantos: los cultos a la madre tierra, la ermita rupestre de la Virgen de la Peña

Abandonaremos Belorado cruzando el puente El Canto —de orígenes romanos, ampliado por Alfonso VI para el paso de peregrinos, de once arcos, reformado en el siglo XIX—, para salvar el río Tirón hasta el desvío a San Miguel Pedroso. Ante nosotros aparecerá la villa de Tosantos, dominada por la ermita rupestre de Nuestra Señora de la Peña, excavada en la roca de la montaña, y en la que cobra fuerza el culto a la naturaleza.

Ermita rupestre Virgen de la Peña en Tosantos.

Ermita rupestre Virgen de la Peña, el templo de la diosa Ceres

Ubicada en un farallón al norte del pueblo, en las denominadas cuevas de los Arancones, territorio de anacoretas y ermitaños, hallaremos la cueva santuario rupestre de la Virgen de la Peña. Horadada en la roca, formada por una capilla y un ábside, de diecisiete metros de longitud y siete metros de ancho, en su interior se guarda y venera una imagen medieval de la Virgen que, según la leyenda, fue escondida en esta gruta durante la invasión árabe y redescubierta posteriormente de forma prodigiosa. Una nueva «señal» mágica que muestra el carácter pagano del lugar, de reminiscencias a cultos a la madre tierra.

Etapa de Tosantos a San Juan de Ortega (22 kilómetros)

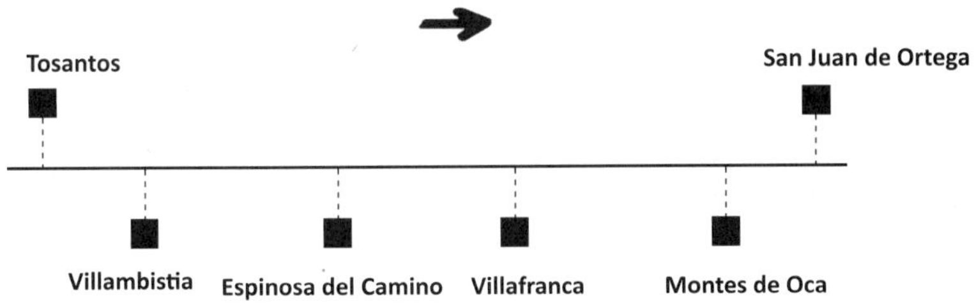

Albergues

Villambistia
Albergue de Peregrinos Municipal San Roque

Espinosa del Camino
Albergue de Peregrinos La Campana (privado)

Villafranca-Montes de Oca
Albergue de Peregrinos Municipal Montes de Oca
Albergue de Peregrinos San Antón Abad (privado)

San Juan de Ortega
Albergue de Peregrinos Monasterio San Juan de Ortega
Albergue El Descanso (privado)

Tosantos: los cultos a la madre tierra, la ermita rupestre de la Virgen de la Peña

Antes de abandonar Tosantos pasaremos por delante de la iglesia de San Esteban, frente a la cual se alzan dos castaños centenarios que remarcan, señalan, antiguos rituales y cultos a la madre naturaleza. Saldremos por la parte trasera de la villa, por una pista de tierra entre campos trigales ondulados que nos conducirá hasta Villambistia.

Villambistia: la fuente octogonal y la iglesia de San Esteban Protomártir

La poderosa torre de la iglesia, ajada por el paso de los años, rompe el horizonte y preside la entrada a Villambistia, que en tiempos medievales tuvo un hospital de peregrinos, y que fue parte de las catorce que formaban la Hermandad de Villafranca Montes de Oca en el siglo XVIII. Su iglesia, con aspecto de fortaleza, dedicada a san Esteban Protomártir, fue construida en el siglo XV, ampliada en el siglo XVIII, es de una sola nave dividida en cinco tramos y cuenta con un bello retablo barroco. Sus calles, que recorreremos cruzando el puente que salva el arroyo de la Ranaza, donde se levanta la ermita de San Roque, atesoran una atmósfera fantasmagórica, ya que la mayoría de los vecinos viven fuera de la localidad. Al cruzarla, el silencio solo es roto por el agua de la bella fuente octogonal coronada por una cruz de hierro, de modo que es probable que tengamos la sensación de estar atravesando un pueblo fantasma, un desierto de fríos edificios modernos.

Espinosa del Camino: la devoción a san Indalecio y san Félix de Oca

La soledad de las calles de Espinosa y el extraño urbanismo, deslavazado entre casonas que debieron de ser ricas y hoy se desmoronan, conforman un paisaje que sobrecoge al caminante. El trazado de las calles revela que el camino fue el origen del pueblo. Y en ella se alza la iglesia de Nuestra Señora de Espinosa, de tradición milagrosa.

Iglesia de Nuestra Señora de Espinosa del camino, el agua milagrosa

Construida en el siglo XVI, conserva la cabecera y el transepto, está cubierta con arcos de media bóveda de terceletes, y dedicada a san Indalecio, uno de los discípulos de Santiago, quien sufrió martirio en estas tierras, de gran devoción y popularidad milagrera. Lugareños, vecinos y peregrinos acuden a su fuente, de singular factura pétrea cuadrilobulada, cuya agua dicen que alberga propiedades curativas.

Monasterio de San Félix de Oca, tras las huellas de san Felices de Bilibio

Al salir de Espinosa llegaremos a San Felices, vestigio del asentamiento que hubo en torno al monasterio de San Félix de Oca, cuya historia se desarrolló entre los siglos V y IX, y donde la tradición cuenta que estuvo el eremita san Felices de Bilibio, o san Félix, del que se dice que fue «varón santísimo», monje que sería maestro del ermitaño Emiliano de la Cogolla, más conocido como san Millán. Las reliquias de ambos las encontramos en el anteriormente citado monasterio de Yuso. Solo se conservan los restos del ábside de la iglesia, que resisten en medio de una pradera. Aquí murió y fue enterrado Diego Porcelos, fundador de la ciudad de Burgos. La cabecera es del mismo estilo que la de San Vicente del Valle. Una cúpula cubre su planta cuadrada, de estilo prerrománico, llamada «condal» por su contemporaneidad con el conde de Castilla, Fernán González.

Villafranca de Oca.

VILLAFRANCA DE OCA: LA ANTIGUA AUCA ROMANA Y LA CONCHA GIGANTE DE FILIPINAS

Tras recorrer la planicie, las primeras llanuras y ondulaciones castellanas, «La Rioja burgalesa», alcanzaremos Villafranca de Oca. Población que tiene sus orígenes en un campamento romano llamado Auca. Villa arraigada al camino, cuyo nombre evoca al simbólico y misterioso juego de la oca, repoblada con francos, se convirtió en sede episcopal durante el reinado de Alfonso VI hasta el traslado de la misma a Burgos. Referenciada por Aymeric Picaud en el *Codex Calixtinus,* era parada obligatoria antes de atravesar los temidos Montes de Oca, el Nemus Oque. En su calle principal, rúa de peregrinos, en paralelo a la carretera nacional, hallaremos el hospital de la Reina, edificado por Juana Manuel, esposa de Enrique II de Castilla, en el siglo XIV —en el que se ofrecía acogida a peregrinos pobres, clérigos y personas distinguidas, y que contaba con catorce camas para hombres, cuatro para mujeres, otras cuatro para sacerdotes e ilustres y nueve para enfermos—, que hoy sigue ofreciendo hospitalidad y cobijo a los peregrinos bajo el nombre de San Antonio Abad, y la iglesia de Santiago, en la que hallaremos un particular exvoto en forma de pila bautismal.

Iglesia de Santiago, la concha gigante, pila bautismal filipina

Construida en el siglo XVIII sobre un anterior templo, y a su vez sobre un santuario mozárabe destruido por Almanzor, de dimensiones catedralicias, presume de ser la más grande de las iglesias del camino. Templo de planta de cruz latina, una sola nave, robusta torre y portada neoclásica, guarda en su interior una particular pila bautismal: una concha natural gigante —*tridacna gigas*—, de sesenta y cinco kilos de peso, traída desde Filipinas.

Montes de Oca.

Montes de Oca-Puerto de la Pedraja: la ermita de la Oca y fuente de San Indalecio

Al salir de la población, y antes de adentrarnos en los Montes de Oca, encaminaremos nuestro rumbo por la parte baja de la ladera hasta la ermita de San Felices y la Virgen de la Oca —referenciada desde el siglo v, en tiempos de Teodorico, edificada sobre una villa romana y con sus sillares—, y la fuente de San Indalecio, lugar señalado por la leyenda que cuenta que el manantial nació cuando aquí fue martirizado san Indalecio, discípulo del apóstol, considerado el primer obispo de la sede episcopal de Oca, cuyas piedras aparecen moteadas de rojo. El enclave, además, está marcado por el milagro de un niño resucitado, según la tradición, por el propio Santiago. El camino continúa por la verdadera y originaria ruta, que partía de Villafranca por la parte de arriba del monte y ascendía hasta llegar a Valdefuentes. Recorreremos la misma senda en la que los caminantes medievales se agrupaban para hacerse fuertes ante los posibles peligros que se presentasen. Atravesaremos bosques de pinos y robles inmersos en un silencio absoluto, un sendero montañoso que sumerge al peregrino buscador en una atmósfera mágica, similar a la que debieron de vivir y sentir los primeros peregrinos.

San Juan de Ortega: la tumba del santo constructor y el «milagro de la luz»

El itinerario continúa a través de los antiguos Nemus Oque, por el hoy puerto de La Pedraja, cuyo nombre también evoca al ánade, ya que proviene de la raíz celta *jars*, que significa oca. Cruzados los temibles Montes de Oca, siguiendo el curso del arroyo del Roblegordo, en lo alto y sobre un calvero aparecerá el monasterio de San Juan de Ortega, erigido por quien es uno de sus ilustres personajes, e hito del Camino de Santiago. La vida de este santo, nacido en 1080 e hijo de Vela Velázquez y Eufemia, familia de Quintanaortuño, presenta numerosas similitudes con la del constructor iniciado santo Domingo de la Calzada, de quien fue discípulo. Cuenta la tradición que peregrinó a Tierra Santa cuando Castilla estaba en guerra entre Urraca de León y Alfonso I. A su regreso se retiró a la vida contemplativa en estos montes burgaleses, y construyó la iglesia y el monasterio-hospedería para ayudar a los caminantes. Gozó de la amistad de monarcas, nobles y todos los gremios de constructores, y su templo, de popularidad gracias a las reliquias que se trajo consigo, entre las que se encontraban los cráneos de las once mil vírgenes y un *lignum crucis*. Juan de Ortega murió en 1152 en Nájera, y trescientos años después de su muerte, su tumba seguía siendo centro de peregrinación milagrosa entre los reinos cristianos debido a la creencia de que la reliquia de su cilicio curaba la esterilidad femenina, algo que hizo que peregrinara, para implorar fertilidad, hasta la reina Isabel la Católica. Hoy el monasterio —con un bello claustro de dos pisos sobre arcos y pilares cilíndricos— sigue manteniendo la hospitalidad. Un albergue en el que, durante décadas, el entrañable padre José ofrecía sopas de ajo a los peregrinos mientras repetía la frase de santa Teresa: «A Dios también se le encuentra entre los pucheros».

Monasterio e iglesia de San Juan de Ortega.

IGLESIA DE SAN JUAN DE ORTEGA, LA CRIPTA MÁGICA Y EL «MILAGRO DE LA LUZ»

Construida en el siglo XII, su edificación se prolongó hasta el siglo XV. Templo románico, de planta rectangular, tres naves, crucero y ábside, en su interior se guardan y veneran la tumba de san Juan de Ortega —un baldaquino isabelino sobre cuatro columnas, con relieves de la obra y milagros de san Nicolás de Bari, y el sepulcro marmóreo con la imagen yacente del santo en alabastro, obra de Juan de Colonia y Gil de Siloé—, así como las reliquias de su casulla y un mutilado Cristo de marfil del santo. El santuario atesora la sabiduría, la magia, los símbolos y el mensaje de los gremios de constructores, que cobran vida cada año durante los equinoccios. El día 21 de marzo y el 21 de septiembre, a las cinco en punto de la tarde, se produce el fenómeno de la luz equinoccial, el «milagro de la luz», el momento en el que un rayo de sol entra por una ventana ojival en la fachada exterior izquierda del pórtico e ilumina el capitel donde están talladas las escenas de la Natividad, la Visitación y la Anunciación de la Virgen. Durante cinco minutos, la luz equinoccial da vida a la piedra, justo el día en el que la noche tiene la misma duración que el día. La iglesia, en sus ventanas góticas —de diez arquivoltas que difunden la luz por los cristales de alabastro—, tiene además el símbolo de la *tetraktio,* la totalidad absoluta, la luz.

Mausoleo y tumba de san Juan de Ortega —santo e iniciado constructor— y el capitel de la Anunciación, protagonista del «milagro de la luz» cada equinoccio de otoño y de primavera.

Etapa de San Juan de Ortega a Burgos (27 kilómetros)

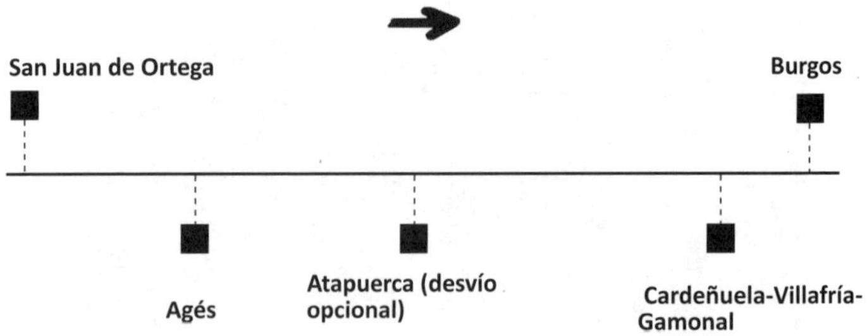

Albergues

Agés
Albergue de Peregrinos Municipal La Taberna
Albergue El Alquimista (privado)
Albergue El Pajar (privado)
Parada y fonda: El Alquimista

Atapuerca
Albergue El Peregrino (privado)
Albergue La Hutte (privado)

Cardeñuela
Albergue de Peregrinos Municipal La Parada
Albergue Santa Fe (privado)

Burgos
Albergue de Peregrinos Municipal El Cubo
Albergue de Peregrinos Parroquial Emaús
Albergue Divina Pastora (privado)

San Juan de Ortega: la tumba del santo constructor y el «milagro de la luz»

Abandonaremos San Juan de Ortega por un sendero que cruza un bosque de pinos. Aquí, los antiguos *concheiros* tenían dos opciones para llegar a Burgos: seguir por el ramal de Santovenia de Oca, Zalduendo e Ibeas de Juarros, o continuar por otro, más peligroso, agreste y boscoso, el ramal de Agés, Atapuerca y Villafría, donde se unían al camino los peregrinos procedentes del País Vasco. Hoy la ruta nos lleva por Agés y la sierra de Atapuerca, donde esperan enclaves mágicos e históricos en los que redescubriremos nuestro pasado y una tierra que es un tesoro.

Agés: el puente de «El alquimista»

Siguiendo la marcha hacia el oeste, en el descenso aparecerá Agés. El coqueto y bello pueblo —referenciado desde el siglo x bajo el nombre de Fagege, con una iglesia vinculada a santa Eulalia de Mérida— conserva en sus calles la arquitectura tradicional castellana. La villa fue erigida y favorecida por el propio constructor san Juan de Ortega. El santo iniciado constructor desbrozó montes, desecó pantanos, levantó hospederías y hospitales. Trazó y edificó el camino hasta Atapuerca, construyendo puentes de piedra, como el de un solo ojo que cruzaremos a la salida de la población para salvar el río Vena. En su iglesia de Santa Eulalia —la gran santa para los cristianos hispanos hasta la aparición de Santiago—, según la tradición, se enterró a García I de Navarra, tras ser derrotado por su hermano Fernando I en la batalla de Atapuerca. Aunque la historia señala que su tumba se encuentra en Santa María de Nájera.

«Hace más de 800.000 años el hombre ya vio amanecer desde este mismo lugar» recuerda el hito del Camino de Santiago en Atapuerca.

Atapuerca: los primeros pobladores en el Camino (desvío opcional)

Recorreremos la serranía y descenderemos al valle del río Pico, donde durante la Edad Media se unían los peregrinos procedentes de Miranda de Ebro, Pancorbo y Briviesca, para llegar a la llanura de Atapuerca, el paraje que albergó hace más de ochocientos mil años a los primeros pobladores de la península ibérica. Enclave histórico, mágico y sagrado —escenario de ritos y ceremonias ancestrales—, donde moraba el abuelo de Cromañón, en el yacimiento arqueológico podremos descubrir y redescubrir nuestro pasado y a nuestros antepasados. El desvío se encuentra al principio de la localidad, y el conjunto arqueológico a tres kilómetros de distancia. En el propio municipio de Atapuerca hallaremos un menhir que señala el lugar donde se produjo la batalla entre las tropas de Fernando I y García I, quien perdió la vida en septiembre de 1054. Y así lo recuerda un hito de piedra con la inscripción: «Fin de Rey. García de Nájera».

Cardeñuela, Riopico, Orbaneja, Villafría, Gamonal: apariciones marianas

El sendero prosigue por Santovenia, en cuya iglesia de Santa Eugenia está enterrado el infortunado García. Después ascenderemos con suavidad un monte bajo de encinas y llegaremos a un collado desde el que observaremos por primera vez la llanura burgalesa y las torres de la catedral rompiendo el horizonte. Antes de alcanzar Villalbal, encontraremos un curioso laberinto pétreo y una gran cruz de madera rodeada de rocas. Se trata de un *milladoiro,* donde se lanzaban piedras para conjurar maleficios o pedir protección. Tras Villafría, alcanzaremos Gamonal. Hoy casi un barrio de Burgos, cuenta la leyenda que aquí se apareció la Virgen en el siglo x, siendo sede en el siglo XIII del obispado de Oca y de la Cofradía de los Caballeros y la Real Compañía de Santiago. Tras avanzar varios kilómetros por el asfalto y entre el ruido de los polígonos industriales, llegaremos a las primeras casas de Burgos, aunque nos quedará todavía un rato de largas avenidas hasta el corazón de la ciudad. Salvando el río Arlanzón por el puente de Malatos, situado junto al antiguo hospital de San Juan, hallaremos la iglesia de San Gil, del siglo XIII. Santuario marcado por la leyenda, en cuyo altar mayor se guardan y veneran un Cristo crucificado y una custodia milagrosa que sudó sangre según la tradición durante la guerra de Pedro el Cruel contra su hermano el de Trastámara.

El Arco de Santa María, una de las doce puertas de las murallas en época medieval, acceso a la ciudad de Burgos.

Burgos: la catedral de Santa María y el Real Monasterio de las Huelgas

Ubicada a orillas del río Arlanzón, en la vega que forma con el río Vena, sus orígenes se remontan a la época neolítica, como avalan los restos hallados en los cerros del Castillo y de San Miguel. El primer misterio que ofrece Burgos es su propio nombre, proveniente del término *burgo,* no relacionado con francos, sino con la pluralización de *burg,* proveniente del griego *Yrgos,* que significa «torre» o «fortificación». Fundada por Diego Porcelos en el año 884, tras la creación del reino de Castilla en 1035 se convirtió en capital del reino de Castilla y de la Corona de Castilla de forma intermitente, desde el siglo XIII hasta el reinado de los Reyes Católicos, en el siglo XV. La importancia que tuvo como cabeza de Castilla permitió ofrecer en el Medievo una gran asistencia hospitalaria a los peregrinos. Llegó a contar con treinta y cinco hospitales y treinta y siete albergues. En el siglo XVI fue el escenario donde se dictaron las leyes que la Monarquía Hispánica aplicó en América, base de los actuales derechos humanos, conocidas como Leyes de Burgos. Su origen militar centra la parte más antigua de la urbe en torno al castillo, en lo alto del monte. De la fortaleza solo quedan los restos de los torreones. El casco antiguo queda rodeado por las murallas con cuatro puertas del siglo XIII: la de San Juan, la de San Martín y la de San Esteban, y el arco-puerta de Santa María, del siglo XVI, que sustituyó a otra más antigua. Hoy, una vez cruzado el puente, avanzaremos por la rúa Mayor, la calle de Las Calzadas, la de San Juan, el Avellano y de Fernán González, contemplaremos las Llanas de Adentro —un hermoso patio comunal a modo de callejuelas encerradas entre viejos edificios— y las Llanas de Afuera —también patio comunal, corral—, el vetusto edificio de piedra gris donde estuvo la primera imprenta —traída por don Fadrique Alemán desde Basilea, con cuya máquina y tintas se imprimió, en 1485, la *Gramática* del abad de Oña, y en 1499, la primera edición de la *Tragicomedia de Calisto y Melibea,* más conocida como *La Celestina,* de Fernando de Rojas—, hasta alcanzar la catedral de Santa María, que junto con el monasterio de las Huelgas, son paradas obligadas para peregrinos buscadores de historias, leyendas y misterios.

Catedral de Santa María —llamada la Notre Dame española— de Burgos. En su fachada, escondido en el rosetón, hallaremos el sello de Salomón.

Catedral de Santa María, la Notre Dame española y el Señor de Burgos

Construida en el siglo XII gracias al obispo viajero y renovador Mauricio, quien quiso adoptar la modernidad artística de Francia, por lo que es conocida como la Notre Dame española, fue edificada sobre la iglesia románica erigida por Alfonso VI. No se conoce el nombre del primigenio constructor, pero se sabe que le sucedieron el maestro Enrique y sus dos hijos. Templo gótico, de planta de cruz latina, tres naves divididas en nueve tramos, bóvedas de crucería, pilares octogonales, triforio en la nave central y transepto —de arcos apuntados, divididos en siete vanos, con arquería trilobulada y cabezas humanas—, coro —en forma de U, de sillería de nogal, plateresco, obra de Bigarny, del siglo XVI, con profusa iconografía religiosa y el busto yacente del obispo Mauricio, de madera, con esmaltes de Limoges, del siglo XIII—, crucero —donde se halla la tumba del Cid y Jimena—, cimborrio —obra de Juan Vallejo, del siglo XVI, octogonal, con bóveda estrellada de ocho puntas, de influencia musulmana—, vidrieras y rosetones del siglo XIII, y girola con capillas radiales. En el claustro, del siglo XIII, obra del maestro Juan Pérez —de planta cuadrada, con seis arcos en dos lados y siete en los otros dos lados—, destaca la conocida como puerta del Claustro, en la que aparece la genealogía de Cristo, el árbol de Jesé, con reminiscencias de la catedral de Reims. En el exterior destacan sus tres portadas: la de Santa María, la Sarmental y la de Coronería. Entre las gárgolas que se asoman desde las alturas puede observarse una con la cabeza de un alquimista barbado, con el gorro frigio que cubría a los iniciados, y luciendo una misteriosa sonrisa. En su interior, encontraremos materiales repletos de connotaciones funerarias, como alabastro, mármol oscuro, jaspe y pizarra. Destaca la capilla Mayor —con retablo renacentista obra de Rodrigo de la Haya y Martín de la Haya, del siglo XVI, presidido por la imagen de Santa María la Mayor, talla gótica del siglo XV—, la capilla de las Reliquias —a la que se accede por la capilla de San Juan de Sahagún, que atesora tres retablos relicarios con la colección de reliquias catedralicias, donde se daba culto a la románica Virgen de la Oca, del siglo XIII, y la gótica Virgen del Milagro, del siglo XIV—, la capilla de los Condestables —con el sepulcro de alabastro de Pedro Fernández de Velasco y Mencía de Mendoza, obra de Bignary, del siglo XVI, con bóveda de estrella octogonal de Simón de Colonia, del siglo XV, y un lienzo de la Magdalena con el Grial, obra de Giampietrino, discípulo de Leonardo da Vinci—, la capilla del Cristo de Burgos —donde se guarda y venera el prodigioso Señor de Burgos—, la capilla del Corpus Christi —con el cofre del Cid—, la Escalera Dorada —obra de Diego de Siloé, del siglo XVI—, así como un particular autómata del siglo XVI, el Papamoscas.

Cofre de El Cid y capilla de las Reliquias en la catedral de Santa María de Burgos.

Claves de la catedral de Burgos

- *Puerta de Sarmental.* Fachada principal, gótica, del siglo XIII, en ella trabajó el maestro del Beau Dieu de Amiens y Reims. Está dividida por un parteluz con la figura de un obispo: para unos, Mauricio; para otros, san Indalecio. Sobre la portada aparecen un rosetón y una galería abierta de tres arcos con la Divina Liturgia y doce ángeles. En el tímpano hallaremos a Jesús sedente como pantocrátor —mostrando el Libro de la Ley junto a los cuatro evangelistas, representados con el tetramorfos—, rodeado por los veinticuatro ancianos del Apocalipsis tocando instrumentos medievales y alegorías a las artes en las arquivoltas.

- *Puerta de Santa María.* Gótica, del siglo XIII, está formada por tres puertas abocinadas: la de la Asunción, la de la Inmaculada y la del Perdón, que sirven de acceso a las tres naves del templo, todas ellas con iconografía dedicada a la Virgen. Sobre la misma se alzan dos torres gemelas, de tres cuerpos, con pilastras decoradas con pináculos, estatuas en los ángulos, y vanos ojivales y geminados, rematadas con agujas piramidales de base octogonal, obra de Juan de Colonia, del siglo XV, relacionadas con las catedrales alemanas de Friburgo y Esslingen. La puerta del Perdón, la central, se encuentra bajo un gran rosetón, con tracería de estrella de seis puntas que esconde el sello de Salomón, que vuelve a aparecer en el tímpano. Símbolo talismán y signo de reconocimiento del trabajo de canteros alarifes judíos, uno de los gremios más antiguos. Sobre el rosetón se abren dos grandes ventanas con tracerías y ocho arquillos con las estatuas de los ocho primeros reyes de Castilla, de Fernando I a Fernando III, iconografía que tiene su precedente en la catedral de Reims.
- *Puerta Coronería.* Ubicada en el hastial del brazo norte del crucero, salva el desnivel del suelo en el interior del templo mediante la Escalera Dorada de Diego de Siloé. Gótica, de tradición románica, del siglo XIII, fue reformada en el siglo XVIII, con un arco de medio punto de grandes dovelas de estilo barroco, sustituyendo el parteluz gótico en el que estaba representada la figura de Dios Padre. Por encima de las jambas, y extendiéndose por los muros, formando frisos, encontraremos arcos ciegos ojivales apuntados y trilobulados sobre columnillas con capiteles vegetales que hacen de base a un apostolado, con figuras a tamaño natural, seis a cada lado. En el tímpano aparece representado el Juicio Final, de reminiscencias egipcias. En él hallaremos a Cristo entronizado, como

juez universal, con la Virgen y san Juan, y a san Miguel pesando las almas, bienaventurados entrando al paraíso —donde ya están nobles, un rey, una reina y un monje con capucha—, y demonios conduciendo a los pecadores al infierno. La portada está emparentada con la catedral de León, que tiene la misma iconografía que las catedrales de Reims y de Chartres.

- *Escalera Dorada*. Obra de Diego de Siloé, se hizo para salvar el desnivel entre el exterior y el interior del santuario. Su construcción definitiva se realizó en 1519, aunque hubo varias anteriores. Siloé proyectó en esta escalera una de las primeras obras del Renacimiento, inspirándose en los modelos de Donato Bramante y Miguel Ángel. Estructurada en forma de T —de tau—, con dos tramos laterales convergentes y una rampa de diecinueve peldaños que comienzan con cuatro peldaños curvos, en uno de sus relieves encontraremos tallados un compás y una escuadra, recuerdo a los canteros.

La Escalera Dorada —obra de Diego de Siloé, del siglo XVI, donde encontraremos los relieves de una escuadra y un compás— en la catedral de Santa María de Burgos.

- *Capilla del Cristo de Burgos*. De planta de cruz latina, una sola nave con bóvedas de crucería, en ella se guarda y venera el milagroso Santo Cristo de Burgos, conocido como el Señor de Burgos, que durante siglos estuvo en la iglesia de San Agustín. Cuenta la leyenda que un mercader burgalés amigo de los monjes agustinos prometió traer de Flandes un gran regalo si rezaban por él. A su regreso, en la travesía, descubrió flotando en el océano un arcón de madera que guardaba la imagen de un Cristo desclavado, de tamaño natural, con los brazos doblados sobre el pecho y de aspecto casi humano. El mercader llevó el arca como presente a los agustinos. Cuando los monjes la abrieron descubrieron una inscripción supuestamente de Nicodemo. El Cristo, del siglo XIV, está confeccionado con piel de búfalo, relleno de una sustancia vegetal que le da una textura suave al tacto, salvo el pecho, que es de madera, pelo humano, y es articulado. Estuvo en la iglesia de los agustinos hasta 1385, año en que fue trasladado a la catedral. Su fama milagrosa no ha dejado de crecer hasta el punto de que tiene su propio libro de prodigios, que se guarda en el archivo catedralicio, titulado *Los milagros del Señor de Burgos,* y comienza así: «Hay en este libro trece muertos resucitados, ciegos que recobraron la vista y mudos el habla».

El Santo Cristo de Burgos —talla articulada, realizada con piel de búfalo y pelo humano, marcada por la leyenda, de tradición milagrosa— y el Libro de los Milagros -en el archivo catedralicio- en la catedral de Santa María de Burgos.

- *El Papamoscas*. Pasa desapercibido para muchos, pero es una pieza única. Situado en lo alto de la nave mayor, a quince metros de altura, en un ventanal del triforio, aparece una misteriosa figura de medio cuerpo que se asoma sobre un reloj de esfera. De rostro mefistofélico, lleva ropa de cortesano, con casaca, cinturón, cuellos, bocamangas y hombreras de color verde. Y a su lado, otra figura más pequeña. Son el Papamoscas y el Martinillo o Secretario. Autómatas del siglo XVI, tienen un mecanismo que hace que al dar las horas se muevan y cobren vida: la pequeña sale y toca los cuartos desde un balconcillo, y la grande, abre la boca cuando toca las campanas para dar la hora.

El Papamoscas y el Martinillo o Secretario —autómatas del siglo XVI— de la catedral de Santa María de Burgos

Real Monasterio de las Huelgas, la sangre azul, autómatas y panteón real

Fue fundado por Alfonso VIII en 1187, siguiendo los deseos de su esposa Leonor de Plantagenet —hermana de Ricardo Corazón de León y Juan Sin Tierra—, tal como afirmó su nieto, Alfonso X el Sabio, en las *Cantigas,* inspirándose en el monasterio femenino de Fonteuraut en Aquitania, regido por su madre Leonor. Edificado para ser panteón real sobre los antiguos pastizales burgaleses, fue un cenobio diferente al resto. Cîteaux le otorgó el derecho *matrem ecclesiam,* siendo la casa madre de los monasterios femeninos de Castilla y León. Estaba formado por monjas de sangre noble y su abadesa tenía el mismo poder que el rey, dependiendo únicamente del papa, en un tiempo en el que la mujer no podía predicar, confesar o dar misa. El monasterio, amurallado, con aspecto de fortaleza, conserva dos puertas; una para el público, el Compás de Afuera, y otra para las monjas, el Compás de Adentro, también llamada de Alfonso XI. En el acceso principal se encuentra la puerta Real, que solo se abre cuando visitan el lugar los Reyes de España. Junto a este portón se alza la torre-residencia real, de estilo castrense —en la que nació Pedro I—, y que hacía las veces de entrada secundaria. La iglesia tiene fachada de diecinueve arcos apuntados —dispuestos de dos en dos, entre contrafuertes—, tres naves, bóveda sexpartita, capillas absidiales, crucero y un muro que separa la parte de clausura. En su interior hallaremos más de treinta sepulcros nobles y reales entre los que destacan: Constanza de Castilla, Sancho de Castilla, Berenguela de Castilla, María Ana de Austria, Alfonso de la Cerda, Blanca de Portugal, Alfonso VIII de Castilla, Leonor de Plantagenet, Constanza de Castilla, Leonor de Castilla, Blanca de Castilla y María de Aragón. Adosados al santuario encontraremos los claustros: el de las Claustrillas, el primero del cenobio, del siglo XII, obra del maestro Rodrigo, con doce arcos y columnas pareadas con capiteles románicos y góticos tallados con temas vegetales y castilletes en cada lado. Y el de San Fernando, del siglo XIII, conocido como Claustro de los Caballeros, con yeserías hispanomusulmanas policromadas y varios sepulcros que la tradición atribuye a miembros ilustres de la Orden de los Caballeros de la Banda. Fuera del recinto monástico se alza la capilla de Santiago —de arco herrado sobre columnas de mármol y capiteles califales, mudéjar, de piedra y ladrillo—, en la que descubriremos una pieza sorprendente y mágica: una imagen de Santiago del siglo XII que tiene un brazo articulado con un estoque, conocida como Santiago de la Pescoscada. Se trata de una escultura «viva», un autómata que formaba parte de un ceremonial con el que se invistió caballeros a nobles y reyes, como Abd'Allah —rey de Granada—, Eduardo I de Inglaterra, Felipe —hijo del emperador de Constantinopla y Gastón—, Fernando III el Santo, Pedro I de Castilla o Alfonso XI y su hijo Enrique II de Trastámara. Alberga el Museo de las Telas, formado por dieciocho vitrinas dedicas a los ajuares textiles de nobles y reinas —sedas, tafetanes, cendales, brocados y cojines—, el *Códice de las Huelgas* —manuscrito del siglo XIV, que recoge el repertorio musical que cantaban las monjas, la polifonía del Ars Antiqua— y el ataúd con el cadáver semiincorrupto de Fernando de la Cerda. Junto al monasterio se halla el Hospital del Rey, fundado por Alfonso VIII en 1195 tras su victoria en la batalla de Alarcos. Regido por doce freires y siete capellanes, referencia medieval para caminantes, está señalado por la muerte, ya que los peregrinos que morían en el hospital eran enterrados en el cementerio que había junto al templo, en la arboleda pegada a la puerta de Romeros.

Real Monasterio de las Huelgas —que fuera cenobio de monjas de sangre noble y panteón rea—, en Burgos.

Etapa de Burgos, Arroyo de San Bol, Castrojeriz (39 kilómetros)

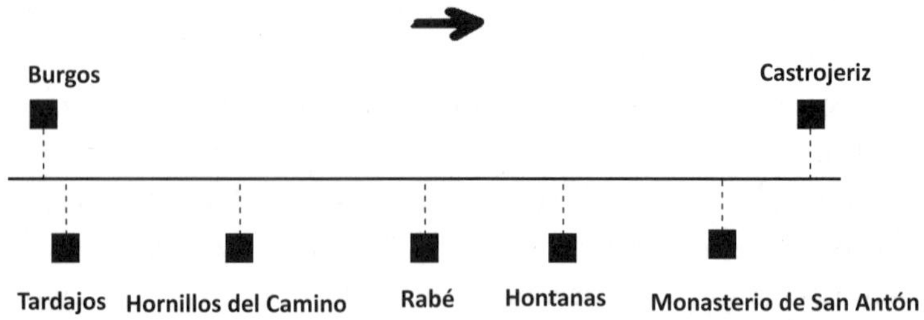

Albergues

Tardajos
Albergue de Peregrinos Municipal de Tardajos

Rabé de las Calzadas
Albergue Libéranos Domine (privado)
Albergue Santa Marina y Santiago (privado)

Hornillos del Camino
Albergue de Peregrinos Municipal de Hornillos del Camino

Castellanos De Castro
Albergue Fuente Sidres (privado)

Hontanas
Albergue de Peregrinos Municipal San Juan de Hontanas

Castrojeriz
Refugio de Peregrinos Monasterio de San Antón (privado)
Albergue de Peregrinos Municipal San Esteban
Albergue Casa Nostra (privado)

Burgos: la catedral de Santa María y el Real Monasterio de las Huelgas

Saldremos de la ciudad por las calles Fernán González, del Emperador y Villalón hasta el puente de Malatos, cruzaremos el río Arlanzón, y dejaremos a un lado el monasterio de las Huelgas y el hospital del Rey. Burgos marca un punto de inflexión en la senda. Se acaban las montañas, valles y llanuras ondulantes. Comienzan paisajes lineales y austeros, los páramos castellanos, las etapas que ponen a prueba a los peregrinos, y hay veinte kilómetros hasta Hornillos del Camino, que atesora un mágico albergue municipal junto a la parroquia donde podremos dividir la etapa. A las afueras de la capital burgalesa, aislado, encontraremos el monasterio de San Pedro de Cardeña, conocido como el «Escorial burgalés». Fundado en el siglo IX por el conde Lantarón y de Cerezo, sus monjes fueron martirizados por los musulmanes. Canonizados en el siglo XVII y conocidos como los «mártires de Cardeña», sus reliquias se guardan en dos urnas, una en el monasterio de las Huelgas y otra en la catedral burgalesa. El cenobio albergó uno de los grandes *scriptorium* medievales, en el que trabajó la monja Ende, a quien se le atribuye el Beato de Cardeña, del siglo XII. En la iglesia, reconstruida, destaca una impresionante escalera de caracol, la capilla de los Héroes —con veintinueve nichos, y las inscripciones de nombres de reyes y familiares del Cid—, y la románica torre Cidiana, en la que hallaremos una capilla denominada El Cid —ya que en ella fue enterrado hasta su traslado a Burgos—, y desde la cual, según las crónicas, Jimena contempló cómo su esposo, Rodrigo Díaz, era desterrado con doce de los suyos. El claustro, llamado de los Mártires, del siglo XII, atesora arcos que recuerdan a los de la mezquita de Córdoba por su policromía, de colores blanco y rojo. El lugar está marcado por el prodigio y la leyenda, que afirma que cada aniversario del martirio la tierra del claustro donde murieron los santos se tiñe de rojo sangre, prodigio que se produjo hasta el siglo XV, y a partir del siglo XVI en el nuevo claustro herreriano, siendo testigo del mismo el arzobispo Enrique de Peralta, quien llegó a abrir una investigación oficial con médicos y teólogos.

Crucero de Tardajos.

Tardajos-Rabé: cruce de caminos, la figura de Hermes y el accidente de Alfonso VI

El sendero por la tierra burgalesa nos lleva hasta el puente del Arzobispo y, tras cruzarlo, a Tardajos, donde nos recibe un crucero del siglo xviii. La población, que conserva el trazado medieval, fue erigida sobre un asentamiento de la tribu celta de los turmódigos en el siglo viii a. C., conocida como Deobrígula —que significa «ciudad de los dioses»—; posteriormente romana, se llamó Augustobriga, citada en la *Geografía* de Ptolomeo, tiempo del que ha quedado huella en la «Venus de Deobrigúla», y en Isar, en una losa de piedra grabada con la figura de Hermes pesando almas. Repoblada por Alfonso III en el siglo ix, albergó un hospital de peregrinos y un castillo, que fue morada de Alfonso VII, y obtuvo fueros por Sancho IV, siendo citada como Oter de Ajos en el siglo xiii. Paso a paso, avanzaremos por el valle del Arlanzón, por la vega y zona pantanosa, y dos kilómetros después llegaremos a Rabé de las Calzadas, donde se unían dos calzadas romanas, la Vía Quinta y la fuente de Prao Torre. Fue fundada por Alfonso VI, quien sufrió un aparatoso accidente en su puente medieval. Recorreremos la calle de Baldomero Pampliega, donde se alzan la iglesia de Santa Marina —reconstruida en el siglo XIX con sillares del originario templo medieval— y el palacio del conde de Villariezo, del siglo XVII, para salir de la población pasando por el cementerio y la ermita de Nuestra Señora del Monasterio, del siglo XVI, marcada por el milagro y la leyenda, ya que se levanta en el mismo lugar donde se halló de forma prodigiosa la talla de la Virgen del Monasterio, que se guarda y venera en el santuario.

Hornillos del Camino-Olmillos: el Sancti Spiritus y la cábala del obispo rabino

Tras recorrer diez kilómetros entre campos de trigo, y descender la cuesta de Matamulos hasta el valle del río Hormazuela, llegaremos a Hornillos. Asentamiento visigodo, referenciado desde el siglo IX, conocido como Forniellos —que significa «pequeños hornos»—, albergó dos hospitales de peregrinos: el del Sancti Spiritus y la hospedería-leprosería de San Lázaro, fundada en 1156 por Alfonso VII y dependiente de la abadía francesa de Saint-Denis de París. Allí ejerció la caridad Juan de la Miseria, fraile pintor que retrató a santa Teresa y provocó el enfado de esta. En la localidad —atravesada por la calle Real, la rúa de peregrinos, de orientación solar, de este a oeste—, se alza la iglesia de San Román, anteriormente llamada de Santa María, que en 1360 recibió el privilegio, por parte del obispo de Burgos y otros catorce prelados de Aviñón, de conceder a los peregrinos cuarenta días de indulgencias en determinadas fechas y solemnidades. Templo junto al cual encontraremos un mágico y especial albergue de peregrinos parroquial. Más adelante dejaremos Olmillos, cuna del eclesiástico burgalés Pablo de Santa María, el único obispo que fue rabino. Pertenecía a la familia Cartagena y desde joven se dedicó al estudio del Talmud, entrando en contacto con otros intelectuales judíos. Finalmente, san Vicente Ferrer lo convirtió al cristianismo, accediendo a la corte de Aviñón y de don Pelayo de Luna, el futuro Benedicto XIV, el Papa Luna.

Arroyo de San Bol: tras las huellas de san Boal y la aldea fantasma

Nuestros pasos continuarán por las soledades castellanas, donde el terreno y el entorno se transforman en un calco de sí mismos: mesetas pedregosas —subidas y bajadas—, separadas por valles y campos cubiertos de trigo. A unos cinco kilómetros nos encontraremos con una cruz de Santiago y el arroyo de San Bol, que debe su nombre a San Baudilio, una aldea fantasma, que fue misteriosamente abandonada por sus habitantes en 1503. Unos dicen que pudo ser por epidemias, otros que se debió a la expulsión de los judíos. En cualquier caso, fue una población con mucha presencia en esta comarca. Su iglesia de San Baudilio existía ya en el año 1352 como hospedería, hospital y leprosería bajo el nombre de San Boal, dependiente del monasterio antoniano de Castrojeriz hasta el siglo xv.

Hontanas: la villa de las fuentes y el agua

Escondida entre las laderas aparecerá esta pequeña localidad apiñada en torno a la iglesia de la Inmaculada Concepción, del siglo xiv. Debe su nombre a sus numerosas fuentes, «fontanas», que abastecían de agua a los caminantes. La villa perteneció al obispado burgalés, quien la compró por quinientos maravedís en el año 1204. Los peregrinos encontraban aquí cobijo en el «mesón de los franceses», que era como llamaban los vecinos al hospital de peregrinos de San Juan, hoy albergue municipal.

Monasterio de San Antón, casa madre de la Orden de los Antonianos, donde los peregrinos sanaban del llamado «fuego del infierno» o «fuego sagrado», provocado por el cornezuelo.

MONASTERIO DE SAN ANTÓN: EL TEMPLO DE LA TAU

Saldremos de Hontanas por la calle Real hasta la carretera, que cruzaremos, y proseguiremos por el valle del río Garbanzuelo —el antiguo y original camino— hasta llegar a las ruinas del monasterio de San Antón. Aquí, en los restos del convento, además de un refugio-albergue especial, encontraremos un lugar marcado por el milagro y el misterio. Erigido por Alfonso VII en 1146, se convirtió en la casa madre de la Orden de los Antonianos en la Península. La orden nació en 1095 en el delfinado francés —fundada por el noble Gascón en agradecimiento a san Antonio Abad tras sanar del llamado «fuego del infierno», conocido también como «fuego de San Antón»—, y se extendió por toda Europa, llegando a tener cuatrocientos hospitales y hospederías. Epicentro del milagro en la ruta jacobea, de gran popularidad, aquí se curaba el «fuego del infierno» —llamado igualmente «fuego de enfermo» o «fuego sagrado»—, una enfermedad —un ergotismo gangrenoso que iba acompañado de convulsiones— provocada por el cornezuelo, un hongo que se encuentra en los cereales, más concretamente en el pan. Los monjes conocían el secreto para curar el mal, y el cenobio se convirtió en punto de referencia, epicentro de sanaciones y curaciones prodigiosas entre los peregrinos. Estos monjes, además de sus particulares creencias: estrechamente unidos a los templarios, vestían túnicas negras con la tau, practicaban la caridad y celebraban ritos y cultos relacionados con la cosmogonía oriental. Hoy del gran cenobio solo quedan los muros de la nave central, parte del ábside, la fachada y dos arcos, bajo cuyo porche pasa el camino, con alacenas en las que los monjes dejaban comida a los caminantes que llegaban por la noche y dormían fuera, y hoy los caminantes depositan pequeñas ofrendas y exvotos. Vestigios que siguen atesorando una energía y magia especial.

Castrojeriz: el castro visigodo templario, la Virgen del Manzano y los tapices de las artes liberales

El camino entra en Castrojeriz por la calle Real, la rúa de peregrinos, de trazado solar, de este a oeste, de dos kilómetros de longitud, la más larga de la ruta jacobea. Ubicada a orillas del río Odra, en las faldas de un cerro, dominada por las ruinas del viejo castillo, tiene sus orígenes en un asentamiento de la tribu celta de los vacceos del siglo IV a. C. Posteriormente romana —identificada como Autraca o Segisama—, después visigoda —citada como Castrum Sigerici en la *Crónica albeldense*—, fue en tiempos medievales escenario de feroces batallas hasta que Alfonso VII la hizo definitivamente castellana. El conde de Castilla García Fernández le otorgó el fuero de la Caballería de Villana, el primero dado en Castilla, en el año 974, por el cual se equiparaba con un infanzón a cualquier campesino que poseyera un caballo, y a los que se conocía como «caballeros villanos». En el casco viejo, en forma de sirga, encontraremos los restos de la fortaleza —de orígenes romanos, reconstruida por el hermano de Don Rodrigo, Sigerico, en el siglo VIII, donde fue asesinada la reina Leonor de Castilla por orden de su sobrino Pedro I, y cuyo espectro dicen que vaga entre las vestigios de la atalaya, y de la que salían murallas que envolvían a la villa, destruida en el siglo XVIII tras el terremoto de Lisboa—, la iglesia de San Salvador —del siglo XV, en la que destaca su gran torre, hoy sede del Centro de Interpretación del Camino de Santiago—, el convento de Santa Clara —del siglo XIII, fundado por Alfonso X el Sabio, ampliado en el siglo XIV, donde se guarda y venera la Virgen del Capítulo—, la colegiata de Nuestra Señora del Manzano, y la templaria iglesia y claustro de San Juan.

Calle Mayor —la «Calle de los Peregrinos»—, y la iglesia de Santiago en Castrojeriz.

COLEGIATA DE NUESTRA SEÑORA DEL MANZANO, LA VIRGEN —Y TAU— DEL MANZANO

Construida en el XIII, sobre un santuario anterior del siglo IX, bajo la protección de la reina Berenguela, madre de Fernando III el Santo, fue ampliada en los siglos XV y XVIII. Templo románico y gótico, de planta rectangular, tres naves divididas en cinco tramos, capillas laterales y cabecera plana, arcos formeros tardorrománicos y bóvedas góticas. La portada es abocinada de columnillas y capiteles tallados con un caballero y un dragón, así como san Miguel lanceando al demonio, y un gran rosetón. En su interior destaca el retablo barroco del pintor Mengs, el sepulcro de don Alonso de Castro —caballero de los ejércitos de doña Urraca—, el sepulcro de la reina Leonor —esposa de Alfonso IV de Aragón—, y se guarda y venera la milagrosa talla de la Virgen del Manzano, del siglo XIII, románica, policromada, con una T grabada en su pecho, la tau, a la que Alfonso X le dedicó sus *Cantigas*.

Colegiata de Nuestra Señora del Manzano en Castrojeriz.

IGLESIA DE SAN JUAN, EL PENTÁCULO TEMPLARIO Y TAPICES DE LAS ARTES LIBERALES

Construida en el siglo XIII, ampliada en los siglos XV y XVI, de marcado aspecto militar, fue encomienda de la Orden del Temple. Templo románico y gótico, de planta rectangular, tres naves con capillas laterales, separadas por pilares redondos, bóvedas nervadas, ábside poligonal, claustro y torre. En la portada encontraremos un particular rosetón que encierra una estrella de cinco puntas, un pentáculo invertido en contraposición con el pentáculo recto asociado al hombre cósmico. En su interior, destacan el retablo mayor rococó —mandado hacer por el comendador mayor y preceptor general de la Orden de San Antonio, Damián García Olloqui, trasladado al templo cuando la Orden de San Antonio fue unida a la Orden de Malta en el siglo XVIII—, y una colección de tapices del siglo XVII, del taller de Carlos Janssen, dedicados a las artes liberales; el Trivium, la gramática, retórica y dialéctica, y el Quadrivium, la aritmética, geometría, astronomía y música. Tres dedicados a las ciencias del espíritu y cuatro más dedicados a las ciencias de la experiencia. El claustro, románico, de planta cuadrada, con tres galerías, en cuyas columnas aparecen cruces templarias, conserva el artesonado mudéjar policromado donde hallaremos alusiones astrológicas.

La templaria iglesia de San Juan —con el pentáculo invertido en la portada, y los tapices dedicados a las artes liberales— en Castrojeriz.

Palencia

Palencia —y sus eternos y bellos horizontes— nos da la bienvenida. La que sería séptima etapa del *Codex Calixtinus* —que separa las localidades desde Castrojeriz, pasando por Frómista, Villalcázar de Sirga y Carrión de los Condes hasta Sahagún— está conformada por jornadas que recorren grandes extensiones de tierras de cultivo de cereal, y villas que nacieron por y para el camino, que configuran un paisaje perfecto de los campos de Castilla, donde viviremos los mejores atardeceres y amaneceres de la ruta jacobea. En estas etapas descubriremos el rollo jurisdiccional de Itero de la Vega, podremos embarcar y navegar por el Canal de Castilla desde Boadilla del Camino hasta Frómista, escenario de un popular milagro templario, que atesora secretos cincelados en piedra en la iglesia de San Martín de Tours, un criptograma pétreo compuesto por trescientos quince canecillos que transmitían a los peregrinos ideas, credos y filosofías. Desde aquí aparecen los andaderos palentinos que nos llevarán a Población de Campos y la románica iglesia de la Magdalena, para después alcanzar Villalcázar de Sirga, que fuera encomienda de la Orden del Temple, y la colegiata de Santa María la Blanca. Erigida en un punto geotelúrico, en sus capiteles hallaremos misteriosos símbolos, así como el sepulcro del templario infante Felipe, y la talla de la Virgen Blanca de Santa María, a quien Alfonso X dedicó sus *Cantigas* alabando sus prodigios. Posteriormente llegaremos a Carrión de los Condes, que guarda un olvidado Cristo de Pata de Oca en la iglesia de Santa María, toda una alegoría de oficios medievales tallados en la iglesia de Santiago, la huella de una monja prodigiosa, sor Luisa de la Ascensión, la «Monja de Carrión», la «Dama de Marrón» en el monasterio de Santa Clara y las reliquias-telas de san Zoilo, en el monasterio que lleva el nombre del santo y que fue casa de la Orden de Cluny. Desde Carrión, tras cruzar el puente de piedra, la línea recta del horizonte se convierte en fiel acompañante del caminante, campos interminables de soledad —que nos llevan por Calzadilla, Lédigos o Terradillos de Templarios hasta Sahagún—, que son un regalo para los sentidos. Etapas, las palentinas, en las que uno no se puede esconder ni de sí mismo, que miden las fuerzas físicas y psicológicas, y que tienen como recompensa un regalo, la paz y tranquilidad de nuestro espíritu.

Etapa de Castrojeriz a Frómista (25 kilómetros)

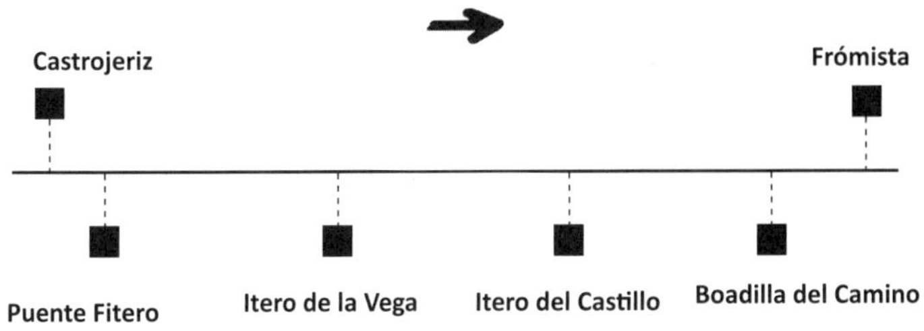

Albergues

Puente Fitero
Albergue de Peregrinos Ermita San Nicolás de Puente Fitero

Itero del Castillo
Albergue de Peregrinos Municipal de Itero del Castillo

Itero de la Vega
Albergue de Peregrinos Municipal Itero de la Vega
Albergue Puente Fitero (privado)
Albergue La Mochila (privado)
Albergue Hogar del Peregrino (privado)

Boadilla del Camino
Albergue Titas (privado)

Frómista
Albergue de Peregrinos Municipal de Frómista
Albergue Estrella del Camino (privado)
Albergue Betania (privado)

Castrojeriz: el castro visigodo templario, la Virgen del Manzano y los tapices de las artes liberales

Al salir de Castrojeriz, cruzaremos la carretera y el río Odra —por los puentes de Bárcena y de Tabanera— para emprender la ascensión a la fuente del Piojo, en el monte de Mostelares. Ya en la cumbre, comenzaremos el descenso por un camino que es el avance de los bellos y eternos horizontes de las tierras palentinas. Paso a paso, avanzaremos por los paisajes panorámicos del valle del Pisuerga, hasta llegar a la ermita de San Nicolás y el puente Fitero, frontera y acceso a la provincia de Palencia.

Cuesta y Monte de Mostelares.

Puente Fitero y la ermita de San Nicolás: el mágico puente a tierras palentinas

Situada a la ribera del Pisuerga, se alza la ermita de San Nicolás. Construida en el siglo XII, fundada por el conde Nuño Pérez de Lara como hospital y refugio para peregrinos, pasó a manos de la Orden del Hospital de San Juan, que controlaba el acceso y peajes a Tierra de Campos. Templo románico, de planta rectangular y una sola nave, es hoy, como lo fue en sus orígenes, albergue. Un albergue muy especial regentado por la Confraternità di San Jacopo di Compostella di Perugia, en colaboración con la Orden de Malta. Junto al santuario, el puente Fitero, citado por Aymeric Picaud en el *Codex Calixtinus* como Pons Fiteria. Cruzaremos el paso que salva el río Pisuerga, también llamado puente de la Mula o Ponteroso, de siete arcos, que llegó a tener once, construido por Alfonso VI en 1174, que, al igual que en tiempos medievales, delimita las fronteras de los territorios de Castilla y León: entramos en el puente por tierras burgalesas y salimos por tierras palentinas.

Ermita de San Nicolás y puente Fitero —llamado Pons Fiteria en el *Codex Calixtinus*—, paso que salva el río Pisuerga y hace de frontera entre tierras burgalesas y palentinas.

Itero de la Vega e Itero del Castillo, las soledades de Tierra de Campos

Tras cruzar el puente Fitero, alcanzaremos Itero de la Vega, en la que se alza la iglesia de San Pedro —del siglo XIII—, y el Rollo Jurisdiccional —del siglo XVI, renacentista, de fuste cuadrangular y basamento escalonado—, y después Itero del Castillo, donde encontraremos la iglesia de San Cristóbal —del siglo XVII, que guarda una pila baustismal del siglo XII y una benditera a los pies del templo—, la Torre del Castillo, del siglo XIV, restos del antiguo castillo erigido en el siglo X, así como los restos de la muralla medieval. Una senda de tierra atraviesa los dos primeros pueblos palentinos ubicados en el trazado original del camino. Y el paisaje vuelve a cambiar. Hasta este momento la llanura no era total:

cerros, lomas y ondulaciones le daban cierta variedad al paisaje. A partir de ahora la línea del horizonte se desploma bajo los trigales. Ante el peregrino se abre la Tierra de Campos, tierra, campos de trigo, iglesias y palomares, señalados por la historia, el arte, las leyendas y los misterios.

Rollo jurisdiccional —picota de ajusticiamientos— en Itero de la Vega.

Boadilla del Camino, la picota de brujas, pila sagrada y el barco del camino

Al llegar a Boadilla nos recibe la fuente Vieja, que atesora un extraño mecanismo de rueda para extraer el agua. Entraremos por su calle Mayor, que conserva las casas típicas —trébedes, con huecos bajo el suelo de las habitaciones para expandir el calor—, de diseño similar al de los hipocaustos romanos. Referenciada desde el siglo x, tras ser repoblada por Fernán Armentález, estuvo bajo dominio del conde Fernán González. En el siglo xv llegó a contar con tres iglesias, de las cuales queda la de Santa María, que se alza junto al rollo jurisdiccional, donde hallaremos nuevas claves «mágicas». A la salida de la población, tendremos la posibilidad de navegar por el Canal de Castilla. En un pequeño embarcadero, podremos subirnos al barco Juan de Homar y recorrer los seis kilómetros que nos separan de Frómista.

Iglesia de Santa María, la piedra sagrada bautismal estelar

Construida en el siglo XII, fue reconstruida en el XVI. Templo románico, del que queda la base del campanario, ampliado en gótico, de planta rectangular, tres naves, baptisterio, coro, cabecera y torre de tres cuerpos, en su interior hallaremos un retablo neogótico del siglo XVIII, el retablo mayor de la escuela de Berruguete, y una románica pila bautismal que es un misterio. Está sostenida por doce columnas cortas que se apoyan en pequeñas piedras con forma de pezuñas y tiene grabada una triple cenefa, con signos cabalísticos, arcos dobles, cruces templarias y grabados celtas.

Rollo jurisdiccional —picota de ajusticiamientos— en Boadilla del Camino.

Rollo del Santo Oficio, la picota de brujas y los herejes ajusticiados

En la plaza, detrás de la iglesia de Santa María, hallaremos el rollo jurisdiccional, del siglo XV, gótico, con grabados de animales, pequeños ángeles y motivos jacobeos, símbolo del poder jurídico en la comarca, otorgado por Enrique IV a la villa, en el que a los reos, tras ser juzgados, se los encadenaba y ajusticiaba, marcado por crónicas brujeriles y fantasmales.

CANAL DE CASTILLA, NAVEGANDO POR EL CAMINO

El Canal de Castilla es la mayor obra de ingeniería hidráulica del siglo XVIII en España. Fue concebido por el marqués de la Ensenada, apoyado por el rey Fernando VI, para facilitar el transporte de mercancías entre Castilla y el Cantábrico. El canal, que tiene una anchura de once a veintidós metros, por el que navegaban barcazas tiradas por animales, cuenta con doscientos kilómetros de recorrido y cincuenta esclusas para salvar los desniveles del terreno. La más importante de las esclusas la encontraremos en Frómista.

FRÓMISTA: LA TEMPLARIA «VILLA DEL MILAGRO» Y LA IGLESIA DE SAN MARTÍN DE TOURS

Vayamos navegando por el Canal de Castilla o caminando, en paralelo al cauce del canal, llegaremos a las esclusas-puertas cuádruples de Frómista, la entrada a la templaria «villa del milagro», que fuera cuna del patrón de los navegantes, san Telmo: la antigua Furmesta romana, donde nos esperan secretos y milagros templarios.

Esclusas del Canal de Castilla en Frómista.

Etapa de Frómista, Villalcázar de Sirga y Carrión de los Condes (20 kilómetros)

Albergues

Población de Campos
Albergue de Peregrinos Municipal Población de Campos
Albergue La Finca (privado)

Villarmentero de Campos
Albergue Amanecer (privado)

Villalcázar de Sirga
Albergue de Peregrinos Municipal de Villalcázar de Sirga

Carrión de los Condes
Albergue de Peregrinos Parroquial Santa María
Albergue de Peregrinos Parroquial Convento de Santa Clara
Albergue de Peregrinos del Colegio del Espíritu Santo
Real Monasterio-Hospedería San Zoilo (privado)

Frómista: la templaria «villa del milagro» y la iglesia de San Martín de Tours

Tras cruzar las esclusas del Canal de Castilla, dejando a un lado la ermita de Santiago —en la que se guarda y venera una Virgen del siglo XIII— entraremos a Frómista por la calle de la Francesa y luego por la calle del Milagro. Referenciada por Aymeric Picaud en el *Codex Calixtinus,* tiene sus orígenes en época romana, cuando era llamada Furmesta. Repoblada en el siglo X por Fernando I, albergó una gran judería por autorización del rey Alfonso X en el siglo XIII, que contó con más de doscientas familias judías, de ahí que sus vecinos sean apodados los «rabudos». La villa —que fue cuna en el siglo XII de Pedro González Telmo, conocido como san Telmo, patrón de navegantes y marineros—, gozó de realengo y señorío hasta el siglo XV. Llamada la «villa del milagro», como recuerda una estela de piedra con una cruz templaria en una de sus calles, cuenta la leyenda que fue escenario de un prodigio eucarístico protagonizado por Pedro Fernández de Teresa, quien pidió dinero prestado al judío Matudiel Salomón, sin devolvérselo después. Estando gravemente enfermo, al pedir los últimos sacramentos y darle el sacerdote la comunión, la sagrada forma quedó pegada a la patena, momento en que recordó su deuda y pagó. Una patena que hoy se guarda como «reliquia» en la iglesia de San Pedro. Punto de unión con los peregrinos procedentes del Camino Lebaniego —que baja por la Ruta Vadiniense desde Santander, pasando por Potes y el monasterio de Santo Toribio de Liébana, donde se guarda y venera la reliquia del *lignum crucis*—, guarda misterios y claves «mágicas» para peregrinos buscadores en la iglesia de San Martín de Tours, hito del Camino de Santiago.

Iglesia de San Martín de Torus —hito del Camino de Santiago— y estela templaria, que recuerda el llamado «Milagro de Frómista».

Iglesia de San Martín, la magia y el símbolo de la piedra

Construida en 1066 por doña Mayor de Castilla —esposa de Sancho II de Navarra, la misma que erigió el vado navarro de Puente la Reina—, formaba parte de un monasterio, hoy desaparecido, en el que trabajó el mismo gremio de canteros que en la catedral de Jaca. Templo románico, de tres naves, crucero, linterna, cimborrio octogonal y tres ábsides, su portada está enmarcada entre dos torres cilíndricas, y sus muros presentan el taqueado jaqués a diferentes alturas. La planta del edificio está formada por dos cuadrados, dentro de los cuales se circunscriben los ábsides, así como las naves, y orientada a los cuatro puntos cardinales, representados en las ventanas de la linterna que iluminan el crucero, también cuadrado. El santuario está señalado por el número ocho, que simboliza la comunicación con Dios, y responde a lo que los filósofos alemanes denominaron *weltanschauung*. En la cornisa exterior encontraremos trescientos quince canecillos tallados con figuras de animales —perros, lobos, machos cabríos, dragones, bueyes, ciervos, gallos, asnos, cabras, monos, cerdos, lechuzas o buitres—, que representan demonios, ángeles, pecados, vicios y virtudes. No solo animales, sino también bustos, cabezas humanas, temas geométricos y vegetales. En total: noventa y un demonios, cincuenta condenados y dieciséis animales, toda una alegoría infernal y angelical. Son un total de trescientas noventa y cuatro figuras las que aparecen en los muros, algo único arquitectónicamente. Entre los más de cien capiteles de su interior, se repiten varios símbolos «mágicos» y temas: el león, la serpiente, la oca, el lobo, y la lucha del bien contra el mal. Y en uno de los laterales, los canteros tallaron a los constructores en posturas iniciáticas, con la mano derecha sobre la rodilla izquierda del compañero, ritual de los maestros templarios.

IGLESIA DE SAN PEDRO, EL «MILAGRO DE LA HOSTIA», DE LA SAGRADA FORMA

Construida en el siglo XV, presenta un aspecto macizo y robusto de fortaleza. Templo gótico, de planta basilical, tres naves divididas en cinco tramos, con pilares fasciculados, cubiertas por bóvedas de crucería estrellada y torre de cuatro cuerpos. La portada es de estilo renacentista. En su interior, se guardan y veneran las reliquias de san Telmo, y hallaremos un Museo de Arte Sacro en el que se custodia, entre otras piezas, la patena del milagro protagonizado por Matudiel Salomón y por Pedro Fernández.

Población de Campos: la Orden de San Juan y la Magdalena

A la salida de Frómista encontraremos el primer andadero palentino. El camino se convierte en una senda peatonal que permite caminar disfrutando del paisaje y los soliloquios interiores. La ruta abandona la floritura y los adornos geográficos para mostrarse tal como es, llana y con poca sombra. Cruzaremos el río Ucieza, dejaremos atrás las localidades de Revenga de Campos y Villarmentero y alcanzaremos Población de Campos, que fue encomienda de la Orden del Hospital de San Juan donada por el rey Alfonso VII. En sus calles encontraremos la iglesia de Santa María Magdalena —del siglo XIV, ampliada en el siglo XVI—, así como las ermitas de San Miguel —del siglo XIII—, y del Socorro —del siglo XII—, que evocan la atmósfera medieval de la población.

Colegiata de Santa María la Blanca —encomienda templaria— en Villalcázar de Sirga.

Villalcázar de Sirga: la encomienda templaria en Tierra de Campos

En la distancia, distinguiremos la majestuosa y monumental Villalcázar de Sirga, con sus casas de labranza apiñadas en torno a la colegiata de Santa María la Blanca. El sendero nos conduce por el lado sur hasta esta mágica localidad que fuera la encomienda de la Orden del Temple en Palencia, una de las tres existentes en el camino, junto a Ponferrada en León y San Fiz do Ermo en Galicia. Hasta el siglo XI se la llamó Villasirga, que significaba «villa camino», y llegó a contar con tres hospitales, aunque no queda rastro alguno de ellos. En sus calles se alza el palacio de los condes de Villasirga, hoy casa consistorial, los restos del Hospital Real de las Tiendas, con un escudo con la cruz de Santiago, y la majestuosa y monumental colegiata de Santa María.

Colegiata de Santa María la Blanca, la serpiente y la Virgen Blanca

Construido en el siglo XII, fue santuario de referencia del reino castellanoleonés, compitiendo en devoción con el apóstol Santiago y la catedral de Compostela, debido a los milagros que realizaba su Virgen Blanca, hasta el siglo XIV. Templo románico y gótico, de planta rectangular, tres naves, cinco capillas, testero recto y tres ábsides. Alberga un imponente pórtico, de gran riqueza, construido a partir de un único plano horizontal. Armoniosas proporciones cubren una doble portada gótica en forma de escuadra en la que encontraremos un doble friso con representaciones de *maiestas* y la epifanía de los Reyes Magos. En él podemos distinguir un cerdito sabio que simboliza a san Lucas y que sostiene una cabeza sobre la suya. La portada está marcada por la leyenda que cuenta que: quien durante el equinoccio de primavera, el 21 de marzo, consiga golpear con fuerza en el lugar en el que se posa el rayo de sol durante cinco minutos, conocerá dónde se oculta un tesoro templario. En el interior —repleto de secretos tallados en los capiteles—, en una capilla, hallaremos los sepulcros góticos del infante don Felipe, caballero templario, y de su esposa doña Leonor. Las tumbas, que se apoyan en seis leones, muestran una profusa representación de escudos y armas de sus linajes. El infante parece estar desafiando a la eternidad al blandir su espada desnuda sobre el hombro y con el escudo invertido en señal de duelo. En la misma capilla encontraremos también la milagrosa imagen de santa María, a la que Alfonso X dedicó varias de sus *Cantigas,* en las que el rey poeta narró que los peregrinos enfermos que volvían de Santiago sanaban al orar ante la talla de la Virgen Blanca de Villasirga. La Virgen aparece representada en un pilar bajo doselete, con el Niño Jesús en las rodillas y acompañada por dos ángeles. Y es observada desde uno de los frisos de enfrente por un rostro de mujer como pétrea Gioconda.

La Virgen Blanca de Villasirga —a la que dedicó sus *Cantigas* el rey Alfonso X el Sabio— y la tumba del caballero templario, el infante Felipe y su esposa Leonor.

Carrión de los Condes: los prodigios de sor Luisa y la tela-reliquia de san Zoilo

Carrión de los Condes, final de etapa, era, y sigue siendo, una de las principales villas jacobeas en Palencia, no en vano, en época medieval era considerado el centro geográfico del Camino de Santiago. Aquí se unían la vía romana de Aquitania —que unía Burdeos y Astorga— y la ruta de peregrinos trazada por Sancho III de Navarra desde Pamplona. La villa tiene sus orígenes en el asentamiento de un misterioso pueblo llamado Cares, de origen oriental, en el siglo III a. C.; después de la tribu de los vacceos, más tarde romano, visigodo y finalmente musulmán. Fue residencia real y capital del célebre condado de los Benu Gómez, y posteriormente de los condes Gómez Díaz, quienes erigieron el monasterio de San Zoilo en el siglo IX; además de la patria chica del primer marqués de Santillana. Llegó a tener doce iglesias y otros tantos hospitales y hospederías. El más importante de todos ellos fue el de don Gonzalo, llamado hospital de la Herrada; fundado en el siglo XIII, y situado muy cerca del monasterio de San Zoilo, en el que los peregrinos recibían «de mayo a octubre medio pan, y de noviembre a abril, un pan entero». Albergó una importante judería, a la que perteneció Sem Tob ben Ishaq ibn Ardutiel, más conocido como don Santos de Carrión, pensador y poeta de la corte de Pedro I y autor de la *Danza general de la muerte* y de los *Proverbios morales*. A la entrada de la urbe dejaremos a la izquierda el Real Monasterio de Santa Clara, del que fue abadesa la prodigiosa monja sor Luisa de la Ascensión, la conocida como «Monja de Carrión», la «Dama de Marrón». Tras cruzar los restos de sus murallas, llegaremos a la iglesia de Santa María, después a la iglesia de Santiago y, a la salida, al atravesar el puente medieval, al Real Monasterio de San Zoilo, hoy hospedería de peregrinos. Todos ellos visitas obligadas para peregrinos buscadores de historia, leyendas, misterios y claves «mágicas».

Monumento al peregrino en Carrión de los Condes.

Iglesia de Santa María del Camino, el Cristo de la Pata de Oca

Construida en el siglo XII, sus orígenes están marcados por la leyenda, que cuenta que fue edificada en el solar donde se produjo el milagro de los toros el día del tributo de las cien doncellas, según el cual unos toros irrumpieron alterando el momento del pago del aterrador impuesto a los musulmanes. Templo románico, de planta rectangular, tres naves divididas en cuatro tramos, originariamente de tres ábsides semicirculares, con bóvedas de cañón, arcos fajones, capillas laterales, coro y sacristía, del siglo XVI. La portada está formada por un arco de medio punto con dos arquivoltas en las que aparecen talladas dos cabezas de toro, músicos, pecados, vicios, animales fantásticos y un jinete sobre un león y un caballero pisando a un personaje demoniaco, así como la adoración de los Reyes Magos y las figuras de Sansón y Carlomagno. En su interior, se guarda y veneran las imágenes de la Virgen de las Batallas —del siglo XIII—, y el Santo Cristo del Amparo —del siglo XIV, de origen renano, similar al Cristo de Pata de Oca de la localidad navarra de Puente la Reina—, ambas de tradición milagrosa.

Iglesia de Santa María —escenario del «milagro de los toros y las doncellas», donde se guarda y se venera el Santo Cristo del Amparo, un Cristo de Pata de Oca marcado por la leyenda— en Carrión de los Condes.

Iglesia de Santiago, los oficios medievales y la contorsionista o bailarina

Construida en el siglo XII por el maestro Fruchel, fue el principal santuario de la villa. Templo románico, de planta rectangular, una sola nave con tres ábsides semicirculares, presbiterio y capillas laterales añadidas en el siglo XVI, es hoy sede del Museo de Arte Sacro. Sus muros atesoran sesenta y dos marcas de cantero de veintidós tipos diferentes. La portada está formada por un friso donde aparece Jesús en el pantocrátor, escoltado por los apóstoles en el tetramorfos, portando un libro cerrado, símbolo de secretos, custodiando las doce puertas de la Jerusalén celeste. Debajo, en las arquivoltas, hallaremos veinticuatro figuras que representan oficios medievales del siglo XII —herreros, zapateros, plañideras, panaderos y canteros— y, entre ellas, una única:

la contorsionista o bailarina, la huella del desconocido mundo de las mujeres juglaresas.

Iglesia de Santiago —en cuya portada aparecen tallados gremios de oficios medievales— en Carrión de los Condes.

Real Monasterio de Santa Clara, la prodigiosa sor Luisa de la Ascensión

Fundado en el siglo XIII por dos hermanas clarisas venidas de Santa María del Páramo, con intervención del papa Alejandro IV y apoyo de doña Mencía López de Haro, viuda del rey Sancho II de Portugal, estuvo vinculado a la familia Castañeda, llegando a ser su abadesa doña Beatriz Manrique. Durante la época medieval era el centro geográfico del Camino de Santiago. Templo mudéjar, ampliado en los siglos XIV y XVII, bajo estilo neoclásico, con orden toscano y corintio, alberga un museo, con más de mil belenes procedentes de todo el mundo, dedicado al arte sacro y a la mística sor Luisa de la Ascensión, que llegó a ser abadesa. Conocida como la «Monja de Carrión», su biografía está marcada por los ideales y reformas que promulgaba y consiguió para las mujeres y por los prodigios —bilocaciones, profecías y trances— que protagonizó y que la llevaron a ser asesora del rey Felipe III y a ser investigada por el Santo Oficio.

Museo dedicado a sor Luisa de la Ascensión —llamada la «monja de Carrión» o «dama marrón», cuya vida estuvo marcada por el milagro— en el Real Monasterio de Santa Clara en Carrión de los Condes.

Real Monasterio de San Zoilo, la Orden de Cluny y la tela-reliquia de san Zoilo

Ubicado junto al puente medieval, a las afueras de la villa, sus orígenes se remontan al siglo x, cuando estaba dedicado a san Juan Bautista; cambió su advocación por san Zoilo en el siglo xi al llegar las reliquias del santo desde Córdoba, con el apoyo de los condes Banu Gómez, Gómez Díaz II y su mujer Teresa Peláez, bisnieta de Bermudo II. El rey Alfonso VI lo entregó a la Orden de Cluny, convirtiéndose en centro neurálgico religioso, político y cultural, sede del Camerarius Hispaniae, además de en panteón familiar de los condes de Carrión. Alcanzó fama entre los peregrinos porque daban todos los días pan y vino. Entre sus muros se celebraron concilios, cortes y esponsales como los de Sancho VI de Navarra con Sancha de Castilla, en el siglo xii, y en el siglo xiii, el de la princesa Beatriz de Suabia, nieta del emperador de Constantinopla Isaac II Ángelo, con Fernando III el Santo. Hoy, como ayer, es hospedería. Conserva el templo románico de una sola nave con capillas laterales, que guarda en su interior los sepulcros de los infantes de Carrión, y el claustro renacentista, del siglo xvi. En sus muros encontraremos ciento siete marcas de cantero pertenecientes a treinta y tres tipos diferentes y una particular reliquia, la de san Zoilo, una tela con una mágica simbología, en la que aparecen águilas bicéfalas, confeccionada con hilos de plata, que envolvió el cuerpo del santo, de la que se desconoce el origen y cómo pudo ser confeccionada. Mide más de dos metros y medio y ningún telar en ese tiempo era capaz de confeccionar textiles de ese tamaño. El lugar está, además, marcado por la leyenda, que cuenta cómo un hombre de Gascuña, que vivía de las limosnas peregrinando a Compostela, compró un asno que murió nada más salir de la villa; el hombre cayó enfermo, y recuperó la salud tras rezar tres noches a san Zoilo.

Real Monasterio de San Zoilo —casa madre de la Orden de Cluny— y las telas-reliquias del santo en Carrión de los Condes.

Etapa de Carrión de los Condes, Terradillos de los Templarios y Sahagún (40 kilómetros)

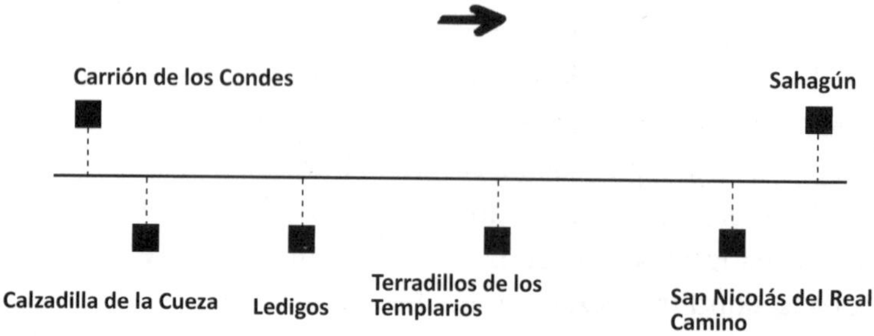

Albergues

Calzadilla de la Cueza
Albergue de Peregrinos Municipal Calzadilla de la Cueza
Albergue Los Canarios (privado)

Ledigos
Albergue El Palomar (privado)

Terradillos de los Templarios
Albergue Jacques de Molay (privado)
Albergue Los Templarios (privado)

Moratinos
Albergue Hospital San Bruno (privado)

San Nicolás del Real Camino
Albergue Alberguería Laganares (privado)

Sahagún
Albergue de Peregrinos Municipal Cluny
Albergue de Peregrinos Parroquial de las Madres Benedictinas
Albergue-Hotel La Bastide du Chemin (privado)

Carrión de los Condes: los prodigios de sor Luisa y la tela-reliquia de san Zoilo

Abandonaremos Carrión de los Condes tras cruzar su plaza Mayor, donde se encuentra la antigua cárcel reconvertida en Casa de la Cultura, que conserva en los sótanos los antiguos calabozos, así como el palacio de las Águilas, la casa natal del marqués de Santillana, introductor del «itálico modo» en la literatura castellana. Dejaremos la villa que describió Aymeric Picaud en el *Codex Calixtinus* como «activa e industriosa ciudad, rica en pan, en vino y en carne», por el puente de piedra que salva el río Carrión, para enfrentarnos —tras contemplar la belleza melancólica de la abadía de Benevívere, fundada en el año 1065 y de la que solo quedan unos pocos muros entre cuidados jardines arbolados— a la nada. Paso a paso, recorreremos una larga senda, entre campos de cereales, una interminable recta en la que solo contemplaremos la línea del horizonte. En el cruce de Villotilla emprenderemos la ruta por un camino pedregoso que no ofrece referencias visuales hasta llegar a un chopo, donde cruzaremos la carretera de Bustillo del Páramo, y llegaremos a Calzadilla.

Puente medieval, salida de Carrión de los Condes.

Calzadilla de la Sierra: el monasterio de las Tiendas

Tras rebasar dos grandes encinas que se alzan en medio de la nada, puntos de referencia en nuestro recorrido, aparecerá en la lejanía la torre de la iglesia del cementerio de Calzadilla, cuyo nombre proviene de la antigua calzada romana Vía Aquitania. El pueblo queda encajado en una depresión del terreno que lo esconde a ojos del peregrino casi hasta entrar en la población. Lo haremos por la calle de Sirga, coincidente con el camino, ruta solar, de este a oeste.

Ledigos: calma y sosiego en el camino

Al salir de Calzadilla abandonaremos la tierra, las pistas y los senderos y empezaremos a pisar asfalto. La carretera nacional nos conduce a Ledigos, una villa caracterizada por sus casas y muros de adobe. Las construcciones de barro se adaptan perfectamente al clima y son un ejemplo de arquitectura popular. La iglesia, consagrada a Santiago y del siglo XIII, pertenecía al obispado de Santiago de Compostela. Y en ella los vecinos muestran orgullosos su vinculación con la ruta jacobea guardando y venerando tres imágenes diferentes del santo, como matamoros, apóstol y peregrino.

Hospital abadía de la Orden de Santiago, la abadía en arroyos

En nuestra ruta encontraremos los restos del antiguo hospital y abadía de la Orden de Santiago, también llamada abadía de las Tiendas. Erigido entre dos arroyos, a la vera del agua, recuerdo de antiguos cultos a la naturaleza, fue fundado en el año 1182 por Bernardo Martín y más tarde donado a la orden religiosa, que lo mantuvo abierto hasta la desamortización de Mendizábal, en el siglo XIX. Su nombre se debe a las carpas de tela con armazón de madera que se utilizaban para acoger a caminantes y a *concheiros*. El hospital contaba con catres, jergones, sábanas y mantas, todo un lujo para aquella época.

Terradillos de los Templarios: el eco y recuerdo de los templarios

Tras Ledigos dejaremos el asfalto y comenzaremos el ascenso a Terradillos por una pista de tierra. La villa dependía de la encomienda templaria de Villalcázar de Sirga en tiempos medievales. Aquí se sitúa, según la leyenda, el enterramiento de una gallina que, al amanecer del día de San Juan, localizaba tesoros escondidos. Aunque el camino nunca pasó por Terradillos, ya que discurría a un kilómetro de la población, el trazado moderno ha hecho que la localidad sea hoy una urbe de referencia para el peregrino, que durante la primavera y el verano podrá dormir al raso, contemplando uno de los cielos más bellos del camino, en páramos que durante el día, caminando, son un reto, y durante los amaneceres, atardeceres y noches, un regalo.

San Nicolás del Real Camino: el último pueblo de la provincia de Palencia

Nada más dejar Terradillos, la línea horizontal entre ondulaciones vuelve a abrazar el camino con toda su fuerza. Llegaremos a Moratinos, con sus particulares bodegas tradicionales —más parecidas a casas de *hobbits* sacadas de la película *El señor de los anillos*—, para atravesar la calle Mayor, referenciada como jacobea ya en el siglo x, en el año 995, y alcanzar San Nicolás del Real Camino. Aquí se encontraba el hospital de San Nicolás del Real Camino, fundado en 1183 por un poderoso caballero de la comarca llamado don Tello Pérez de Meneses. El cenobio formó parte de los albergues jacobeos de «leyenda negra», ya que se admitían leprosos. Es el último pueblo palentino del camino. La ruta, tras esquivar la autovía, serpenteando por el puente, dejando a un lado el hito que marca el fin de las tierras palentinas, se adentra en León tras cruzar el río Valderaduey.

Salida del Camino de Palencia a León.

SAHAGÚN: LA PRIMERA GRAN CIUDAD JACOBEA LEONESA, LA CAPITAL DEL «ROMÁNICO POBRE»

Dejaremos las tierras palentinas para adentrarnos en la comarca leonesa al llegar a Sahagún, la séptima etapa referenciada por Aymeric Picaud en el *Codex Calixtinus*. Ubicada a la vera del río Cea, hoy moderno centro geográfico de la ruta jacobea, capital del «románico pobre» y de los juglares, su historia está ligada al rey Alfonso VI, monarca que abrió y vertebró el Camino de Santiago. Una urbe cuyos orígenes están marcados por el milagro y la leyenda, así como por las tres mágicas culturas y religiones: cristiana, hebrea y musulmana.

León

Sahagún, la primera ciudad leonesa que pisamos, conoció un pasado próspero gracias a la Orden de Cluny. Del gran monasterio de San Benito, refundado en el siglo XI por Alfonso XI, hoy solo se conserva un gran arco. La «capital del románico pobre», así llamada por sus edificios hechos de ladrillos de barro en vez de piedra, fue morada de la primera escuela de juglares, y de ilustres hombres de letras, burgueses, ricas familias y artistas que plasmaron y transmitieron todo tipo de conocimientos. Más tarde, alcanzaremos El Burgo Ranero, Reliegos, Mansilla de las Mulas —que llegó a poseer siete iglesias, dos conventos y tres hospitales—, Villamoros de Mansilla, Puente de Villarente o Valdelafuente —tras el ascenso del Portillo—, serán las poblaciones que encontraremos, en jornadas en las que el camino comienza a recorrer el asfalto, antes de entrar en la bimilenaria ciudad de León. La urbe en la que los hospitaleros marcaban el bordón a los peregrinos a modo de sello y en la que existe un rumor de secretos en piedra y vidrio. Su catedral, la *Pulchra Leonina,* respira la alquimia de los constructores franceses en sus vidrieras, rosario de sensaciones, amalgama de luces y colores, donde hallaremos el recuerdo al gran alquimista Nicolás Flamel. La salida de la capital leonesa se convierte en una pesadilla por culpa del asfalto, hasta que llegamos al puente sobre el río Bernesga. Atravesaremos campos de cereales y localidades como Virgen del Camino, Oncina de la Valdoncina, Chozas de Abajo o Villar de Mazarife. Los canales de regadío, los chopos y los álamos nos escoltarán hasta el puente romano de Hospital de Órbigo, el Paso Honroso, donde todavía resuenan los choques de lanzas de las justas del caballero Quiñones. Después, aparecerá el crucero de Santo Toribio, la referencia de nuestra llegada a la comarca de la Maragatería y a Astorga, en la que se alza el palacio episcopal —obra del heterodoxo arquitecto Gaudí y sede del Museo de los Caminos—, la Celda de la Emparedada y la catedral de Santa María, donde se guarda y venera un *lignum crucis* templario. Al salir de la ciudad aparecerán innumerables cruces de hierro, que orientarán al peregrino por la comarca maragata, bajo los perfiles de los montes leoneses. Caminaremos por Murias de Rechivaldo, Santa Catalina de Somoza o El Ganso, pueblos que conforman el territorio de una cultura única: los maragatos, mágicos arrieros cuya vida aún permanece viva entre parajes y edificios de piedra. Luego llegaremos a Rabanal del Camino y emprenderemos el ascenso a las cumbres del Monte Irago, en las faldas del sagrado monte Teleno. Lugares y parajes protegidos por los templarios, que conservan el espíritu y la armonía medieval peregrina. Desde la lejanía, una atmósfera misteriosa envuelve a la Cruz de Ferro, enclavada en un antiguo altar romano dedicado a Mercurio, dios de los caminos, a mil quinientos metros de altura. El lugar donde millones de peregrinos han depositado, y siguen depositando hoy, una piedra, prenda u objeto que simboliza todo aquello que quieren desterrar de sus vidas. Un ritual para limpiar la mente, el espíritu y el corazón. El amanecer o el atardecer, aquí, se convierten en una experiencia mágica y espiritual, que prepara el alma para afrontar el tramo final de la peregrinación por las soledades del tramo más alto del Camino de Santiago. Tierra de ermitaños y corrientes herejes. En el descenso se respira y siente la espiritualidad que en otro tiempo poblaba la zona y que aún pervive en las villas de El Acebo o Molinaseca, antes de alcanzar Ponferrada. La antigua Pons Ferrata, la capital del Bierzo, edificada a la vera del río Sil. Su castillo —emblema y encomienda de la Orden del Temple, orientado a las constelaciones, en el que descubriremos marcas herméticas, símbolos y señales ocultas—, vigila una tierra mágica y la ciudad cuna de herreros, maestros constructores y milagrosas vírgenes negras, como la de la Encina. Caminaremos por una región singular, cerrada por la Cordillera Cantábrica y los montes gallegos. El Bierzo es un territorio especial y singular, que invita al recogimiento y el silencio en aldeas como Fuentesnuevas, Cacabelos y Villafranca del Bierzo. En esta última villa, todo aquel que se veía enfermo o impedido para llegar a Compostela podía conseguir las indulgencias compostelanas pasando por la puerta del Perdón en la iglesia de Santiago. Aquí nos despediremos de Castilla y León para afrontar el ascenso por el valle de Valcarce a O Cebreiro, la puerta a tierras gallegas.

Etapa de Sahagún, Reliegos, Burgo Ranero y Mansilla de las Mulas (37 kilómetros)

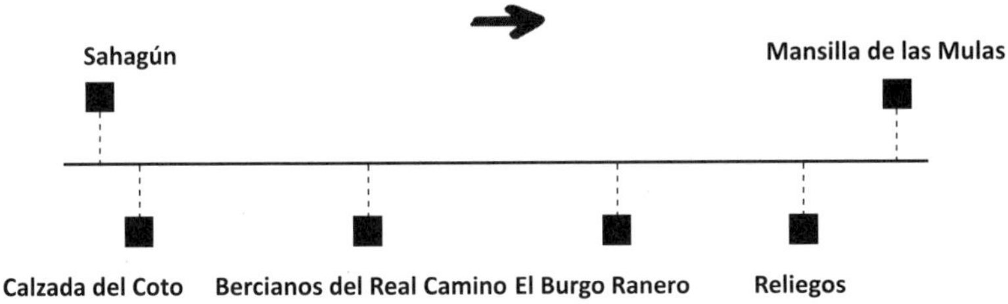

Albergues

Calzada del Coto
Albergue de Peregrinos Municipal San Roque

Bercianos del Real Camino
Albergue de Peregrinos Parroquial Casa Rectoral Bercianos
Albergue Santa Clara (privado)

El Burgo Ranero
Albergue de Peregrinos Municipal Domenico Laffi
Albergue La Laguna (privado)
Albergue El Nogal (privado)

Reliegos
Albergue de Peregrinos Municipal Don Gaiferos
Albergue Ada (privado)
Albergue Vive Tu Camino (privado)

Mansilla de las Mulas
Albergue de Peregrinos Municipal Mansilla de las Mulas

Sahagún: la primera gran ciudad jacobea leonesa, la capital del «románico pobre»

Al entrar en su término municipal, el paisaje monótono se rompe y estalla en verdor a la vera de las riberas de los ríos Cea y Valderaduey. Cruzaremos el puente medieval junto a la ermita de la Virgen del Puente, referenciada en el siglo x en las donaciones del rey Alfonso III. Sahagún, capital del «románico pobre» y de la Orden de Cluny, es el actual centro geográfico del Camino de Santiago. Tiene sus orígenes en un asentamiento romano, eje de la Vía Trajana, que unía Astorga, Zaragoza y Tarragona, más tarde ligados a dos santos mártires: Facundo y Primitvo, legionarios romanos decapitados, cuyos restos fueron arrojados al río Cea, reapareciendo milagrosamente y dando lugar a un santuario que fue centro de devoción y peregrinación, destruido en el siglo ix por Almanzor, reedificado por Alfonso III el Magno y repoblado con monjes de Córdoba. En el siglo xi se convierte de la mano del rey Alfonso VI, uno de los monarcas que abrió y vertebró la senda jacobea tras contraer matrimonio con Constanza de Borgoña, en la casa matriz de la Orden de Cluny en España. La urbe, considerada cuna del estilo mudéjar, que no usaba la piedra, sino el ladrillo, y de la primera escuela y gremio de juglares, fue repoblada con leoneses, castellanos y francos, creció al calor del monasterio cluniacense de San Benito, que albergó su propia universidad. A partir del siglo xii fue el centro religioso, político y cultural medieval de Europa. Llegó a acuñar moneda propia, el Vellón, inspirada en el modelo carolingo, y en ella convivieron las tres grandes religiones: cristianos, judíos y musulmanes. Fue cuna de san Juan de Sahagún —patrón de la villa y de Salamanca, conocido por sus milagros—, de Pedro Ponce de León —creador del lenguaje de signos para sordomudos, basado en los votos de silencio monacales—, y de fray Bernardino de Sahagún, el primer antropólogo de América. En sus calles, que atesoran el eco de la orden cluniacense, y sus fachadas la moderna magia del arte urbano, los restos del monasterio de San Benito —del siglo xi—, la iglesia de San Tirso y de San Lorenzo —ambas del siglo XII—, la iglesia de San Juan de Sahagún —erigida sobre la casa del santo, en la que se guardan y veneran las reliquias de san Mancio, así como las de san Facundo y san Primitivo, que fueron origen de la ciudad— y el de la de la Peregrina —del siglo XIII, donde los caminantes del siglo XXI pueden obtener y sellar la *carta peregrina,* que acredita el paso por el moderno centro geográfico del Camino de Santiago—, son visitas obligadas para los peregrinos buscadores.

Arco de San Benito —restos del monasterio de la Orden de Cluny, reformado en el siglo XVII— en Sahagún.

RESTOS DEL MONASTERIO DE SAN BENITO

Erigido en el siglo XI, fue el centro religioso, político y cultural, casa matriz de la Orden de Cluny. De su esplendor, apagado por varios incendios y la desamortización del siglo XIX, hoy solo quedan los restos del Arco de San Benito —reformado por Eduardo Saavedra en el siglo XVII—, la Torre del Reloj —una de las dos torres que eran puerta de entrada al monasterio—, y la capilla de San Mancio. En el interior de la torre, hallaremos numerosas marcas de cantero, entre las que destacan algunas muy singulares con forma de pájaro, y una ménsula románica de rostro femenino y ojos almendrados. Y en la capilla, las arquerías del interior conservan el taqueado y ajedrezado jaqués.

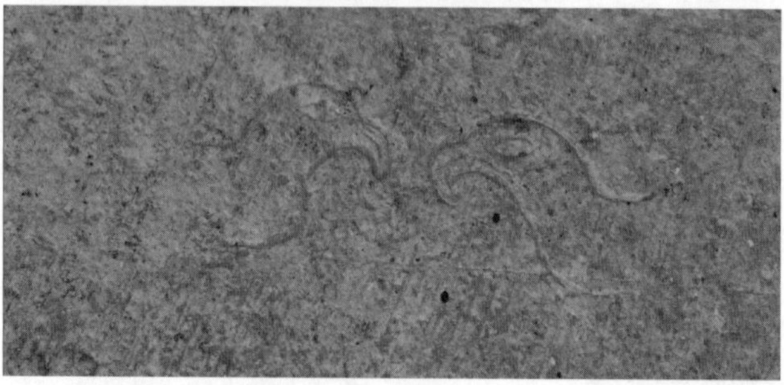

La Torre del Reloj —una de los dos que tenía el monasterio de la Orden de Cluny—, la ménsula románica de rostro femenino y las singulares marcas de cantero con forma de pájaro -ubicadas en la capilla de San Mancio— en Sahagún.

Iglesia de San Tirso, el misterioso sepulcro

Construida en el siglo XII sobre un santuario pagano, es modelo del resto de las iglesias de la comarca, así como de las de Zamora, Ávila, Valladolid y Segovia. Templo mudéjar, de planta rectangular, tres naves divididas en cuatro tramos, pilares y columnas cruciformes, arcos de herradura, bóvedas de cañón, y tres ábsides semicirculares. En el exterior, la entrada se realiza por una galería porticada donde hallaremos varios sarcófagos antropomorfos, y la portada original de triple arquivolta hoy cegada. La torre es un prodigio arquitectónico. De tres cuerpos, el primero posee ventanas geminadas con columnas y capiteles de piedra; el segundo, una galería de arcos de medio punto y dobles columnas; y el tercero, siete arcos de medio punto. En su interior descubriremos que el santuario tiene una orientación mágica y ritual a la quibla —muro de las mezquitas musulmanas orientado a la Kaaba en La Meca—, catorce marcas de cantero pertenecientes a once tipos diferentes en sus muros, entre ellas cabezas de pájaro, y, en la nave central, junto al coro —que tiene la sillería de la iglesia de la Peregrina—, un sepulcro gótico del siglo XIII, procedente del monasterio de Santa María de Trianos, con la efigie de un yacente caballero cuya identidad es un misterio.

Iglesia de San Tirso —y la misteriosa tumba gótica— en Sahagún.

Iglesia de San Lorenzo, la torre mágica

Construida en el siglo XII, en los barrios medievales de la morería y judería, conserva los muros del siglo XIII. Templo mudéjar, con elementos románicos y góticos, de planta basilical, tres naves, bóvedas de arista de yeso del siglo XVIII, cuatro ventanas en los cuerpos intermedios y en el último cinco, y tres ábsides semicirculares, con bóvedas de cuarto de esfera y bóveda de cañón, levantándose sobre el central la torre. Atesora un triple ábside formado por tres cuerpos a diferentes alturas; el inferior con arcos doblados de herradura, el central con arcos sencillos de herradura y el superior con una banda de recuadros ciegos. La torre, de planta cuadrada, consta de cuatro cuerpos, con ventanas ciegas, dobladas, arcos de herradura y arcos de medio punto, siendo la última parte de planta circular.

Iglesia de la Peregrina, la Carta Peregrina y la momia del caballero

Originariamente convento franciscano, erigido sobre la capilla de San Juan de la Penitencia, fundado en el siglo XIII, tras una visita de Alfonso X el Sabio, el santuario es hoy sede del Centro de Interpretación del Camino de Santiago y centro geográfico del Camino de Santiago, donde los peregrinos obtienen la carta peregrina, certificado que avala haber recorrido la mitad de la ruta jacobea. Templo de planta rectangular, una sola nave dividida en cinco tramos, crucero, ábside semicircular y capillas laterales. En el exterior, conserva la fachada de arquería, que se superpone a la portada de tallado mudéjar. En su interior, además de descubrir cómo era la vida monacal, en realidad, aumentada, hallaremos en una de las capillas varios paños de yeserías musulmanas, con lazos y motivos vegetales y tramas romboidales policromadas, y una misteriosa momia descubierta en la cripta, que pertenece a un caballero de dos metros de altura, que portaba un sello del papa Gregorio XI, del siglo XIV.

Santuario de la Peregrina —sede del Centro de Interpretación del Camino de Santiago, moderno centro geográfico de la ruta jacobea, donde se obtiene la Carta Peregrina— en Sahagún.

Calzada del Coto, la Vía Trajana y la batalla entre Aigolondo y Carlomagno

Saldremos de Sahagún por el Arco de San Benito y la Torre del Reloj, vestigios y testigos mudos del esplendor de la abadía de Cluny que hizo de esta villa punto de referencia jacobea, y por el monasterio de la Santa Cruz, en el que se guarda y venera la talla de la Virgen Peregrina, del siglo xvii, de tradición milagrosa, y reposan los restos del monarca Alfonso VI de León y sus esposas: Inés de Aquitania, Constanza de Borgoña, Berta y Zaida. Cruzaremos el puente del Canto, de cinco bóvedas de cañón, que salva el río Cea, para seguir rumbo a Calzada de Coto, donde tendremos dos posibilidades para continuar: caminar por la variante hasta Calzadilla de los Hermanillos o seguir a Bercianos del Real Camino y El Burgo Ranero por un andadero, ambas hasta Mansilla de las Mulas. Si optamos por la primera opción, recorreremos el sendero de tierra por el antiguo trazado medieval para llegar a Calzadilla de los Hermanillos, en la que atravesaremos el gran bosque de Valdelocajos, propiedad de la abadía de Sahagún, y donde, según cuenta el *Codex Calixtinus*, tuvo lugar la batalla entre Aigolondo y Carlomagno.

Sepulcro del rey Alfonso VI y sus cuatro esposas —Inés, Constanza, Berta y Zayda— en el monasterio de las Madres Benedictinas de Sahagún.

Bercianos del Real Camino, la fe y devoción de La Perala

Antes de alcanzar Bercianos, nos encontraremos en la ruta —por el nuevo trazado arbolado—, la ermita de la Virgen de Perales, conocida popularmente como La Perala —que estuvo bajo dominio del hospital de O Cebreiro en el siglo XII, donada por Fernando I de León—, cuya talla virginal despierta gran devoción milagrosa en la comarca. Bercianos fue donada por doña Paya y sus hijos al monasterio de Sahagún en el año 966. La esbelta y mágica torre de la iglesia del Salvador, del siglo XII, de treinta y dos metros de altura y enteramente de ladrillo, que desafortunadamente se derrumbó hace unos años, era todo un portento arquitectónico de los maestros canteros.

El Burgo Ranero: los lobos del peregrino Laffi

Entraremos en la villa por su larga y recta calle Mayor, jalonada por casas de adobe, de orientación solar, de este a oeste, lo que ya indica la vinculación con el Camino de Santiago. Perdida en la inmensidad de la llanura, la localidad está marcada por las crónicas de Domenico Laffi, quien en su obra *Viaggio* narró la historia de un peregrino que murió al ser atacado por varios lobos. El albergue municipal es una buena muestra arquitectónica tradicional castellana y, sobre todo, un lugar que conserva y mantiene la magia y espíritu del camino.

Monumento al peregrino y clérigo borgoñés Domenico Laffi en El Burgo Ranero.

Reliegos: la ciudad romana de Pallantia

A la salida de El Burgo Ranero, pasaremos junto a una charca, de las muchas que hay en la zona, y caminaremos bajo el vuelo de cigüeñas y al compás del croar de las ranas. Nos esperan nuevamente kilómetros de planicie. Una senda marcada por una hilera de chopos plantados al borde del sendero y de algunos bosquetes, que sirven de refugio a conejos, jabalíes y liebres. Más tarde, atravesaremos pequeños arroyos y campos de cereales, y llegaremos al punto donde confluían tres calzadas romanas: Reliegos. Villa cuya fundación se sitúa en el siglo x, tras las campañas de Almanzor, donde se encontraba la ciudad de Pallantia, llamada por Ptolomeo Pelontium, y en la que se unían las rutas de Tarragona y Burdeos, en el camino que enlazaba León con el Pirineo occidental.

Mansilla de las Mulas: las murallas calixtinas

La llegada a Mansilla de las Mulas, llamada Mansiella del Ponte en tiempos medievales, proporciona al peregrino un momento refrescante en la época estival y acogedor en otoño. Tras recorrer el andadero, entraremos a la villa atravesando sus estoicas murallas, altas, gruesas, de canto rodado, que formaban un semióvalo, con el lado plano en el curso del río Esla, y de las que se conservan los tramos principales. Fue fundada oficialmente en el siglo XII, durante el reinado de Fernando II, quien la repobló y reedificó sobre un antiguo castillo y caserío. Eje jacobeo, llegó a albergar siete iglesias, dos conventos y tres hospitales. De su pasado dan testimonio edificios como el convento de San Agustín, fundado en el siglo XVI por Fadrique Enríquez, almirante de Castilla; la antigua iglesia de San Martín, construida en el siglo XII, ampliada en los siglos XVI y XVII, presidida por tres misteriosas lápidas de enterramiento, y la iglesia de Santa María, citada en el siglo XII como «la de Nuestra Señora de la Plaza», de tradición y fama de milagrosa.

Crucero entrada a Mansilla de las Mulas.

Etapa de Mansilla de las Mulas a León (21 kilómetros)

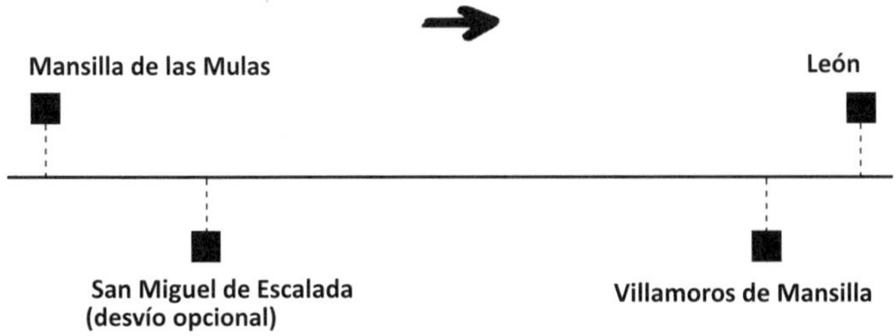

Albergues

Puente de Villarente
Albergue San Pelayo (privado)
Albergue El Delfín Verde (privado)

Arcahueja
Albergue de Peregrinos Municipal La Torre

León
Albergue de Peregrinos Parroquial del Monasterio de las Benedictinas Carbajalas.
Albergue Residencia de Peregrinos Ademar-San Francisco de Asís (privado)
Albergue Alda Pilgrim (privado)
Albergue Check in León (privado)
Albergue León Hostel (privado)
Albergue Muralla Leonesa (privado)
Albergue Santo Tomás de Canterbury (privado)
Albergue «Miguel de Unamuno» (privado).

Mansilla de las Mulas: las murallas calixtinas

Saldremos de Mansilla de las Mulas por el puente medieval —del siglo XII, ampliado en el siglo XVI, de ciento cuarenta y un metros de longitud, soportado por ocho arcos, recuerdo simbólico en piedra de nuestro avance etapa a etapa—, rumbo a Villamoros y León. A seis kilómetros, tendremos la opción de desviarnos del camino principal para descubrir un lugar marcado por lo mágico y sagrado, por el arte y la historia, que fue foco cultural durante la Edad Media en toda Europa. Uno de los santuarios más antiguos de España, en el que pervive el misterio de los gremios de constructores, y que era parte del itinerario original antes de que los cluniacenses trazasen la ruta «oficial»; la iglesia-monasterio de San Miguel de la Escalada.

Monasterio San Miguel de Escalada, el *scriptorium* de los Beatos.

Monasterio de San Miguel de Escalada: el *scriptorium* de *Beatos* (desvío opcional)

Construido en el siglo VII, como avalan diferentes inscripciones en sillares romanos, consagrado en el siglo X por el abad Alfonso y por el rey Alfonso III el Magno, custodiado por monjes cordobeses, guarda la belleza y la sofisticación de los canteros hispanos prerrománicos. Templo mozárabe, de planta basilical, tres naves separadas por arcos de herradura y columnas y fustes romanos, tres ábsides semicirculares, con ventanas, y torre del siglo XI. En el exterior, su pórtico es un prodigio constructivo, con doce arcos, columnas, capiteles y alfiz de estilo califal. La portada, de arco de medio punto, da acceso a la capilla de San Fructuoso, llamada panteón de Abades. En el muro meridional aparece una ventana geminada de vano doble con columnilla central y dos arquillos de herradura con estelas romanas. En su interior hallaremos frisos, capiteles, canceles y celosías tallados con motivos vegetales —palmeras, piñas y hojas de acanto—, motivos geométricos —mallas y trenzados—, figuras zoomorfas, varios sarcófagos antropomorfos —semejantes a los fenicios y egipcios— y varias estelas con inscripciones mozárabes y cátaras. Atesora más de medio centenar de marcas de cantero; entre ellas, el boceto en piedra más antiguo de Europa. Un cenobio que albergó uno de los más importantes *scriptoria* medievales en el siglo x, donde se realizó el *Beato de San Miguel de Escalada* (también conocido como *Beato Morgan* o *Pierpoint*) hoy en la Biblioteca Morgan de Nueva York, obra del maestro Magius.

Villamoros de Mansilla: el cerro sagrado, antiguo asentamiento astur

De nuevo en la senda principal, alcanzaremos las lomas de Villasabariego, antiguo paraje mágico de los astures. Se trata de Lancia, antiguo asentamiento de los astures, romanizado en el siglo I a. C., que fue origen de la ciudad de León y en el que había un templo romano dedicado al dios Jano, deidad del conocimiento, según el historiador Plinio. Atravesaremos la villa de Villamoros de Mansilla, hasta Puente Villarente, y cruzaremos el puente, que lleva el mismo nombre, sobre el río Porma, el que atravesó y reseñó Aymeric Picaud en el *Codex Calixtinus* en 1139. Sus dieciocho arcos, que anteriormente fueron veinte, sorprende por la insólita forma curvada de la estructura de piedra. Aquí, nada más salvar las aguas del Porma, se encontraba el hospital de peregrinos fundado en el siglo XVI por el arcediano de Triacastela. Una localidad que tuvo la primera ambulancia del camino: un burro trasladaba a los caminantes enfermos desde este hospital y hospedería medieval a León. Después, camino y carretera se unen para iniciar la suave subida al Alto del Portillo. Alcanzaremos primero Arcahueja, referenciada en el siglo XII, y su iglesia de Santa María, después Valdefuente, con su iglesia de San Juan Bautista, y la fuente del caño del Portillo, y finalmente, cruzaremos el moderno puente que salva la autovía y llegaremos a la capital leonesa

León: la real basílica y panteón de San Isidoro y la catedral de Santa María

Entraremos en la bimilenaria ciudad por Puente Castro. Antaño asentamiento de la comunidad hebrea, y hoy barrio leonés. Aquí se hallaba el castro de los judíos, donde los rabinos compartieron sabiduría y cultura en las bibliotecas de las aljamas, y del que no queda rastro alguno. León conserva innumerables vestigios de su rica historia medieval y jacobea. Y es aquí donde el peregrino buscador encontrará misterios y claves «mágicas», en la colegiata y el panteón real de San Isidoro, así como en la catedral gótica, alquimia de la piedra y el vidrio.

Recinto amurallado romano, acceso al casco antiguo, de la bimilenaria ciudad de León.

Etapa de León a Hospital de Órbigo (29 kilómetros)

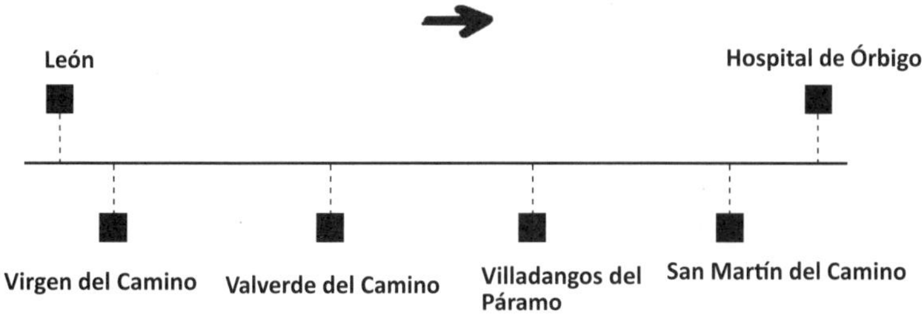

Albergues

Virgen del Camino
Albergue de Peregrinos Municipal Don Antonio y Doña Cinia

Valverde del Camino
Albergue La Casa del Camino» (privado)

Villadangos del Páramo
Albergue de Peregrinos Municipal Villadangos del Páramo

San Martín del Camino
Albergue de Peregrinos Municipal San Martín del Camino
Albergue Vieira (privado)

Hospital de Órbigo
Albergue de Peregrinos Parroquial Karl Leisner
Albergue Casa de los Hidalgos (privado)
Albergue Verde (privado)

León: la Real Basílica y Panteón de San Isidoro y la catedral de Santa María

Ubicada en una pequeña elevación de la llanura, a orillas y en las confluencias de los ríos Bernesga y Torío, tiene sus orígenes en época romana. Fundada en el siglo I por la Legión VII Gemina Pia Felix, en tiempos del emperador Galba, es en el siglo III cuando se convierte en el principal centro militar, comercial, logístico y político del noreste peninsular, formando parte del convento asturicense y pasando más tarde a Gallaecia. Desde los siglos IV al VII formó parte del reino suevo y, después, del visigodo. Tomada por los musulmanes en el siglo VIII, fue «reconquistada» en el mismo siglo por el rey Alfonso I, que la incorpora al reino de Asturias, quedando primero deshabitada y luego rehabitada por una comunidad mozárabe. En el siglo IX fue definitivamente conquistada y repoblada por el monarca Ordoño I, el cual impulsó la villa instaurando en ella el obispado. Tras la muerte de Alfonso III el Magno, el reino de Asturias se divide y queda repartido entre sus hijos y herederos: su hija Fruela recibe el trono asturiano; Ordoño II, Galicia; y García I, las tierras de León, Álava y Castilla, fundando entonces, oficialmente, el reino de León.

Tras la muerte de García I, y ocupar el trono su hermano, Ordoño II, la ciudad se convirtió en sede de las cortes de Asturias y León, y llegó a competir con Córdoba en esplendor. Son muchos los vestigios históricos señalados por el misterio que hallaremos en esta heterogénea ciudad —rodeada por los lienzo y cubos de las murallas medievales, que siguen el trazado romano—, que fue cuartel general de la Orden de los Caballeros de Santiago de la Espada.

Plaza Mayor —la sexta más grande de España— de León.

Arco de las Cien Doncellas -una de las puertas de las murallas medievales-, y la Casa Botines -la obra del genio Gaudí- en León.

En sus calles y bellas plazas, que atesoran una atmósfera especial, se entremezcla lo rural y lo urbano. Son visita obligada para los peregrinos buscadores de misterios y leyendas la gaudiniana Casa Botines —mágica y simbólica arquitectura decimonónica, con la imagen del san Jorge y el dragón, obra de Llorenç Matamala—, el palacio de los Guzmanes —con sus torres flanqueadas por grandes gárgolas—, el palacio del Conde de Luna —del siglo XIV, que fue sede del Tribunal de la Santa Inquisición—, los restos del palacio de Alfonso VII —del siglo XII, con un torreón de estilos románico y gótico—, el convento de San Marcos —del siglo XII, primitivo hospital de peregrinos, levantado por Alfonso VII de León, donde se guarda y venera el milagroso Cristo de Carrizo del siglo XI, y donde estuvo preso Francisco de Quevedo entre 1639 y 1643—, la iglesia de San Salvador —del siglo x, levantada por Ramiro II de León, la más antigua, donde estuvo el primer panteón real leonés— o la plaza Mayor, ubicada en el Barrio Húmedo, reconstruida en el siglo XVIII tras un incendio, rodeada de soportales de pilares de piedra que fue escenario de mercados, festejos y autos de fe.

Pero son quizá dos los lugares que concentran y en los que descubriremos la magia, el simbolismo y el misterio: la catedral de Santa María de Regla, la «catedral de la luz», con la delicada armonía de las piedras góticas, cuyas vidrieras transmutan la luz en espiritualidad, y la colegiata de San Isidoro, panteón real, de sólida elegancia, cuya cripta guarda, además de la energía telúrica, secretos y claves «mágicas», también conocida como la Capilla Sixtina del románico.

Catedral de Santa María de Regla —la Pulchra Leonina, llamada la Chartres española— en León.

Catedral de Santa María de Regla, la Pulchra Leonina

Construida en el siglo XIII bajo el patrocinio del obispo Martín Fernández y el respaldo del rey Alfonso X el Sabio —sobre la antigua catedral románica de Ordoño II del siglo x, en los terrenos que ocupaban el palacio real y las termas romanas, ampliada por la infanta Urraca de Zamora en el siglo XI—, su traza está inspirada en las francesas catedrales de Reims y Chartres, y es conocida como la Pulchra Leonina. Templo gótico, de planta de cruz latina, tres naves divididas en cinco tramos, separadas por pilares fasciculares, bóvedas de crucería, arcos apuntados, arbotantes y contrafuertes, coro, gran crucero, triforio, cabecera con presbiterio, girola con capillas radiales y claustro. En el exterior hallaremos numerosas gárgolas asomándose de las cornisas y pináculos. La fachada principal está orientada hacia Jerusalén, enmarcada por dos torres gemelas que superan los sesenta metros de altura, y en donde se autorretrató el cantero Jusquín, dejando su firma, junto a su esposa. En las portadas aparecen la Virgen de Regla y la Virgen del Dado, por lo que se da culto así a dos vírgenes, al igual que en Chartres. El claustro, edificado entre los siglos XIII y XIV, de planta rectangular, con treinta metros por cada lado, posee seis intercolumnios por lado y veinticuatro pilares con capiteles con escenas bíblicas y de la vida cotidiana, a través del cual accederemos al museo biblioteca. En el interior, sus muros se reducen a la mínima expresión y son sustituidos por mil ochocientos metros cuadrados de vidrieras de los siglos XIII y XIV, un espectáculo de luz y color, alquimia cromática que sobrecoge, fascina y emociona. La capilla mayor está cerrada por una verja plateresca, donde encontraremos un retablo neogótico obra de Juan Bautista, con cinco tablas del retablo perdido de Nicolás Francés del siglo XV, con escenas de san Froilán, el traslado del cuerpo de Santiago y la presentación de la Virgen. Bajo el altar mayor se guarda y venera el arca de las reliquias de san Froilán, anacoreta, obispo y patrón de la provincia leonesa. En el coro, de sillería de nogal, del siglo XV, obra del maestro Enrique, aparecen talladas escenas paganas y de monjes en posiciones lujuriosas y obscenas. Sobre la puerta de San Juan, cuelga un pellejo a modo de quilla, que la tradición atribuye a un topo diabólico que, según la leyenda, destrozaba por las noches la obra de los canteros, y que finalmente fue capturado. La realidad es que el llamado «topo de León» se trata de un particular exvoto: el caparazón de una tortuga laúd, que se desconoce cómo llegó allí, seguramente como ofrenda de algún hombre piadoso y poderoso.

Claves de la catedral de León

- *Fachada occidental.* Fachada principal del templo. Enmarcada por las torres gemelas y un gran rosetón, está formada por tres portadas ojivales, similares a las de la catedral de Reims. En el pórtico de la izquierda, el de San Juan, aparecen representadas escenas de la vida de la Virgen, junto con san Juan Bautista y san Pablo, y en sus arquivoltas la genealogía de Cristo, el árbol de Jesé. Entre medias, la columna *locus apellationis,* donde se administraba justicia en el reino de León, con la figura del rey Salomón y su espejo, la Justicia, en cuya base aparece una singular marca de cantero de trazos egipcios pintada. El pórtico central está dedicado al Juicio Final, presidido por Cristo Juez, y en las arquivoltas, san Miguel pesando las almas, separando bienaventurados rumbo al paraíso y condenados siendo devorados por demonios y metidos en calderas, de reminiscencias egipcias. El parteluz está presidido por la Virgen Blanca, una reproducción, ya que la original se guarda en el interior. Destaca una talla de Santiago, cuyo gorro tiene la concha desgastada por las manos de los peregrinos. En las arquivoltas encontraremos talladas ánimas y santos. La portada de la derecha, llamada de San Francisco, recrea escenas de la muerte y dormición de la Virgen María.
- *Fachada sur.* Está formada por un triple pórtico. La portada de la izquierda es llamada la «puerta de la muerte» por la figura de un esqueleto con alas en las ménsulas. El pórtico central, la puerta del Sarmental, similar a la de la catedral de Burgos, atesora un tímpano con Cristo como pantocrátor con el Libro de la Ley y rodeado por el tetramorfos, los animales símbolos de los evangelistas. En las arquivoltas se asoman los veinticuatro ancianos del apocalipsis con instrumentos musicales. El parteluz está ocupado por san Froilán. La portada de la derecha, llamada puerta de San Froilán, atesora escenas de la vida del santo, su muerte y traslado de sus reliquias al templo.

- *Fachada norte.* Ubicada justo encima del claustro, en sus orígenes contaba con tres pórticos, como el resto. La portada de la izquierda fue cegada y desapareció con la construcción del claustro. La de la derecha es utilizada para entrar al claustro. La central, que conserva la policromía original, muestra a Cristo bendiciendo en una almendra mística y a la Virgen del Dado, llamada así porque según la tradición un soldado arrojó sus dados contra ella, y comenzó a sangrar milagrosamente, prodigio representado en una de las vidrieras.

Fachada principal —pórtico occidental, en el que aparece la Virgen Blanca y el Juicio Final, de reminiscencias egipcias— de la catedral de Santa María de Regla en León.

- *Vidrieras, alquimia del color y luz.* Realizadas entre los siglos XIII y XVI, de autoría desconocida, confeccionadas con pequeños trozos de cristal de colores que se emplomaban, ocupan dos mil metros cuadrados. En total hallaremos ciento treinta y cuatro ventanales y tres rosetones que son un golpe sensorial, de luz y color, capaz de transmutar la percepción y la conciencia. Están divididas en tres secciones: la primera está formada por treinta y una vidrieras situadas en los ventanales superiores del crucero. La segunda está compuesta por sesenta y cuatro vidrieras ubicadas en el triforio. La tercera atesora diez vidrieras en las naves laterales y crucero, y otras cinco vidrieras en las capillas absidiales, con tres ventanas cada una. Tanto en la portada norte como en la sur y en la oeste encontraremos los rosetones, una disposición que alberga un discurso: las ubicadas en el nivel del inferior simbolizan la tierra, y en ellas aparecen escudos nobiliarios y escenas de la vida de los santos. En la serie superior están representados los profetas, reyes del Antiguo Testamento, los apóstoles y diversos personajes bíblicos; entre ellos aparece representado Simón el Mago, vinculado a la figura del gran alquimista Nicolás Flamel, quien en esta ciudad, según la tradición, descubrió el secreto de la piedra filosofal. En el gran rosetón de la puerta oeste, del siglo XIII, aparece la Virgen con el Niño, con doce rayos de luz y doce ángeles. En el rosetón de la portada norte, del siglo XIII, con añadidos del siglo XV, aparece Cristo, rodeado por doce rayos de luz y quince músicos, junto con una flor de lis. Y el rosetón de la portada sur, realizado en el siglo XIX, es una copia de los motivos de los otros dos rosetones, con la coronación de María, con rayos solares y reyes y reinas con instrumentos musicales.

Mil ochocientos metros cuadros de vidrieras convierten a la catedral leonesa en el templo de la luz.

REAL COLEGIATA BASÍLICA DE SAN ISIDORO, LA JACOBEA CAPILLA SIXTINA

Construida en el siglo x, en tiempos del rey Sancho I de León, bajo el nombre de iglesia de San Juan, albergaba las reliquias de Pelayo, niño martirizado en Córdoba en el año 925. Destruida por Almanzor, fue reconstruida primero por Alfonso V y después por los reyes Fernando I y doña Sancha, quienes trajeron desde Sevilla los restos de san Isidoro, cambiando la advocación del santuario. Doña Urraca, hija de los monarcas, más tarde mandó construir el panteón real, el pórtico norte y la cámara de doña Sancha. Templo románico, de planta de cruz latina, tres naves, cubiertas con bóveda de cañón y de arista, crucero con arcos polilobulados de influencia mozárabe y tres ábsides, el central del siglo XVI, que sustituyó al románico. En el exterior hallaremos el taqueado jaqués, modillones mozárabes, y varias, particulares y «mágicas» marcas de cantero. Alberga dos portadas: la del Cordero, la más antigua, de arco de medio punto con dos arquivoltas y tímpano, en el que aparecen el cordero junto a ángeles, y debajo, el sacrificio de Isaac, varias escenas del Génesis y, a los lados, dos cabezas de toro sosteniendo los relieves de san Isidoro y san Pelayo. Y la del Perdón, obra del maestro Esteban, cantero de la catedral de Compostela, creador de la puerta de Platerías, así como de la catedral de Pamplona, que solo se abre en los años santos. En el interior se guardan y veneran en una urna los restos-reliquias de san Isidoro, el llamado «doctor de las Españas», figura ilustre, referente religioso, político y cultural de la Edad Media. Junto a la colegiata se alza el panteón real, que alberga las sepulturas de doce reyes, diez reinas y ocho infantes. De planta rectangular con pórtico, de ocho metros por cada lado, dos robustas columnas, siete arcos, dividida en tres naves, sus muros conservan el conjunto de pinturas románicas murales —realizadas sobre estuco blanco en el techo— más importante de los siglos XI y XII. En ellas encontraremos tres ciclos litúrgicos, siguiendo el sentido de las agujas del reloj: la Natividad, la Pasión y la Resurrección. Y, además, las representaciones de los signos del zodiaco, marcando ceremonias agrícolas, fiestas paganas, antiguos cultos a la madre tierra. En el Museo Diocesano hallaremos el conocido como tesoro de san Isidoro, que atesora valiosas piezas, entre las que destaca el cáliz de doña Urraca, mal llamado *Grial,* una copa de ágata formada por dos piezas de ónix, de estilo romano oriental, forrada en oro y engarzada con piedras preciosas.

Real colegiata, y panteón real, de San Isidoro -la «Capilla Sixtina» del románico y el Arca de las Reliquias del santo- en León.

Saldremos de León por el puente de piedra que salva el río Bernesga, donde antaño los peregrinos recogían pan del hospital de San Marcos. Tras dejar Trobajo del Camino, antiguo asentamiento celta y astur en la ribera del cauce fluvial, villa que fue repoblada con comunidades judías, seguiremos rumbo hasta el barrio del Crucero, prolongación de la ciudad, para entrar, entre naves industriales, a la localidad de Virgen del Camino.

Virgen del Camino: antiguos cultos a la madre tierra y apariciones marianas

La villa tiene sus orígenes en el milagro y la leyenda, que cuenta como en mayo de 1505, a un pastor llamado Alvar Simón, vecino de Velilla de la Reina, se le apareció la Virgen mientras recogía su ganado. La visión celestial instó al pastor a que acudiera al obispo leonés con un mensaje, que se construyera un santuario sobre la piedra en la que se había aparecido, y donde había tirado una gran roca como prueba del prodigioso suceso.

Basílica y Real Santuario Virgen del Camino, cuyos orígenes están marcados por una aparición celestial en el siglo XVI.

Basílica y Real Santuario Virgen del Camino, la milagrosa y jacobea Virgen

La visión celestial fue ratificada en 1517 por León X, quien hizo que el cabildo y el corregimiento de León acondicionaran el camino hasta la iglesia y edificaran una hospedería y un hospital para peregrinos. El templo actual, edificado a mediados del pasado siglo XX, es obra del arquitecto fray Coello de Portugal, y está regentado por dominicos. En la portada aparecen trece esculturas de Josep Maria Subirachs que recrean el momento del Cenáculo, con la Virgen María y seis apóstoles a cada lado. En el interior, en un gran retablo, se guarda y venera la imagen de Nuestra Señora del Camino, que también fue llamada Virgen Ventas del Camino, patrona de la ciudad leonesa, que señaliza un antiguo lugar de poder cristianizado.

Villadangos del Páramo: el sombrero de tres picos de Santiago

Tras dejar las poblaciones de Valverde de la Virgen y San Miguel del Camino y cruzar la carretera nacional, accederemos por una pista de tierra a Villadangos del Páramo. Aquí se levantaba en tiempos medievales una hospedería-hospital para peregrinos, de la que no queda vestigio alguno. En la iglesia de Santiago Apóstol, del siglo XVII, de planta de cruz latina y una sola nave, destaca su atrio de acceso empedrado donde aparecen vértebras humanas formando dibujos, las reliquias de san Claudio Mártir y en el retablo mayor, entre columnas salomónicas, una particular talla jacobea: una escultura de Santiago Matamoros, de estilo churrigueresco, blandiendo una espada en una mano y una bandera blanca y roja en la otra, y tocado con un sombrero de tres picos, a la Federica.

Hospital de Órbigo: los duelos del Paso Honroso y el caballero de Quiñones

Continuaremos por un sendero con plantaciones de chopos, álamos blancos, plateados y olmos cuyas ramas albergan numerosos nidos de grajas, conformando bellas y sobrecogedoras estampas. Paisajes arbolados marcan este tramo. Tras cruzar la amplia red de canales de regadío —la medieval presa Cerrajera y la acequia de Castañón— entre praderas, llegaremos al que es uno de los hitos del camino: el puente del Paso Honroso y Hospital de Órbigo. Antiguo asentamiento romano, su historia cobra especial relevancia cuando se funda la encomienda de San Juan de Jerusalén. La villa creció a uno y otro lado del río, y la ruta se divide tras la popular pasarela pétrea. Sus templos guardan secretos y misterios que podremos descubrir siguiendo el trazado de la empedrada calle Mayor hasta la iglesia de Santa María, construida en el siglo XII por doña Mencía, y la iglesia de San Juan Bautista, santuarios cedidos en el año 1184 a los caballeros de la Orden de San Juan, que construyeron la casa albergue y el hospital de peregrinos.

El puente de los peregrinos —uno de los más largos de la ruta jacobea, llamado el Paso Honroso por los duelos que realizaba el caballero Suero de Quiñones—, en Hospital de Órbigo.

PUENTE MEDIEVAL, LAS FUSTAS MEDIEVALES Y EL CABALLERO DE QUIÑONES

Erigido en el siglo XII, sobre uno anterior romano, paso de la Vía Aquitania, es uno de los puentes más largos de la ruta jacobea. De trazado sinuoso medieval en planta y alzado, trescientos metros de longitud, diecinueve arcos, en sus sillares encontraremos diferentes marcas de cantero. Es conocido como el Paso Honroso, y está vinculado a la legendaria figura del caballero de Quiñones. Como cuentan las crónicas, el caballero Suero de Quiñones visitó a Juan II de Castilla para comunicarle su intención de ponerse una argolla al cuello y todos los jueves retarse en duelo por amor a su dama, cuyo nombre ocultó para no dañar su honor. Así, en el año santo de 1434 convocó justas, y, entre el 10 de julio y el 10 de agosto, venció a todos los caballeros que presentaron combate, en total ciento sesenta y seis. Cuando terminó, peregrinó a Compostela y ofreció sus armas y argolla al apóstol, que hoy se conservan en la catedral, para liberarse así de ese amor anhelado, pero no correspondido.

Etapa de Hospital de Órbigo a Astorga (20 km)

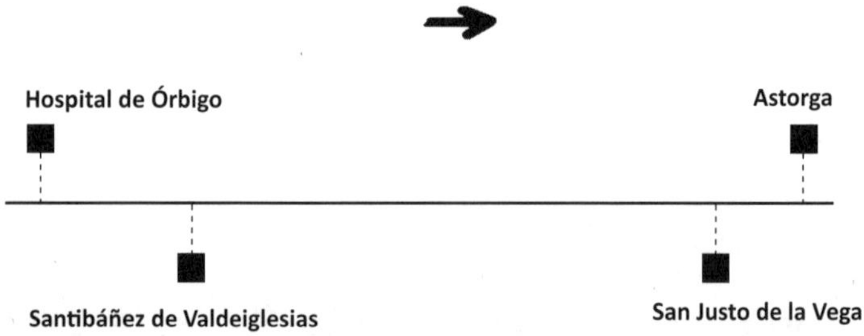

Albergues

Villares de Órbigo
Albergue El Encanto (privado)
Albergue Villares de Órbigo (privado)

Santibáñez de Valdeiglesias
Albergue de Peregrinos Parroquial Santibáñez de Valdeiglesias
Albergue Camino Francés (privado)

Astorga
Albergue de Peregrinos Parroquial Siervas de María
Albergue San Javier (privado)
Parada y fonda: La Cepedana (chocolates, hojaldres, mantecadas y museo del cacao y del chocolate.)

Hospital de Órbigo: los duelos del Paso Honroso y el caballero de Quiñones

Tras Hospital de Órbigo, inmersos en los páramos leoneses, donde el camino es una línea sobre la planicie, tendremos la opción de caminar hasta Astorga por el moderno atajo que es el asfalto —no recomendado, peligroso—, o bien continuar por el trazado original, la pista de tierra a la sombra de la sierra del Teleno, cuya cumbre, habitada por el dios Marte en tiempos romanos, era un enclave pagano que fue cristianizado. Ladeando el puerto del Manzanal alcanzaremos Villares de Órbigo, donde se alza la iglesia de Santiago, del siglo XVIII, sobre la que tenía derecho el conde de Luna y en la que se rinde culto a una imagen de san Roque, con las conchas de peregrino, y del apóstol como hijo del trueno, montado a caballo en la fantasiosa batalla de Clavijo.

Santibáñez de Valdeiglesias: la fuente de los Trece Escalones y Laberinto del Maíz

Salvaremos el canal de riego entre ondulaciones, con subidas y bajadas, y descenderemos un pequeño cerro para llegar a Santibáñez de Valdeiglesias. La villa, en la que se alza la iglesia de la Santísima Trinidad, del siglo XIX, tiene una curiosa fuente de agua, llamada de los Trece Escalones. Se trata de un antiguo templo pagano en el que tenían lugar rituales de paso. Está situada por debajo del nivel del suelo, y hay que bajar una escalinata de trece peldaños, de donde viene su nombre. Y a las afueras, el llamado Laberinto del Maíz, realizado en los campos de cultivo, uno de los más grandes de España, que cada verano ofrece un recorrido distinto, escondiendo un misterio en su centro, vinculado al simbolismo del juego de la oca y el Camino de Santiago.

Crucero de Santo Toribio entrada a Astorga.

San Justo de la Vega y el crucero de Santo Toribio: la maldición del santo

Tras un pronunciado descenso, aparecerá la villa donde nació el santo que sufrió martirio, junto con su hermano Pastor, en la madrileña localidad de Alcalá de Henares. La villa tiene sus orígenes en época romana, cuando era eje de la calzada que partía de Asturica Augusta, siendo posteriormente visigoda, entre los siglos VI y VIII. En tiempos medievales albergó un hospital de peregrinos cuyo recuerdo perdura en el nombre de sus calles y en el trazado urbano que recorreremos. Después alcanzaremos un lugar mágico: la Casa de los Dioses, albergue y parada y fonda que mantiene el espíritu de hospitalidad del Camino. Tras cruzar el río Tuerto y vadear un arroyo, llegaremos a una paramera de amplios horizontes. Preside el lugar una cruz de piedra moderna, con una pieza que procede del original crucero de Santo Toribio. Desde este lugar, moderno templo e hito de caminantes, contemplaremos Astorga y su vega, a la sombra del monte Teleno y los montes de León. Según cuenta la tradición fue en este paraje donde el obispo Toribio, astorgano del siglo V, que fue hecho prisionero en el transcurso de unos conflictos religiosos, bendijo la ciudad para que fuera perdonada. Otra leyenda, por el contrario, afirma que fue aquí donde el santo, que huía de Astorga, exclamó: «De esta tierra, ni el polvo».

Palacio episcopal —obra de Gaudí, hoy sede del Museo de los Caminos— de Astorga.

Astorga: la capital de la Maragatería, la huella de Gaudí y reliquias templarias

Tras ascender y cruzar el puente de dos pisos que salva las líneas del ferrocarril, entraremos a la considerada capital de la Maragatería, Astorga, donde coinciden los peregrinos del Camino francés y de la Vía de la Plata. Ubicada en un altozano, a la vera del valle del río Tuerto, sus orígenes se pierden en el tiempo; asentamiento celta, fue fundada en el siglo I a. C. por Augusto, quien la amuralló y convirtió en la capital asturica, bajo el nombre de Asturica Augusta. A partir del siglo IV, tras ser escenario de los enfrentamientos entre suevos y visigodos, es saqueada por Teodorico en el siglo V y por Leovigildo en el siglo VI, convirtiéndose después en sede episcopal, siendo Basíldes su primer obispo. Tras la invasión musulmana, en el siglo VIII, es reconquistada primero por el rey Alfonso I de Asturias, después por el rey Ordoño I, y repoblada por el conde Gatón. En el siglo X el rey García I traslada a la misma la corte, siendo saqueada por Almanzor. La villa —referenciada como Austurga en el *Codex Callixtinus*— es toda ella un monumento. Atravesaremos el recinto amurallado por la puerta del Sol —junto al convento de los Padres Redentoristas— hacia la antigua rúa de los Francos, para acceder al casco monumental. En sus calles encontraremos el hospital de San Juan construido en el siglo XI para acoger caminantes y pobres; la iglesia de San Bartolomé, la más antigua, edificada sobre un antiguo santuario mozárabe en el que se reunía el Concejo de Astorga; el santuario de la Virgen de Fátima, del siglo X; el monasterio de Santa Clara, del siglo X; la iglesia de Santa María, del siglo XII, edificada sobre la casa de santa Marta, patrona de la ciudad, que atesora yeserías geométricas y figurativas; la capilla de San Esteban, del siglo XIV que nació fruto de la unión de los gremios, sede de la Cofradía de las Cinco Llagas; el Palacio Episcopal, una de las pocas mágicas obras de Gaudí fuera de Cataluña, sede de los Museos de los Caminos; la Casa de la Botica, la Casa del Sacristán, la celda de las Emparedadas, del siglo XI; el jardín de la sinagoga, del siglo XIX, que ocupa los antiguos barrios de la judería y la sinagoga; el parque del Aljibe romano, y la casa consistorial, Ayuntamiento, situado en la plaza Mayor, que atesora un reloj muy particular con autómatas, dos figuras de maragatos que nos recuerdan el paso del tiempo tocando los cuartos y las horas. Pero es en su catedral de Santa María, donde se guarda y venera la Virgen de la Majestad y el *lignum crucis* templario, donde aparecen claves y misterios para el peregrino buscador.

La catedral de Santa María en Astorga.

La catedral de Santa María en Astorga.

CATEDRAL DE SANTA MARÍA, EL *LIGNUM CRUCIS* TEMPLARIO

Erigida en el siglo XI por el rey Alfonso VI, consagrada por el obispo Osmundo, ampliada en el siglo XIII, fue terminada en los siglos XV y XVI por los arquitectos Juan de Colonia y su hijo Simón de Colonia, y Rodrigo Gil de Hontañón. Templo románico y gótico —con ampliaciones renacentistas y barrocas—, de planta basilical, tres naves, bóvedas de crucería, pilares sin capiteles, capillas laterales, coro, falso crucero, presbítero, trascoro —de mármol, jaspe, alabastro y bronce—, tres ábsides poligonales, cripta —panteón de los marqueses de Astorga—, y claustro, del siglo XVIII, neoclásico, obra de Gaspar López. En el exterior, destacan las dos torres gemelas, del siglo XVI, con más de sesenta metros de altura coronadas con chapiteles de pizarra, la escultura de Pedro Mato coronando el santuario —personaje legendario, vinculado a la batalla de Clavijo, símbolo de la ciudad—, y la fachada principal, barroca, de los siglos XVII y XVIII, obra de Francisco y Manuel de la Lastra Alvear, articulada a imitación de la catedral leonesa con tres portadas abocinadas labradas, unidas con arbotantes y balconcillos, donde aparecen representadas la parábola de la mujer adúltera, la expulsión de los mercaderes, dos curaciones, la del hombre hidrópico y la del cielo de Betsaida, y en la central, la Asunción junto a san Pedro y san Pablo. En el interior, destaca el coro —del siglo XVI, obra de Juan de Colonia, Nicolás de Colonia, Tomás Mitata, Memorancy y Pedro del Camino, de madera de nogal, en el que destacan los driolers, perros que fuman en pipa mientras juegan a las cartas, y la silla renacentista de santo Toribio—, el retablo mayor —del siglo XVI, obra de Gaspar Becerra, dedicado a la Asunción y Coronación de la Virgen—, y en la que se guarda y venera la Virgen de la Majestad, del siglo XII, románica, de madera policromada chapada en plata, talla-relicario que guarda las reliquias de las astillas de la Vera Cruz y leche de María, de tradición milagrosa. En el Museo Diocesano, cuya fachada hace compás con la catedral, se guardan más de mil piezas románicas, góticas y barrocas, entre las que destaca una: el Relicario de la Vera Cruz, obra del siglo XII, con el mismo diseño que el relicario de la Vera Cruz que se custodia en la murciana localidad de Caravaca, que guarda la reliquia del *lignum crucis* que custodiaron los templarios en Ponferrada.

La Celda de las Emparedadas

Entre la capilla de San Esteban —sede de la Cofradía de las Cinco Llagas, del siglo XIV, unión de los gremios urbanos— y la iglesia de Santa Marta —del siglo XII, dedicada a la patrona de la ciudad, que atesora yeserías geométricas y figurativas—, encontraremos la Celda de las Emparedadas. Una estancia de pequeñas dimensiones, de dos metros de largo y ancho, en la que voluntariamente entraban monjas o mujeres pecadoras, quedando tapiadas, y realizando penitencia y oración de por vida. El angosto habitáculo solo cuenta con dos pequeñas ventanas, una con acceso a la calle, para recibir comida y agua, y otra al santuario, para poder escuchar misa. Los gremios y cofradías donaban dinero para la manutención de la emparedada. Sobre la ventana que da acceso a la calle hallaremos la inscripción: «Acuérdate de mi juicio, porque así será también el tuyo. A mí ayer, a ti hoy».

Etapa de Astorga a Rabanal del Camino (20 kilómetros)

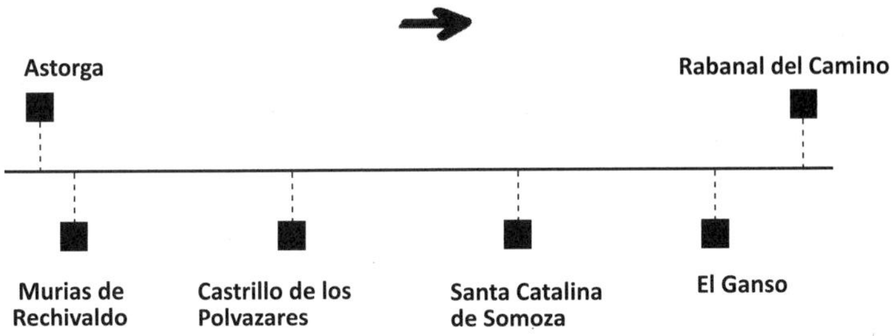

Albergues

Valdeviejas
Albergue de Peregrinos Municipal Ecce Homo

Murias de Rechivaldo
Albergue de Peregrinos Municipal Murias de Rechivaldo
Albergue Las Águedas (privado)

Santa Catalina de Somoza
Albergue El Caminante (privado)
Albergue San Blas (privado)

El Ganso
Albergue Gabino (privado)

Rabanal del Camino
Albergue de Peregrinos Municipal Rabanal del Camino
Albergue Refugio de Peregrinos Parroquial Gaucelmo
Albergue El Pilar (privado)

Astorga: la capital de la Maragatería, la huella de Gaudí y reliquias templarias

Saldremos de Astorga primero por carretera para después recorrer una pista de tierra que sube a los montes del Bierzo. El camino deja la planicie y se engalana por diferentes aldeas hasta llegar a Rabanal del Camino, la villa que precede a la subida del Monte Irago, valle del Silencio, de los montes de León. Recorreremos la comarca de los arrieros sagrados del Teleno, considerados «pueblo maldito» por Caro Baroja, como lo fueron también los hurdanos en Extremadura, los chuetas en Mallorca, los agotes en Navarra, los pasiegos en Cantabria o los vaqueiros en Asturias. Su forma de vida, siempre en continuo viaje, sus particulares costumbres, creencias y supersticiones, y sus orígenes peculiares los llevaron al estigma social y a un universo de misterio y misterios por descubrir.

Cruces protectoras, al pie del Camino, en la Maragatería.

Murias de Rechivaldo: la arquitectura mágica-tradicional maragata

Al salir de Valdeviejas, antaño conocida como villa Sancti Verisimi por su iglesia dedicada a san Verísimo, y que en el pasado contó con dos hospitales de peregrinos, en los siglos XII y XV, el último fundado por doña Sancha Pérez, encontraremos la ermita del Ecce Homo, y su pozo de agua, de tradición milagrosa, de reminiscencias a un antiguo lugar de poder, enclave mágico-pagano. Cruzaremos la autovía por un puente y continuaremos por un andadero de tierra. A partir de Murias entraremos de lleno en la mágica Maragatería, extensa comarca leonesa que se funde con el trazado jacobeo y con las tierras bercianas, donde hallaremos varios cruceros de hierro, metal de las minas leonesas, que marcan el itinerario. Entraremos en Murias de Rechivaldo, cuyo nombre procede de la palabra «muria», hito de piedras que utilizaban las tribus astures para delimitar territorios y lugar de poder, por su calle Mayor, siguiendo el diseño repetido de pueblo-calle-camino, ruta solar, de este a oeste, como en tantas otras ciudades *concheiras*.

Capilla y Cruz de San Esteban en Murias de Rechivaldo.

Iglesia de San Esteban, fe y superstición arriera, los exvotos y san Roque

Templo del siglo XVIII, dedicado a san Esteban, constituye un buen ejemplo de arquitectura maragata. Cuenta con la característica espadaña, y se accede al cuerpo de campanas por medio de una escalera exterior. La entrada a la iglesia está protegida por una zona de soportales. En el interior se guarda y se venera la imagen de san Roque Peregrino, junto a la cual hallaremos exvotos, agradecimientos por los favores celestiales recibidos.

Castrillo de los Polvazares: la «esfinge maragata» (desvío opcional)

Aunque el trazado principal nunca pasó por Castrillo de los Polvazares, bien merece la pena desviarse del itinerario oficial para recorrer las calles de esta villa maragata con edificios barrocos y del siglo XIX que fueron inmortalizados por Concha Espina en su novela *La esfinge maragata*. Castrillo es un museo al aire libre donde podremos descubrir las costumbres y tradiciones del pueblo arriero. E incluso sus supersticiones. Justo a la entrada veremos numerosas cruces, talismanes protectores, que recuerdan al peregrino buscador la fama fantasmal de estos tramos maragatos.

Iglesia Santa María Magdalena en Castrillo de los Polvazares.

Santa Catalina de Somoza: la reliquia milagrosa de san Blas

Retornaremos al camino rumbo a Santa Catalina de Somoza, pueblo que surgió a partir del hospital de Yuso, y en el que encontraremos las ruinas de la hospedería La Huerta del Hospital. En Santa

Catalina nació, y así se recuerda, Aquilino Pastor, famoso tamborilero mayor de la Maragatería, que mantuvo vivo los romances y cantares de extraños sucesos y misteriosas historias de los arrieros. En la iglesia de Santa María, del siglo XVIII, se guarda la prodigiosa reliquia de san Blas, patrón del pueblo y santo que cura las afecciones de la garganta, de gran devoción popular.

El Ganso: tras las huellas de la templaria Oca y el maragato Cristo de los Peregrinos

Tras abandonar Santa Catalina por la calle Real, el sendero de tierra nos conducirá hasta El Ganso. La villa se distingue por sus casas *teitadas,* con techos de paja de centeno y pizarra, arquitectura rural de raíces celtas, preludio y modelo de las pallozas gallegas. Su origen se remonta a tiempos romanos, cuando fue asentamiento vinculado a la calzada por la que se transportaba el oro de las minas de la zona de Fucarona. Fundada en el siglo XII, albergó un hospital de peregrinos y un monasterio cluniacense según las crónicas. Referenciado con su actual nombre en el siglo XIV, pertenecía al señorío que en Turienzo de los Caballeros mantuvieron los marqueses de Astorga. Nombre que evoca al animal sagrado, que muestra también en su escudo, y que es de origen incierto. Unos afirman que provendría de los animales que aquí guardaba la marquesa astorgana. Otros, que procede de la Orden del Temple, cuyas cruces aparecen talladas en la madera de la iglesia de Santiago, alli hallaremos la capilla de los Peregrinos, donde se guarda y venera una imagen del Apóstol, del siglo XV, de tradición milagrosa.

Rabanal del Camino: la templaria iglesia, y cantos gregorianos, de Santa María

A partir de El Ganso, tras cruzar el arroyo de Reguerinas por el puente del Pañote y alcanzar la ermita del Cristo de la Vera Cruz, el paisaje se transforma. La senda pasa a ser agreste y montañosa.

Entre brezos y retamas, ascenderemos a más de mil metros de altura hasta alcanzar el final de la novena etapa del *Codex Calixtinus*. A la salida del pueblo, una gran cruz de hierro marca de nuevo el andadero. El camino nos conduce por un robledal, bosque mágico donde hallaremos un antiguo lugar de poder, citado por Aymeric Picaud: el Roble del Peregrino, antiguo paraje sagrado, en el que se reunían desde eremitas hasta hombres y mujeres druídicos, junto a la ermita del Bendito Cristo de la Vera Cruz. Rabanal del Camino era, y sigue siendo, el último enclave urbano antes de iniciar la subida al Monte Irago. Entraremos en la villa —entre cruces votivas dejadas por los peregrinos en las vallas— por la calle Mayor. Sus orígenes se remontan a la época romana, siendo en tiempos medievales dominio de la Orden del Temple, el lugar donde se agrupaban los peregrinos antes de emprender la hostil y peligrosa ascensión de las montañas que los separaban del Bierzo. Conserva en sus calles una armonía y energía especial, así como las casas de ladrillo macizas, entre las que destaca el antiguo hospital de San Gregorio, un majestuoso edificio —conocido popularmente como «la casa de las cuatro esquinas», hoy hotel— donde se alojó el rey Felipe II durante su peregrinación a Compostela, y templos como las ermitas de San Jose y la del Bendito Cristo —ambas del siglo XVIII y fundadas por arrieros—, y la templaria iglesia de Santa María, hoy perteneciente a la abadía benedictina de San Salvador del Monte Irago, donde cada tarde se imparte una especial bendición a los peregrinos.

Iglesia de Santa María, encomienda templaria, en Rabanal del Camino.

Iglesia de Santa María, cantos gregorianos y la huella templaria

Construida en el siglo XII, estuvo custodiada por caballeros templarios de la encomienda de Ponferrada. Templo románico, de planta rectangular, una sola nave, bóvedas de cañón y arcos fajones, sillares de pizarra y arenisca, y ábside con tres ventanas abocinadas, es un pequeño y humilde santuario dirigido por una comunidad de monjes y religiosos alemanes, hito mágico y sagrado del camino, que guarda —donde se respira y se siente— una atmósfera mágica, bajo los sonidos del canto gregoriano.

Etapa de Rabanal del Camino, Manjarín, El Acebo y Ponferrada (30 kilómetros)

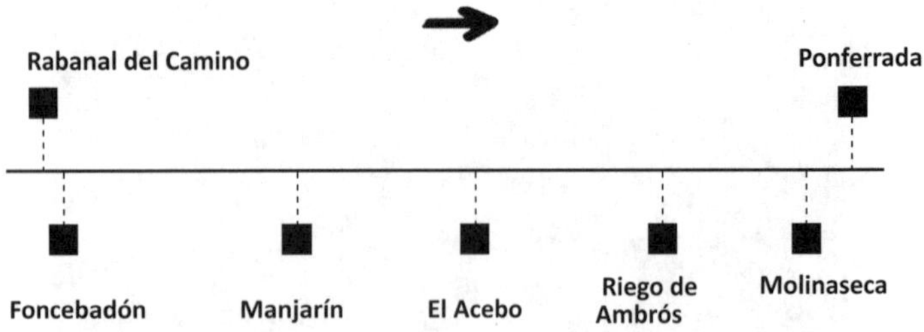

Albergues

Monte Irago-Foncebadón-Manjarín
Albergue de Peregrinos Parroquial Domus Dei
Albergue Monte Irago (privado)
Parada y fonda: La Taberna de Gaia

El Acebo
Albergue de Peregrinos Parroquial Apóstol Santiago
Albergue Mesón El Acebo (privado)
Parada y fonda: Mesón El Acebo

Molinaseca
Albergue de Peregrinos Municipal San Roque
Albergue Compostela (privado)
Albergue Santa María (privado)
Albergue Señor Oso (privado)

Ponferrada
Albergue de Peregrinos Parroquial San Nicolás de Bari
Albergue Guiana (privado)
Albergue Alea (privado)

Rabanal del Camino: la templaria iglesia, y cantos gregorianos, de Santa María

Desde Rabanal emprenderemos la ascensión entre bosques y prados, mientras se pierden en la lejanía las torres de la catedral de Astorga y la Maragatería. Recorreremos este tramo envueltos por la naturaleza, sintiendo el magnetismo de las cumbres, la energía telúrica de las montañas, acompañados por un paisaje privilegiado. Comenzamos una de las mágicas subidas jacobeas, que en este caso nos llevará a un pueblo situado a mil cuatrocientos metros de altura, Foncebadón, y desde allí al Monte Irago.

Ascensión al Monte Irago y la Taberna de Gaia —antigua palloza— en Foncebadón.

Monte Irago-Foncebadón: el eremita Gaucelmo y la Cruz de Ferro

Foncebadón nació por y para el camino; buena prueba de ello es su larga y única calle, con orientación solar, de este a oeste, que nos conduce hasta un crucero en el centro del pueblo. Aparece referenciada desde el siglo x, cuando el eremita Gaucelmo fundó un asentamiento de ascetas, que después se convertiría en el hospital y abadía de Foncebadón, que daba cobijo a los peregrinos en estas duras y traicioneras altitudes. El enclave fue dependiente del cabildo de Astorga, y en él se llegó a celebrar el concilio convocado por el rey leonés Ramiro II. Alfonso VI engrandeció la villa al otorgarle fueros y privilegios. Llegó a albergar dos hospitales, dos hospederías y un convento. En su sencilla y humilde iglesia, edificada en piedra y pizarra, se hacía sonar una vieja campana —hoy se hace en Manjarín— para llamar a los peregrinos perdidos, tal como se hacía en el Medievo cuando la niebla y la nieve cubrían este tramo de la ruta. Hoy solo quedan las ruinas del antiguo hospital, a la salida del pueblo, en dirección al puerto. Continuaremos el ascenso con calma, disfrutando del paisaje despoblado y misterioso, antes de encontrarnos con uno de los iconos del mágico camino, la Cruz de Ferro, ubicada a 1.504 metro de altura.

Cruz de Ferro, erigida sobre un santuario romano al dios Mercurio, hito del Camino de Santiago, cuya base la forman miles de piedras dejadas, ritual mágico, por los peregrinos.

CRUZ DE FERRO, EL TEMPLO A MERCURIO, ORÁCULO DEL SIGLO XXI

La Cruz de Ferro, llamada también de Hierro o Fierro, situada en la zona llana del Monte Irago, junto a una moderna capilla dedicada a Santiago y un reloj solar, es el hito mágico del camino más sencillo y sentido, además del más frágil. Está formada por un tosco tronco de roble hincado sobre la tierra, que se alza y rompe el cielo con sus más de cinco metros, rematado por una sencilla cruz florlisada, sobre una base compuesta por millones de piedras —ilusiones, esperanzas, sueños— dejadas por los peregrinos. Y también por no peregrinos: hasta hace algunas décadas tanto los arrieros castellanos como los segadores gallegos, al pasar por aquí en su camino a Castilla y Andalucía en busca de trabajo, tiraban una piedra que recogían a su regreso. Cuenta la tradición que fue puesta por el eremita Gaucelmo para que los peregrinos no se perdieran en el paso montañoso, pero lo cierto es que se alza sobre un antiguo santuario pagano, un templo romano dedicado a Mercurio, dios de los caminantes y protector de los caminos. Un antiguo enclave de poder, finalmente cristianizado; lugar mágico entre el cielo y la tierra, relacionado con las estrellas y con la madre tierra, el espíritu de las montañas y los bosques.

Manjarín, la encomienda templaria de Tomás.

MANJARÍN: LOS GUARDIANES TEMPLARIOS DEL CAMINO Y TOMÁS

El esfuerzo que representa la prolongada subida tiene como recompensa un paisaje sobrecogedor: la perspectiva de toda la Maragatería que hemos atravesado durante las etapas anteriores, el camino ya recorrido, bajo la sombra de los dos mil metros de altitud del monte Teleno. Desde el puerto de Foncebadón, comenzaremos el sinuoso descenso, pero antes de alcanzar la capital del Bierzo haremos una parada en Manjarín, territorio berciano. Nunca fue una villa, sino tierra de eremitas. Tomás, hospitalero-peregrino, guardián de la tradición templaria, es quien mantiene vivo hoy el espíritu jacobeo en este mágico reducto de hospitalidad. En su particular encomienda-refugio, los caminantes escucharán sonar la campana para que no se extravíen, recordando que: «El peregrino nunca exige, siempre agradece».

Crucero y Calle Real de El Acebo.

El Acebo: tierras y montañas de eremitas

Tras alcanzar los 1.515 metros de altura y coronar el Monte Irago, nuestro camino continuará por un valle mágico marcado por cultos heréticos, leyendas y misterios. El valle del Silencio debe su nombre a un santo atípico: san Genadio. Cuenta la tradición que el eremita mandó callar a los pájaros que interrumpían sus rezos y que desde entonces el silencio se apoderó de estos parajes. El clérigo, además, fue protagonista de un «milagro cuántico» como el del navarro obispo Virila de Leyre. Continuaremos avanzando por el sendero —el mismo en el que el monje apareció y desapareció—, en dirección a la hoya berciana para, tras una pronunciada bajada, entrar en El Acebo. Ubicado en una loma, su calle Real es una de las más bellas y pintorescas del camino. Una simbiosis de arquitectura leonesa y gallega, de tejados de pizarra y balcones de madera, traslada al caminante a otros tiempos. A la entrada del pueblo hallaremos un crucero y la ermita de San Roque, junto a la popular fuente de la Trucha. La villa albergaba un hospital de peregrinos y una hospedería, cuyos moradores fueron eximidos por los Reyes Católicos del pago de tributos a cambio de mantener los cuatrocientos postes que antaño señalaban la ruta a los peregrinos cuando había nieve. Saldremos de la misma dejando a un lado la ermita de San Miguel, del siglo XII, en cuyo interior se guardaba y veneraba una talla de piedra de Santiago que portaba en su túnica con flores de lis. Y nada más sobrepasar el templo, encontraremos un desvío por el que podremos llegar, tras cinco kilómetros en pendiente, a Compludo, donde san Fructuoso fundó en el siglo VII su primer monasterio que conserva la herrería medieval románica.

Molinaseca: la carta y profecía del cardenal peregrino

Tras alcanzar Riego de Ambrós —villa fundada por Alfonso IX en el año 1188, donde se alza la iglesia de Santa María Magdalena, del siglo XVI, que guarda en su interior un retablo barroco—, avanzaremos por un camino de lajas de pizarra y repechos entre castaños, vadeando barrancos, para llegar a Molinaseca, referenciada en el *Codex Calixtinus*, llamada *Settemoloni* por el ilustre peregrino Domenico Laffi en su obra *Viaggio* en el siglo XVII. A la entrada de la localidad hallaremos el santuario de las Angustias, del siglo XI, ampliado en el siglo XVIII, donde se guarda y venera a «la Preciosa», cuyas puertas tuvieron que ser revestidas de hierro porque los peregrinos arrancaban trocitos de madera, según la tradición de propiedades milagrosas, que se llevaban como reliquias. Atravesaremos el puente de los Peregrinos —de origen romano, ampliado en el siglo XII, de siete arcos—, que salva el río Meruelo, para acceder por la calle Real al que es el primer pueblo tras las montañas. En sus calles, entre casonas y palacios de balcones corredor y blasones, encontraremos sobre un altozano la iglesia de San Nicolás de Bari —del siglo XVII, barroca, de planta basilical, tres naves, bóvedas de arista, retablo mayor churrigueresco y torre—, la ermita de San Roque —hoy albergue municipal de peregrinos— y la ermita del Santo Cristo. Y, además, un misterio en el albergue Santa María: una carta, agradeciendo el trato recibido, firmada por un peregrino llamado cardenal Ratzinger, como futuro pontífice, años antes de serlo.

Iglesia de San Nicolás y la misteriosa carta profética del papa Ratzinger en el Albergue Santa María en Molinaseca.

Ponferrada: la templaria Virgen Negra y el castillo de las Doce Constelaciones

Tras el descenso de mil metros desde los altos del Monte Irago, el camino se abre verde y fértil por las tierras bercianas, territorio de anacoretas y eremitas. Alcanzaremos la localidad de Campo, donde encontraremos la iglesia de Santa María, del siglo XVII, y junto a la misma un antaño lugar mágico-sagrado, la monumental encina que mide catorce metros y tiene un perímetro de cuatro metros y medio, y la romana fuente de aljibe abovedado. Después, a dos kilómetros, ante nosotros aparecerá la majestuosa panorámica de la ciudad de Ponferrada, la llamada Pons Ferrata, con su castillo y la basílica de la Virgen Negra de la Encina, cuna de herreros y constructores, encomienda templaria, a la que entraremos por el medieval puente Boeza.

Castillo de los Templarios en Ponferrada.

Etapa de Ponferrada a Villafranca del Bierzo (25 kilómetros)

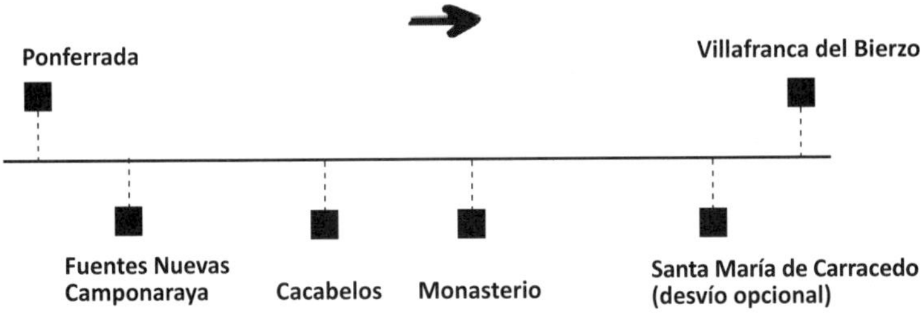

Albergues

Camponaraya
Albergue La Medina (privado)
Albergue Naraya (Privado)
Albergue La Casita (privado)

Cacabelos
Albergue de Peregrinos Municipal Santuario de la Quinta

Angustia
Albergue El Molino (privado)
Albergue La Gallega (privado)
Albergue Saint James Way (privado)
Hotel Prada A Tope

Villafranca del Bierzo
Albergue de Peregrinos Parroquial Ave Fénix
Albergue de Peregrinos Municipal Villafranca
Albergue-Hospedería San Nicolás (privado)
Albergue Leo (privado)

Ponferrada: la templaria Virgen Negra y el castillo de las Doce Constelaciones

Ubicada en las confluencias de los ríos Sil y Boeza, capital del Bierzo, tiene sus orígenes en un asentamiento romano, anteriormente celta, eje en la calzada Interamnium Flavium, que unía Braga con Burdeos. Fue fundada oficialmente en el siglo XI bajo el nombre de La Puebla de San Pedro, cuando el obispo Osmundo de Astorga ordenó construir un puente, que fue llamado Puente Ferrato, para el paso de peregrinos, con el respaldo del rey Alfonso VI de León. En el siglo XII el rey Fernando II le otorgó fueros y donó a la Orden del Temple quien estableció aquí su encomienda comandada por Gudi de Garda bajo dominio de fray Gelías, primer comendador de la urbe. Un tiempo este, marcado por el milagro y la leyenda, que cuenta como cuando los templarios estaban talando árboles para reconstruir el castillo hallaron en el interior de uno de ellos la imagen de una Virgen Negra, hoy conocida como de la Encina, patrona del Bierzo. Una urbe —que fue amurallada y contaba con cuatro puertas; la de El Cristo, Paraisín, las Nieves y las Eras—, que alcanzó esplendor durante los siglos XIII y XIV gracias a la llegada de gremios y artesanos. Entraremos por su calle mayor, rúa de caminantes, de orientación solar, de este a oeste, hasta el centro de la ciudad, donde esperan al peregrino buscador diferentes enclaves marcados por la historia, la leyenda y el misterio como la Casa Consistorial —del siglo XVIII—, la Casa de los Escudos —del siglo XVII, que perteneció a la familia García de las Llamas, regidor perpetuo de la villa, caballero de la Orden de Alcántara, hoy Museo de la Radio Luis del Olmo—, la Torre del Reloj —del siglo XVI—, el palacio de los Condes de Toreno —del siglo XVI, que fuera antigua cárcel, hoy sede del Museo del Bierzo—, el convento de las Concepcionistas —del siglo XIV, fundado por don Álvaro Pérez Osorio, señor del Castro de Priaranza—, la iglesia de San Andrés —del siglo XVII, barroca, obra de José Ovalle y Andrés de Benavente, donde se guarda y venera el Cristo de la Fortaleza, talla que se custodiaba en la fortaleza templaria, de tradición milagrosa—, la basílica de la Virgen Negra de la Encina y el castillo de los Templarios, llamado de las Doce Constelaciones.

Entrada al castillo de los Templarios —conocido como el «castillo de las Doce Constelaciones»—, donde aparece la Tau, una de las cruces de la Orden del Temple.

CASTILLO DE PONFERRADA, LA ENCOMIENDA TEMPLARIA Y CÓSMICA FORTALEZA

Construido en el 884 por Alfonso III el Magno —sobre los restos de un asentamiento celta, fortaleza romana, después visigoda, arrasada durante la invasión musulmana—, alcanzó esplendor y protagonismo en 1178, después de que Fernando I la cediera a la Orden del Temple. Es la fortaleza, el castillo, más grande y relevante de Europa vinculado a los caballeros templarios. Un criptograma en piedra, repleto de símbolos, signos y vinculaciones astronómicas, ya que cada torre tiene concordancia con una constelación. Ubicado en la confluencia de los ríos Boeza y Sil, rodeado por el cauce fluvial y un foso, de planta trapezoidal, se accede por un puente levadizo enmarcado por dos torreones unidos por un arco de medio punto, donde hallaremos la tau, una de las cruces de la Orden del Temple. Está formado por dos recintos: el templario, del siglo XII, y el del conde de Lemos, del siglo XV. Destacan los restos de la barbacana, el paseo de la ronda o las torres Malvecino y Moclín. En el interior, en el palacio del conde de Monforte de Lemos, hallaremos la exposición

Templu Libri, la Biblioteca Templaria, la mayor colección de libros medievales —Beatos y libros miniados de humanidades y ciencias— y documentos templarios de España y Europa.

Basílica de Nuestra Señora de la Encina, la Virgen Negra del Bierzo

Construida en el siglo XII por los templarios, ampliada en los siglos XVI y XVII, sus orígenes están marcados por el milagro y la leyenda, que cuenta que fue edificada en el mismo lugar donde los caballeros de la Orden del Temple encontraron, mientras talaban árboles para la reedificación del castillo, la talla de una Virgen Negra. Templo gótico, de planta de cruz latina, una sola nave dividida en tres tramos, con contrafuertes interiores, crucero, cabecera poligonal y esbelta torre, de cinco cuerpos de altura rematada con una pequeña cúpula. En su interior, se guarda y venera la Virgen Negra de la Encina, del siglo XIII, patrona del Bierzo y marcada por el milagro y la leyenda. Como cuenta la tradición, fue descubierta de forma prodigiosa, tras doscientos años oculta por la invasión musulmana, en el interior de una encina cuando los templarios talaban árboles para la edificación del castillo.

Basílica de Nuestra Señora de la Encina -donde se guarda y se venera la templaria Virgen Negra de la Encina, marcada por la leyenda-, en Ponferrada.

Convento de las Concepcionistas y Palacio Samper, la cárcel medieval ponferradina

Fundado por don Álvaro Pérez Osorio, señor del castro de Priaranza, el convento tiene fachada de mampostería y sillería, y una bella iglesia, de una sola nave y cubierta por una bóveda mudéjar. Junto al convento encontraremos la antigua cárcel de Ponferrada. Fue edificada por Francisco Samper en el siglo XVI, y hoy es sede del Museo del Bierzo, donde hallaremos objetos y piezas que nos permitirán descubrir las creencias, supersticiones, costumbres y ritos mágicos y religiosos de la comarca, destacando entre algunos de ellos una colección de libros dedicados a la España mágica y sagrada, y los colgantes relicarios-amuletos maragatos.

Saldremos de Ponferrada por el paseo de las Huertas del Sacramento. Tras dejar Columbrianos, antiguo castro prerromano, de casas solariegas como la de Tormaleo o la de Reagalao, que fuera sede consistorial, y su iglesia dedicada a San Esteban —del siglo XVIII, bajo las advocaciones de san Juan y san Blas—, el sendero continúa entre viñedos por un paisaje salpicado de pequeñas ermitas. Seguimos el camino hasta Fuentes Nuevas, donde podremos visitar la iglesia de Santa María y la ermita del Campo del Divino Cristo, para llegar a Camponaraya y, finalmente, a Cacabelos.

Ermita de San Roque y San Elías en Cacabelos.

Cacabelos: la antigua *Bergidum Flavium* y el juego del alquerque

Ubicada en la fértil vega, llamada «el centro de la hoya berciana», Cacabelos tiene su origen en el castro Ventosa, llamado en época romana *Bergidum Flavium*. La villa, que fue reconstruida en el siglo XIII a orillas del rio Cúa, a la que entraremos por la calle de los Peregrinos —de trazado solar, de este a oeste—, desempeñó un papel clave —con el monasterio de Carracedo— en la ruta jacobea, y estuvo ligada a la mitra compostelana hasta finales del siglo XIX. La iglesia de Santa María de la Plaza, la ermita de San Roque —junto a la cual se situaba el taller de Moreira, un célebre zapatero que durante más de tres décadas arregló botas a los caminantes— y el santuario de las Angustias serán visitas obligadas para el peregrino buscador. En este último templo encontraremos un misterioso relieve, en el que aparece san Antonio jugando a las cartas con el niño Jesús. En realidad, no son naipes, sino la representación del medieval juego del alquerque. En Cacabelos, tenemos la posibilida de desviarnos cinco kilómetros del camino principal para descubrir un lugar, que se encontraba en el trazado medieval, marcado por la historia y la leyenda, que hoy es sede del Museo del Císter y del Monacato berciano: el monasterio de Santa María de Carracedo.

Monasterio de Santa María en Carracedo.

Monasterio de Santa María de Carracedo, el templo de las marcas de cantero (desvío opcional)

Fue fundado en el siglo x por Bermudo II, bajo el nombre de San Salvador, para dar refugio a los monjes huidos tras las incursiones de Almanzor. En el siglo XII pasó a ser palacio real, residencia de la infanta-reina Sancha Raimúndez, hermana de Alfonso VII. Llegó a tener autoridad jurisdiccional sobre una decena de cenobios benedictinos en León, Galicia, Asturias y Zamora. En el siglo XIII la comunidad religiosa abandonó los hábitos negros benedictinos y tomó los blancos del Císter, siendo parte de la abadía de Citeaux, primera casa madre de la orden, y cambiando su advocación a la de Santa María. En el monasterio destaca la iglesia —en cuya portada aparecen dos estatuas-columnas dedicadas a Alfonso VI y al abad Florencio, y un tímpano con el pantocrátor y el tetramorfos—, el claustro, la sacristía, la sala capitular —con cuatro columnas con capiteles decorados con motivos vegetales y animales—, el refectorio, así como el palacio real y mirador de la reina, con galería de tres arcos apuntados con columnas de capiteles vegetales, ventanas y óculos de fina tracería, y cuatro columnas sobre plintos y arcos apuntados con bóveda ochavada decorada con escudos y dragones. Es un lugar único marcado por el misterio de los gremios de constructores —a pesar del abandono que ha sufrido en pasadas décadas—, que conserva los elementos románicos y góticos en sus dependencias monásticas y reales, en cuyos muros hallaremos ochocientas cuarenta y cuatro marcas de cantero pertenecientes a ciento veintiséis tipos diferentes.

Villafranca del Bierzo: las indulgencias en el país de Breogán

Desde Cacabelos llegaremos a Villafranca del Bierzo, última gran población del camino en tierras castellano-leonesas antes de adentrarnos en Galicia. La villa fue fundada por Alfonso VI y repoblada con francos comerciantes artesanos. El mismo rey facilitó el asentamiento de la Orden de Cluny, que en el año 1120 creó el priorato y la sede que hoy es colegiata. Aquí nacieron el polígrafo padre Sarmiento y Gil y Carrasco, y vivió un tiempo el inquisidor Torquemada. Entraremos por la calle del Agua, el antiguo camino, que nos conducirá a la iglesia de Santiago —que nos recibe nada más entrar a la localidad—, la colegiata de Santa María y la iglesia de San Nicolás, y atravesaremos el casco antiguo donde encontraremos una ilustre fonda familiar, abierta desde el siglo xv: el hostal El Comercio.

Iglesia de Santiago, y la puerta del Perdón, en Villafranca del Bierzo.

IGLESIA DE SANTIAGO, LAS INDULGENCIAS DE LA PUERTA DEL PERDÓN

Construida en el siglo XII por el obispo astorgano don Fernando, consiguió por bula papal, de Calixto II, el favor para que todos aquellos peregrinos que no pudieran llegar a Compostela recibieran las mismas indulgencias compostelanas al llegar al santuario, que fue, además, cementerio de peregrinos. Templo románico, de planta rectangular, una sola nave, cubierta con bóvedas de cañón y tejado a dos aguas de madera y pizarra, en su interior se guarda y venera un Cristo del siglo XV. En el exterior, hallaremos la puerta del Perdón, que había que cruzar para obtener privilegios religiosos sin llegar a Santiago de Compostela.

CASTILLO-PALACIO DE LOS MARQUESES DEL BIERZO, LA FORTALEZA TEMPLARIA

Entre viñedos y dominando la villa se alza el castillo de los marqueses. Su construcción se inició a finales del siglo XV, y fue residencia de nobles e ilustres. Atesora un diseño cuadrilátero, con hiladas de ladrillos remarcados por paños de mampostería. Las esquinas están rematadas con cuatro cubos ciegos. En su fachada aparecen escudos nobiliarios, como los de los Toledo-Osorio, Valcarce, Pimentel, Toledo o Zúñiga.

CONVENTO DE LA ANUNCIADA, LA LEYENDA DE SAN FRANCISCO DE ASÍS

Regentado por clarisas, su origen está marcado por la leyenda y el misterio. Según la tradición, san Francisco de Asís, en su peregrinación a Compostela, pernoctó en Villafranca. Aquí fundó un pequeño templo que «anunció» se convertiría en un gran convento bajo la señal de una milagrosa palabra. Con el paso de los siglos, el «anuncio» del santo se cumplió, y una paloma, representada en la persona de María de Toledo —que había llevado a la casa un medallón de la Anunciación que le había regalado san Lorenzo de Brindisi—, fundó el convento.

Etapa de Villafranca del Bierzo a O Cebreiro (30 kilómetros)

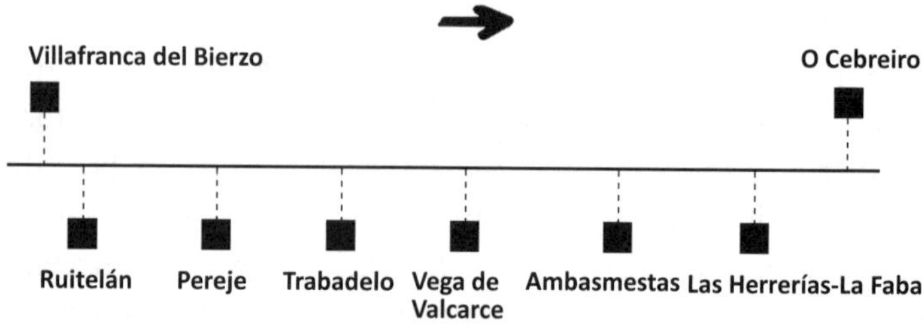

Albergues

Pereje
Albergue de Peregrinos Municipal de Pereje

Trabadelo
Albergue de Peregrinos Municipal de Trabadelo
Albergue de Peregrinos Parroquial San Nicolás

Ambasmestas
Albergue das Animas (privado)
Albergue Camynos (privado)
Albergue El Rincón del Apóstol (privado)

Vega de Valcarce
Albergue de Peregrinos Municipal de Vega Valcarce

La Faba
Albergue de La Faba

O Cebreiro
Albergue de Peregrinos Municipal de O Cebreiro-Piedrafita
Albergue Casa Navarro (privado)

Villafranca del Bierzo: las indulgencias en el país de Breogán

Saldremos de Villafranca por el puente Nuevo, entre callejuelas que nos trasladan en el tiempo y nos sumergen en los montes bercianos. La vía transita por el valle de Valcarce, por el arcén-andadero, a la vera de la antigua carretera, por repechos en ascenso. Cruzaremos el puente del río Burbia para encarar los cordales de la sierra Real, y emprenderemos la subida a las cumbres de los ancares gallegos.

Puente Nuevo, salida de Villafranca del Bierzo rumbo al valle de Valcarce.

Pereje: el recuerdo de los monjes de Cluniaco

Entraremos en Pereje por su bien conservado trazado medieval, marcado por la calle-camino, ruta solar, de este a oeste, entre casas con corredores de madera. La villa fue objeto de un sonoro litigio que enfrentó a los religiosos cluniacenses de Santa María de Cluniaco, en Villafranca del Bierzo, con los monjes de Aurillac, que regentaban Cebreiro. Un conflicto en el que estuvieron involucrados el rey Alfonso IX de León, la reina Urraca y el papa Urbano II. Los monjes de Santa María de Cluniaco se opusieron a la edificación de un hospital, que finalmente sería construido para alojar y cuidar a los *concheiros*.

Trabadelo: la antigua Decemani romana

Tras Pereje comenzaremos el largo descenso del valle y la ascensión a O Cebreiro. Nos esperan dieciocho kilómetros desde Trabadelo. Villa referenciada ya en el siglo IX bajo el nombre de Decemani, de origen romano, y repoblada por el obispo Gelmírez de Compostela, donde se encontraba la capilla de San Lázaro, y en cuya iglesia parroquial, dedicada a san Nicolás, se guarda y venera una imagen sedente de la Virgen del siglo XIII. Las calles y caminos nos trasladan a un mundo de cuento, de magia, de duendes y hadas entre castaños y carballos. A la salida de Trabadelo, a la izquierda, hallaremos la vetusta capilla de Nuestra Señora de la Asunción, erigida sobre un antiguo lugar de culto pagano. Seguiremos el camino entre robledales y tejos, chopos y fresnos, que nos ofrecerán compañía, energía y sombra por el sendero de tierra y piedra.

Ambasmestas y Vega de Valcarce: el castillo de Sarracín

Tras pasar la Portela de Valcarce y su ferrería —la mejor conservada del Bierzo tras la de Compludo, y en la que descubriremos la arquitectura industrial rural del siglo XIX en su carbonera, fragua, caballerizas y molino—, llegaremos a Ambasmestas, situada junto al río Balboa. Entraremos por la antigua calzada romana, cruzaremos el puente de pizarra de tres ojos, semejante al de Astorga, y recorreremos el tramo final de Castilla y León al entrar en Vega de Valcarce. Citada por Aymeric Picaud en el *Codex Calixtinus,* fue fundada por el conde de Astorga y el Bierzo sobre dos antiguos castros, el de Veiga y el de Sarracín, que dieron cobijo a los recaudadores del portazgo de impuestos. Cabeza de la comarca, en su casco urbano descubriremos los restos del castro de Vega y, al sur, el castillo de Sarracín, una fortaleza del siglo XIV realizada en mampostería de pizarra que resiste estoicamente el paso del tiempo. Antes de abandonar la localidad, en la plaza Mayor, hallaremos una gran palloza y, junto a ella, un gigante confeccionado con los troncos y ramas de un gran árbol. Un moderno y mágico punto que recuerda el carácter pagano, vinculado a cultos a la naturaleza, de este enclave en tiempos remotos.

Ruitelán, entre bosques de castaños, asentamiento de peregrinos ingleses, la villa donde vivió san Froilán, patrón de Lugo.

Ruitelán: los milagros y la ermita de San Froilán

El paisaje se va haciendo más verde, húmedo y cerrado a medida que vamos ascendiendo en nuestro camino a Ruitelán, entre los bosques de castaños que cubren las laderas. Ubicada junto a la orilla izquierda del río Valcarce, la localidad tiene sus orígenes en un antiguo asentamiento de peregrinos anglosajones, conocido como Route Landa. En la villa vivió san Froilán, patrón de Lugo. En su ermita, construida sobre la gruta donde vivió el eremita que luego sería obispo, se da culto y rememoran los milagros del santo.

Las Herrerías-Hospital-La Faba, la huella de las peregrinaciones anglosajonas

Desde Ruitelán llegaremos a las aldeas-villas que conforman un asentamiento de poblaciones diseminadas conocido como Las

Herrerías. Su nombre se debe a las fraguas que había aquí en el pasado, como señalan las crónicas viajeras de Domenico Laffi. A la salida de Las Herrerías cruzaremos el puente romano y dejaremos atrás la fuente de Quiñones, que según la tradición está relacionada con el caballero de Hospital de Órbigo. El paso por este tramo jacobeo se convierte en un encuentro y reencuentro con la naturaleza y con nosotros mismos. Recorreremos un bello paraje natural por una senda que serpentea en ascensión entre prados y bosques. En Hospital hallaremos el hospital de los Ingleses, referenciado en la bula del papa Alejandro III. Ubicado a la salida del municipio, sus restos nos recuerdan las peregrinaciones inglesas y al rey Enrique II Plantagenet, quien pensaba peregrinar desde Aquitania. En La Faba, villa que ya aparece descrita en el siglo XIII bajo el nombre de Villa de Urz o Villa Us, podremos ver cómo sus casonas se desparraman por la pendiente del monte Traviesa, donde encontraremos la iglesia de San Andrés, del siglo XVIII.

La mágica y dura ascensión a O Cebreiro.

O Cebreiro: la puerta a tierras gallegas, el «Grial» y el milagro eucarístico

Desde La Faba, un grupo de casas tradicionales situadas entre verdes prados, llegaremos, tras haber ascendido por una antigua calzada romana, repleta de cantos rodados desordenados y afilados, que obligan al esfuerzo, a las puertas de Galicia. Tras superar, a través de una abrupta pendiente, el puerto de Piedrafita, llegaremos a las villas de La Laguna, Argenteiro y Rubiales. Aquí aparece la primera *corredoira* gallega para enfrentarnos al último repecho por colinas suaves y verdosas. La subida está marcada por un entorno montañoso de gran belleza, que nos elevará hasta los mil cuatrocientos metros de altura, y que es considerada una de las siete ascensiones mágicas a las que el caminante se enfrenta antes de llegar a Compostela y Finisterre. En el límite provincial aparecerá una estela kilométrica: «A Santiago, 152 kilómetros». Entraremos después en O Cebreiro, la mítica y misteriosa aldea de pallozas —donde se aúnan tradiciones celtas, cultos paganos, brujeriles, milagros eucarísticos y biografías de personajes ilustres de la moderna historia jacobea—, en la que esperan nuevas huellas y claves «mágicas».

15

EL CAMINO DE SANTIAGO EN GALICIA

Compostela y Finisterre: rumbo a la tumba del apóstol y al templo del sol

Una vez dejado atrás el cerrado valle de Valcarce —transición entre El Bierzo y Galicia—, así como el mojón de piedra con el escudo gallego que anuncia el inicio de la ruta por tierras de Santiago, las puertas del cielo se abren ante nosotros al llegar a Cebreiro. La villa, pórtico a la comarca galaica, da paso a la niebla, las pallozas, los verdes prados, *carballeiras* y *corredoiras,* a los ecos fantasmales de aparecidos, al misterio y leyenda griálica. Aquí, en las cumbres del puerto de Piedrafita —el paso montañoso más duro junto con los Pirineos—, comenzó la recuperación del camino del siglo XX gracias al padre Elías Valiña. Un lugar marcado por las fuerzas telúricas de los antaño montes sagrados, por el Mons Zeberrium y por el milagro eucarístico que se produjo en su iglesia, que alcanzó tanta fama que forma parte del escudo gallego. A partir de ahora nuestro paso se hará más rápido ante la cercanía de las metas: Compostela y Finisterre. Tras superar el Alto del Poyo, avanzaremos hacia nuestro destino recorriendo senderos mitológicos, rurales y desconocidos, atravesando bosques de castaños y robles que conmoverán nuestro espíritu y nuestra alma; enclaves de poder, mágicos y sagrados, que esconden y guardan pequeñas aldeas diseminadas unidas por *corredoiras*. En estas etapas, el peregrino-buscador reconectará con la naturaleza y con el entorno —con gentes que configuran una realidad y un pueblo insuperable—, con el silencio y consigo mismo. La armonía y dulzura gallegas son un regalo, y nos acompañarán por aldeas marcadas por cultos a la madre tierra, por frondosos bosques, por sendas fantasmales, por iglesias y monasterios señalados por el misterio de los maestros constructores y los caballeros templarios, por lugares como O Biduedo, Triacastela, San Xil, Samos, Sarria, Barbadelo, Brea —donde una señal nos informará de que solo faltan cien kilómetros para alcanzar Compostela—, Portomarín —donde templarios y maestros canteros de Jacques dejaron su huella cincelada en la iglesia-fortaleza de San Pedro—, Palas de Rey, Melide, Arzúa, Salceda, Pedrouzo-Arca y Lavacolla, donde los peregrinos lavaban sus ropas y cuerpos maltrechos antes de presentarse ante el santo, y donde un sexto sentido se despierta. A la vera del Pico Sagrado, montaña sagrada desde tiempos remotos, el espíritu se engalanará y seremos conscientes de que nuestro objetivo está a pocos kilómetros. Tras la última ascensión mágica, llegaremos al Monte do Gozo y vislumbraremos desde la lejanía las torres de la catedral de Compostela. Una fuerza inusitada hará que los kilómetros que faltan se hagan a mayor velocidad. Entraremos a Santiago por la puerta del camino, y tras recorrer la calle de las Ánimas, la plaza Cervantes, la Vía Sacra, la calle de la Azabachería, la plaza de las Platerías, llegaremos a la plaza del Obradoiro. Lo que sienten los peregrinos, lo que sentimos los peregrinos, es algo que solo podrá experimentar un peregrino. Un huracán de emociones que solo se puede sentir y vivir tras más de treinta días caminando, mochila en ristre, viviendo la experiencia, compartiendo y haciendo camino.

Pero Compostela no es la última meta, sino también la salida, continuación de la senda, para alcanzar el auténtico destino del mágico camino. El final de la aventura, de la experiencia, del viaje que nos espera a menos de cien kilómetros, en Fisterra, en el cabo de Finisterre, y más concretamente, en la romana Ara Solis, la templaria ermita de San Guillermo y As Pedras Santas. En este enclave contemplaremos cómo el sol se esconde, muere, en el antiguo mar desconocido y tenebroso, y vuelve a renacer al día siguiente. No existen palabras que puedan describir las emociones de ese instante. Quizá suene tópico, pero solo aquellos que han llegado hasta aquí caminando desde los Pirineos —etapa a etapa, luchando contra los elementos, contra las dolencias, contra el cansancio, superando todas las dificultades, creciendo en la experiencia, sacando lo mejor de sí mismos, compartiendo— son capaces de comprender y sentir el significado de esa puesta de sol desde el antiguo Finis Terrae. Finisterre no es el final, es el principio de este mágico camino en el que el caminante encontrará lo que busca en un viaje particular plagado de historia, arte, religiosidad, espiritualidad, leyendas, misterio y misterios.

Etapa de O Cebreiro, Triacastela y Samos (25 kilómetros)

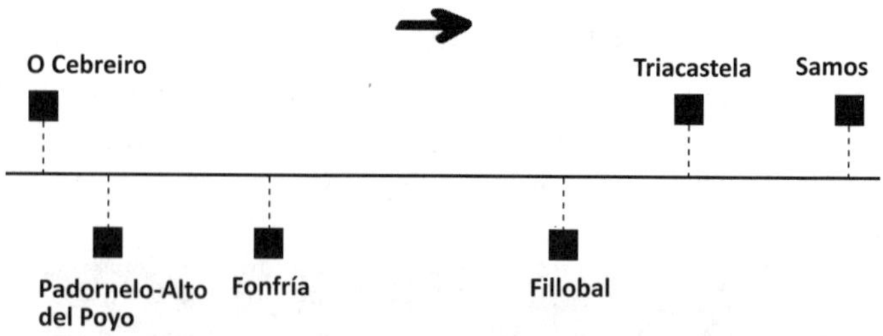

Albergues

Hospital de la Condesa
Albergue de Peregrinos Municipal Hospital de la Condesa

Alto del Poyo
Albergue El Puerto (privado)
Parada y fonda: El Puerto

Fonfría
Albergue A Reboleira (privado)

Fillobal
Albergue Fillobal (privado)

Triacastela
Albergue de Peregrinos Municipal de Triacastela
Albergue Atrio (privado)
Albergue Aitzenea (privado)
Albergue Complejo Xacobeo (privado)

Samos
Albergue de Peregrinos Parroquial Monasterio de Samos

O Cebreiro: la puerta a tierras gallegas, el «Grial» y el milagro eucarístico

Tras haber coronado el mágico y mítico Mons Februarium o Mons Zeberrium —una de las cumbres más abruptas del camino, a más de mil trescientos metros, cuyo nombre se debe al viajero medieval árabe al-Idrisi, geógrafo del califato de Córdoba y autor de una *Descripción del mundo* por encargo del rey de Sicilia—, llegaremos a Cebreiro, «*la cime la plus abrupte du Chemin*». Enclavado en la sierra de los Ancares gallegos, asentamiento para el ser humano desde época neolítica, el misterio y la magia envuelven a esta aldea de piedra habitualmente inmersa en la niebla. Sus calles empedradas y sus pallozas, viviendas circulares de origen celta, sumergen al caminante en una atmósfera medieval, de antiguos cultos, tradiciones y costumbres. El eje de la aldea lo conforman el santuario y el viejo hospital de peregrinos. En el año 1072, Alfonso VI concedió O Cebreiro a los monjes de Cluny, que acondicionaron el paso y erigieron un templo y hospedería-hospital sobre un santuario anterior dependiente de la abadía francesa de San Giraldo de Aurillac. El collado está señalado por la leyenda, la magia y el misterio, y debe su popularidad a un milagro eucarístico que, según el padre Yepes, ocurrió en el santuario en el siglo XIV, y que llegó a ser recogido en bulas pontificias. Su fama llegó hasta Roma e incluso a tierras sajonas, donde grupos de iniciados creyeron reconocer el cáliz gallego como el Santo Grial, aunque la realidad es que el cáliz data del siglo XII. Antiguo asentamiento para el hombre prehistórico, montaña sagrada, es uno de los hitos de acogida de peregrinos más antiguos de todo el Camino.

Iglesia de Santa María y reliquias del «Santo Milagro» en O Cebreiro.

IGLESIA DE SANTA MARÍA, LA HUELLA DE ELÍAS VALIÑA Y LA RELIQUIA DEL «MILAGRO»

Sus orígenes son un misterio, no hay fecha que indique cuándo se construyó. Estuvo regentada por los cluniacenses; luego pasó a manos benedictinas hasta el siglo XIX, y hoy es de los franciscanos. Templo prerrománico, de planta rectangular, una sola nave dividida en tres tramos, ventanales ojivales y tres ábsides rectangulares. En su interior, encontraremos la tumba del sacerdote Elías Valiña, personaje ilustre del Camino de Santiago, creador del que es hoy un símbolo universal: la flecha amarilla. El párroco de O Cebreiro señalizó, cada quinientos metros, el trazado jacobeo, dando origen a la ruta jacobea del siglo XX. Asimismo, en una de las capillas, se guarda y venera a la Virgen del Cebreiro, la imagen de santa María la Real, talla románica del siglo XII, de tradición milagrosa. En la capilla del ábside derecho hallaremos en un relicario la patena y el cáliz, protagonistas del «milagro de O Cebreiro». El prodigio ocurrió en 1300, cuando un vecino de Barxamaior subió en plena tempestad a escuchar misa al pueblo. Cuando fue a comulgar, el sacerdote, hombre de poca fe, lo despreció, momento en el que la sagrada forma se convirtió en carne y el vino en sangre, quedando la carne adherida a la patena y la sangre al cáliz. La noticia del milagro se difundió por el camino y por toda Europa, y en 1486, un siglo y medio después del prodigio, los Reyes Católicos, tras peregrinar la reina Isabel a Compostela, regalaron al santuario dos ampollas de cristal de roca para guardar las sustancias celestiales, las mismas que hoy podemos ver en una caja de cristal blindado y piedra negra. El cáliz, fechado en el siglo XII, está labrado en plata sobredorada: una copa semiesférica y un pie abocinado de base circular que están unidos por un nudo con forma de esfera completa. En la base hay una inscripción que dice: *«In nomine nostri Ihesu Christi et beate Marie Virgine»*.

Alto de San Roque.

Padornelo-Alto del Poyo: el puerto de San Roque y los caballeros de Malta

Abandonaremos O Cebreiro descendiendo por un sendero montañoso que transcurre entre las sierras de Os Ancares y O Courel, hasta Hospital de la Condesa. La aldea se llama así en recuerdo de doña Egilo, que fundó el antiguo hospital hospedería de peregrinos en el siglo IX. Algo más adelante, entre parajes de suaves perfiles verdosos, alcanzaremos la aldea de Padornelo, que en el pasado perteneció al señorío medieval de la iglesia de Santiago, donde estaba el hospital de la Orden de San Juan de Malta, bajo la protección de Compostela por decisión del obispo Gelmírez. Tras ascender el puerto del Alto del Poyo —a mil cuatrocientos metros de altitud, la máxima del camino en Galicia y la segunda en todo el recorrido— y vencer el gran desnivel de quinientos metros, a la vera de la escultura de san Roque podremos tomar aire y reponer fuerzas en el mismo lugar donde la tradición afirma que hubo un hospital de la Orden de los Caballeros de San Juan. Luchando contra el viento, descenderemos hacia Fonfría, la Fons Frigida que se formó en torno a una fuente de aguas gélidas, aldea que llegó a tener un hospital, el de Santa Catalina, donde los peregrinos encontraban «lumbre, sal, agua y cama con dos mantas», y los enfermos, «un cuarto de pan, huevos y manteca», como refirió el popular peregrino italiano Laffi. El camino continúa entre majestuosas panorámicas para llegar a Triacastela, donde el peregrino deberá tomar la decisión de seguir rumbo a Samos y, después, Sarria, o quedarse, para proseguir rumbo a Sarria por el bello trazado de Xan Gil.

Triacastela: la real villa de los tres castillos y la cárcel de peregrinos

Antes de alcanzar Triacastela, la senda milenaria transcurre bajando de las crestas de las cumbres, balcón de las colinas gallegas, entre bosques de carvallos hasta O Biduedo, y después As Pasantes, marcado por antiguos cultos a la madre naturaleza, en la que se alza un centenario, majestuoso y vigoroso castaño. Las primeras referencias de Triacastela están relacionadas con el conde Gatón, fundador del cercano monasterio de San Pedro y San Pablo, del siglo IX. Fundada oficialmente en el siglo X y repoblada en el siglo XII, la villa mantiene en sus calles, entre edificios de estilo románico y mozárabe, el ambiente peregrino. De aquel pasado de esplendor jacobeo queda el antiguo mesón-hospedería, así como la cárcel para peregrinos, hoy casa particular, de la que quedan algunos barrotes y dibujos de gallos, símbolo de la libertad en el país galo. La villa era cantera pétrea de Santiago; aquí los *conchei-ros* cogían piedras para contribuir a la construcción de la catedral.

Iglesia de Santiago y el «Árbol Sagrado» en Triacastela.

Iglesia de Santiago, los tres castillos de la torre

Santuario marcado por misteriosos orígenes, en el año 902, el rey Ordoño II donó el templo a la catedral compostelana como ofrenda por el alma de su esposa doña Elvira. Templo románico, de sillería y pizarra, alberga una maciza torre que fue erigida en 1790, que sirve como pórtico de entrada. En su fachada encontraremos esculpidos los tres castillos que llegó a tener la villa y que le dan nombre.

A la salida de Triacastela podremos seguir dos itinerarios distintos para llegar a Sarria. Por el ramal de la derecha, en dirección a San Xil, avanzando entre *corredoiras*, pizarra, carvallos, pasando por las aldeas de A Balsa, Montán, Pintín, Calvor y San Mamede do Camiño. O por el ramal de la izquierda, hacia el sur, pasando por las aldeas de San Cristovo, Renche y San Martiño, hasta alcanzar la villa de Samos y su monasterio benedictino, que mantiene la antigua hospedería para peregrinos.

Samos: la cuna de los monjes herreros y morada del padre Feijóo

Símbolo de la cultura gallega, llegamos al que fue hogar del rey Alfonso II el Casto —creador y patrocinador del Camino de Santiago, quien puso el sello oficial a las peregrinaciones—, así como de ilustres humanistas, como el padre Feijóo. Samos tiene su razón de ser en el monasterio, cuyos orígenes se remontan al siglo VI y que cuenta con el privilegio de ser una de las fundaciones más vetustas y legendarias del camino. Un lugar de referencia en la historia, marcado por la cultura, la magia, la alquimia y el misterio.

Monasterio de San Julián en Samos.

Monasterio de Samos, tras las huellas de la alquimia

Fundado por san Martín Dumiense, o De Dumio, citado por Alfonso X en sus *Cantigas* con el nombre de Ero, fue refundado en el año 759 para acoger una comunidad de monjes del sur que huían de la invasión musulmana. El abad toledano Argerico y su hermana, la abadesa Sara, recuperaron el signo de la hermandad dual del cenobio, es decir, el carácter mixto, dúplice, donde convivían hombres y mujeres. En el año 931, el rey Ramiro II de León lo entregó a otra comunidad después de santificarlo por «las grandes maldades allí cometidas», que hoy siguen siendo un misterio. Aquí se creó la primera comunidad monástica que seguía el ideario ascético de los monjes coptos del desierto, reforzada por la regla de san Francisco. Con la adopción de la regla de san Benito en el año 960, comenzó la hospitalidad de peregrinos. El cenobio, que mezcla los estilos románico, renacentista y barroco, fue eje y punto de referencia del camino. La fachada está inacabada, y una gran escalinata salva el desnivel que existe entre el suelo de la iglesia y el exterior. Está estructurado y articulado en torno a dos claustros. El pequeño, o de las Nereiras, gótico, donde se encontraba la rica biblioteca y se alza la fuente de las Nereiras. En una de sus claves de las arcadas del ángulo sur hallaremos una inscripción, junto a cinco rosas talladas, que dice: «¿Qué miras, bobo?». El segundo claustro está dedicado al padre Feijóo, cuya estatua preside el recinto. Ha sido reconstruido una y otra vez debido a varios incendios, algunos causados por los frailes en su empeño por conseguir el *acqua vita* alquimista, entre ellos, y como cuenta la tradición, Arnau de Vilanova. Médico valenciano, conocedor de la ciencia árabe, estudiante en Montpellier y Nápoles, llegó a ser médico del papa y del zar Pedro el Grande. Los monjes de Samos, además de alquimistas, eran populares en sus trabajos con el hierro, y eran llamados *os monxes ferreiros* por la finura de su forjado, que encontraremos en algunos templos en las siguientes etapas.

Etapa de Triacastela/Samos, Sarria y Portomarín (40 kilómetros)

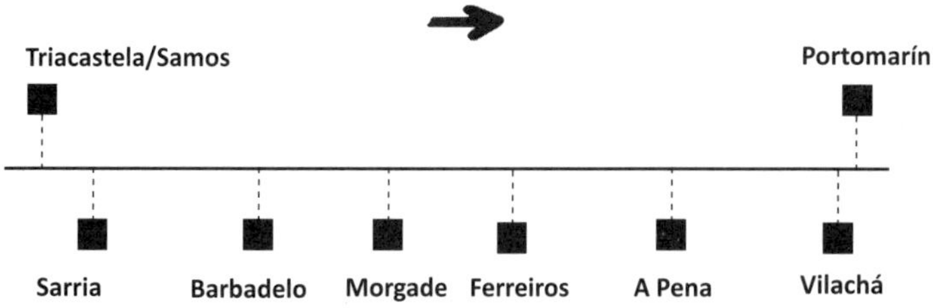

Albergues

Sarria
Albergue de peregrinos parroquial Monasterio de la Magdalena
Albergue San Lázaro (privado)

Barbadelo
Albergue de Peregrinos Municipal Barbadelo
Albergue Casa Barbadelo (privado)

Morgade
Albergue Casa Morgade (privado)

Ferreiros
Albergue de Peregrinos Municipal de Ferreiros
Albergue Casa Cruceiro (privado)

A Pena
Albergue Casa do Rego (privado)

Portomarín
Albergue de Peregrinos Municipal de Portomarín
Albergue Casa Cruz (privado)

Triacastela: la real villa de los tres castillos y la cárcel de peregrinos

Si decidimos parar en Triacastela, y seguir el camino por el desvío de San Xil, nuestra ruta discurrirá ente *corredoiras,* aldeas de piedra y pizarra, carvallos, pasando por las aldeas de A Balsa, Montán, Pintín, Calvor —donde en el siglo VIII se encontraba el monasterio de Santo Estevo de Calvor, referenciada como «in villa histórica»—, y San Mamede do Camino, donde hallaremos un peto de ánimas, capillas que servían para dar culto a las almas y espantar a la comitiva de espectros, la Santa Compaña. Si salimos de Samos, la ruta se desvía por una pista de asfalto que pronto cambia a tierra para continuar por *corredoiras* atravesando el caserío de Balsa y su ermita, hasta el río Ouribio, donde se une con el ramal de San Xil, rumbo a Sarria.

Modernos graffitis y «Peto de Ánimas» en Sarria.

Sarria: el «camino de corto recorrido»

Al igual que Triacastela, Sarria fue fundada y repoblada por el rey Alfonso IX, que mandó construir el hospital y monasterio de la Magdalena. Sus orígenes se remontan a la época neolítica, siendo más tarde asentamiento de la tribu galaica de los seurros —de los que ha quedado huella en diferentes castros del municipio—; posteriormente fue romana —enlazada a la ciudad de Lucus Augusti por Castro Dactonio, hoy Monforte de Lemos—, y finalmente sueva. Entraremos en la que fue cabeza del marquesado de Lemos —desde el siglo XIV, parte del condado de Lemos, cuando fue dada por Pedro I a don Fernando de Castro—, desde donde empieza el llamado «camino de corto recorrido» —los cien kilómetros necesarios para que los caminantes obtengan la Compostelana o el certificado de peregrinación en Santiago de Compostela—, por callejuelas para llegar a la escalinata Maior, la Escaleira da Fonte, hasta lo alto del cerro, donde nació y creció la villa, la misma en la que murió su fundador, Alfonso IX cuando peregrinaba a Compostela en el siglo XIII. Accederemos al casco antiguo por la calle Mayor para alcanzar el edificio que alberga los juzgados —donde antaño estuvo el hospital de San Antonio, que don Dionís de Portugal, hijo del marqués de Sarria, tuvo bajo su protección para peregrinos—, la iglesia de San Salvador, la ermita-iglesia de San Lázaro y el convento de la Magdalena.

Iglesia de San Salvador, los árboles mágicos y las cruces de Malta

Referenciada desde el año 1094, fue ampliada con espadaña en 1860. Templo románico, de transición al gótico, de una sola nave cubierta con bóveda de cañón y ábside semicircular con bóveda de horno, atesora dos fachadas tardorrománicas, la principal y la norte. La portada principal está formada por un arco apuntado con dos arquivoltas, con dos pares de columnas adosadas y capiteles tallados con motivos vegetales y zoomorfos. Sobre la misma aparece un tímpano con un pantocrátor, con una misteriosa figura coronada con las manos alzadas, entre dos árboles esquemáticos de seis hojas y cruces de la Orden de Malta. En su doble puerta podremos observar los trabajos del hierro de los monjes de Samos, las finas obras de sus herrerías alquímicas, y justo al lado la popular fuente de San Salvador.

Iglesia de San Salvador en Sarria.

Convento de la Magdalena, la puerta de Santa María y mandalas del claustro

Construido en el siglo XIII, hoy como ayer, sigue dando cobijo a los peregrinos. Fundado como hospital de peregrinos por dos religiosos italianos de la Orden de la Penitencia de los Venerables Mártires de Cristo, pasó posteriormente a manos de los agustinos, y a partir del siglo XIX, a la Orden de la Merced. Del románico cenobio original se conserva la puerta del claustro. Destacan la puerta gótica de Dos Carros y la de Santa María Magdalena, con arquivoltas apuntadas y tímpano esculpido con la imagen de la santa. En el interior del templo, hallaremos ventanas ojivales góticas, el sepulcro del clérigo Guitián, *maestroescola* de Orense, y el claustro tardogótico, de planta rectangular, de elegantes y sencillas formas, con arcadas apuntadas sobre pilares prismáticos, en cuyo suelo, formado por cantos rodados que trazan figuras geométricas a modo de mandalas, descubriremos escudos heráldicos. Desde aquí observaremos los vestigios del castillo de Sarria, la torre de la fortaleza de los marqueses de Sarria, dominando la parte más alta del valle, de la que se conserva la escalera de piedra —intacta, bordeada por dos barandas y dos escudos medievales—, que se muestra como vigía desafiando al tiempo.

Monasterio de la Magdalena en Sarria.

Barbadelo: el antiguo lugar de poder, los cultos ancestrales

Saldremos de Sarria por el románico puente Áspero —empedrado y de cuatro arcos— para proseguir por una senda mágica, que atraviesa pinos, hayas, un robledal y *corredoiras* misteriosas, antiguas calzadas romanas, siempre hacia el oeste, las mismas que recorrió el célebre sacamantecas Manuel Blanco Romasanta —protagonista del único caso de licantropía oficial en España—, el llamado «hombre lobo español». O por las que, cuentan, se aparece la espectral Santa Compaña. Tras dejar atrás As Paredes y Vilei, llegaremos a Barbadelo, una pequeña aldea, antiguo asentamiento celta, marcado por cultos a la madre tierra, que guarda en la iglesia de Santiago, conocida como *«o mosteiro»*, diversos secretos y claves «mágicas».

Iglesia de Santiago —con la misteriosa figura en cruz y animales en su tímpano— en Barbadelo.

IGLESIA DE SANTIAGO, LA MISTERIOSA FIGURA EN CRUZ, Y ANIMALES, DEL TÍMPANO

Construida en el siglo XII, citada por Aymeric Picaud en el *Codex Calixtinus,* era parte de un monasterio dependiente de la abadía de Samos, y que también era de carácter dúplice, en el que convivían hombres y mujeres. Templo románico, de una sola nave, conserva la románica torre de planta cuadrada. La portada es un misterio pétreo repleto de símbolos: el tímpano, con un dintel pentagonal de tres bloques de granito, está presidido por una figura humana con los brazos en cruz, y en los capiteles de las columnas encontraremos talladas figuras antropomorfas —una de ellas bebiendo de un cáliz y comiendo frutos vegetales— y animales —como leones, serpientes con cabezas de dragón enroscadas—, todo ello enmarcado por el ajedrezado. Templo e imágenes rememoran antiguos cultos y tradiciones paganas que fueron cristianizados.

Por frondosos castañares avanzaremos rumbo al río Miño dejando atrás Rente, Leimán, Peruscallo, Cortiñas, Brea, Morgade, hasta alcanzar Ferreiros, el antiguo Ferrere de Manier, feudo de los monjes herreros de Samos, cuyas huellas encontraremos en la iglesia románica de San Salvador, del siglo XII, con canecillos geométricos y ocultos con figuras, que conserva pinturas y murales del siglo XV y que era parte de un cenobio femenino de la Orden de San Juan del Hospital. Nuestro ánimo remontará cuando divisemos un mojón al llegar a A Pena. No es un hito cualquiera, es el monolito que indica a los peregrinos que solo quedan cien kilómetros para pisar Compostela.

Hito Km 100.

Paradela: el crucero de San Miguel

Al salir de Ferreiros, atravesaremos masas arbóreas, prados y tierras de labranza y entraremos en Paradela, en la que se alzan la iglesia románica de San Miguel, del siglo XII —con portada de triple arquivolta y tímpano lobulado—, y el crucero de San Miguel, con el fuste modelado, capitel de hojas y volutas, con Cristo y la Dolorosa, que albergan la magia de los canteros, popular por haber sido seleccionado como imagen de una serie de sellos conmemorativos en el Xacobeo 99. Tras el crucero de Paradela, antiguo lugar de poder, los kilómetros empezarán a caer como hojas de un árbol en otoño y nuestras piernas recobrarán una agilidad que parecía perdida.

Vilacha: la cuna de la Orden de Santiago

Caseríos y aldeas surgen en nuestro itinerario por el valle del Miño, como la de San Mamede de Vilacha, el paraje donde se encontraba el monasterio-iglesia de San Loio, cuna de la Orden de Santiago. Sus orígenes se encuentran en una comunidad de eremitas vinculados a san Martín de Dumio en el siglo v. En el siglo IX, sobre el cenobio de anacoretas, el monje Quintanilla erigió el monasterio —del que hoy queda la iglesia de Santa María—, que fue de referencia política, religiosa y peregrina. No en vano, es la cuna, y casa madre, de la Orden de Caballeros de Santiago en 1170, constituida por doce caballeros bajo el reinado de Fernando II; caballeros, «freyles de Cáceres», a los que se unieron los regulares de Loio, lo que conllevó la doble condición de clérigos y caballeros, y cuya sede pasó posteriormente a Villar de Donas.

El puente, que salva el río Miño, y la Escalera da Fonte, la singular entrada a Portomarín.

PORTOMARÍN: LA TEMPLARIA IGLESIA DE SAN JUAN Y EL «GREMIO DE LOS JACQUES»

Descenderemos hasta las riberas del río Miño, entre campos de cultivo de vid, para llegar a Portomarín y cruzar el viaducto, que transcurre en paralelo al puente romano junto al que nació la villa, originariamente una casa-hospital para peregrinos. El puente fue destruido por doña Urraca en las luchas contra su marido Alfonso I el Batallador, y reconstruido por Pedro Peregrino en el año 1120. Bajo dominio de la Orden del Temple y de la Orden de San Juan de Jerusalén, durante siglos el puente permitió cruzar el río y potenció el desarrollo de la urbe peregrina, hasta que en el año 1929 se construyó uno nuevo apoyado sobre su base. El pueblo estaba formado por dos burgos, el de San Nicolás y el de San Pedro —asentados sobre antiguos castros celtas, posteriormente romanos—, cada uno en una orilla del Miño, pero en 1944, al construirse el embalse de Belesar, la antigua Puente Miña quedó sumergida en el agua. Se construyó entonces la moderna ciudad sobre el Monte do Cristo, que sigue siendo hoy eje de la ruta jacobea. Entraremos por la escalera y ermita de las Nieves —situada sobre un arco del viejo puente medieval y donde se halla el hospital Domus Dei de la Orden de San Juan de

Jerusalén—, y desde aquí a su empedrada calle Mayor, de bellos soportales, y la plaza Mayor, que atesora una atmósfera especial. Allí encontraremos edificios donde descubriremos historia, leyendas y misterio: la casa del Conde, del siglo XVI; el palacio de Berbeteros, del siglo XVII, y las iglesias de San Pedro y la Prioral de los Caballeros Sanjuanistas, ambas del siglo XII, esta última marcada por el símbolo, el arte de la piedra y los maestros constructores.

Iglesia de San Juan o San Nicolás —encomienda de la Orden del Temple y de San Juan— en Portomarín.

Iglesia de San Juan, hoy de San Nicolás, y el «gremio de los Jacques»

Conocida como iglesia de San Nicolás, fue construida según unos por la Orden del Temple, y según otros por la Orden Militar de San Juan de Jerusalén, entre los siglos XII y XIII. Es un templo románico, de planta rectangular, con una sola nave dividida en cinco tramos, cubierta abovedada con arcos fajones, ménsulas y ábside de tambor, con dos pequeños altares, y sobre el mismo un gran rosetón, el más grande de Galicia, con cinco metros de diámetro. Alberga tres portadas, todas ellas del gremio del maestro Mateo. La portada sur tiene tres arquivoltas decoradas con motivos geométricos, vegetales y capiteles de figuras zoomorfas y fitomorfas, en cuyo tímpano aparece una figura mitrada con dos acólitos, y dos mochetas que representan un león devorando a un hombre, y un hombre saliendo de las fauces de un león. La portada norte, de tres arquivoltas, con lóbulos, animales fantásticos y tímpano dedicado a la Anunciación de la Virgen, en el que san Gabriel despliega sus alas, y aparece una hoja de roble de tres hojas, símbolo de la sabiduría e inmortalidad. Y la portada oeste, orientada a poniente, de tres arquivoltas, con un Cristo en Majestad rodeado por los veinticuatro ancianos del Apocalipsis con instrumentos musicales, uno de ellos sosteniendo un matraz de alquimista. En su interior destacan dos pequeñas puertas en las que aparecen rostros humanos enfrentados, posibles bafomets, reminiscencias del dios Jano.

Etapa de Portomarín, Palas de Rei y Melide (38 kilómetros)

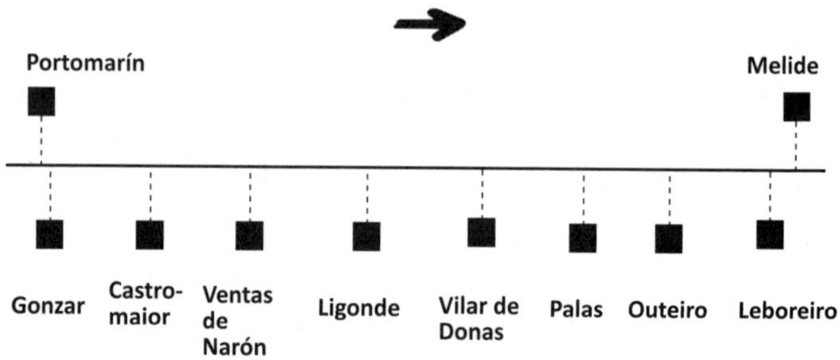

Albergues

Gonzar
Parada y fonda: Casa Ortiz

Ventas de Narón
Albergue O Cruceiro (privado)
Albergue Casa Molar (privado)

Ligonde
Albergue de Peregrinos Municipal de Ligonde

Portos
Albergue A Paso de Formiga (privado)
Parada y fonda: A Paso de Formiga

Palas de Rei
Albergue de Peregrinos Municipal de Palas de Rei
Casa Da Bestas (privado)

Melide
Albergue de Peregrinos Municipal de Melide
Albergue Casa Ezequiel (privado)
Parada y fonda: Pulpería Ezequiel

Portomarín: la templaria iglesia de San Juan y el «gremio de los Jacques»

Saldremos de Portomarín atravesando el puente que salva el embalse de Belesar. Tras ocho kilómetros sin lugar alguno para reponer fuerzas, agua o alimentos, llegaremos a Gonzar. El camino continúa hacia Castromaior, aldea de casas bajas de mampostería y pizarra que tiene sus orígenes en un castro celta que encontraremos a la salida del pueblo, dominando el paisaje. Desde aquí el sendero prosigue por las aldeas de Hospital de la Cruz —antigua hospedería-hospital medieval— y Ventas de Narón, para ascender el Alto de Ligonde, importante villa jacobea que perteneció a la Orden de Santiago y que aún conserva un cementerio de peregrinos.

Castro de Castromaior —asentamiento de la cultura Castreña— y el Crucero de Lameiro.

Después, en el descenso, aparecerá Os Lameiros, y uno de los cruceros más populares y sobrecogedores de la ruta jacobea, con calaveras y tibias grabadas en su base; situado junto a un gran castaño, marca el cruce de caminos y el recuerdo de un antiguo lugar de culto a la madre naturaleza. Seguiremos por Aixere, con su particular iglesia de misteriosos relieves de origen celta, rumbo a Portos —donde podremos desviarnos del camino principal para descubrir un lugar desterrado del moderno trazado, marcado por la historia, leyenda y magia de los canteros, la iglesia de Vilar de Donas—, y después Avenostre hasta Palas de Rei.

Iglesia de San Salvador —encomienda de la Orden del Temple, después de la Orden de Santiago— en Vilar de Donas.

Vilar de Donas: las tumbas de los caballeros de Santiago (desvío opcional)

Nada más pasar Portos, aparecerá a la derecha un desvío por el que llegaremos, tras recorrer cinco kilómetros, a Vilar de Donas y su iglesia de San Salvador. Construida en el siglo XII, fue sede de la Orden del Temple y, después, del priorato de la Orden de los Caballeros de Santiago. Sus orígenes están ligados a un monasterio femenino, de donde viene el sobrenombre de «Donas», donde profesaron damas de la familia de Arias de Monterroso. Templo románico, de planta de cruz latina, crucero, con tres ábsides abovedados en la cabecera, en su interior hallaremos numerosos sepulcros y laudas de peregrinos y caballeros de la Orden de Santiago, frescos góticos del siglo XV, de tonalidades rojas, negras y amarillas, en los que aparecen los reyes Juan II y María de Aragón, su hijo Enrique y alusiones al Juicio Final, y en los muros, símbolos y signos tanto celtas como druídicos irlandeses. En el exterior, protegida por un pórtico de pilares con semicolumnas adosadas con arcos ojivales, alberga una portada, obra del taller del maestro Mateo, con ocho arquillos ciegos apoyados en ménsulas, de cinco arquivoltas apuntadas con taqueado jaqués, en las que aparecen tallados una figura, identificada con el maestro Mateo, ya que aparece su firma floral, serpientes, un personaje sentado con un libro abierto, dos ángeles portando filacterias, dos dragones, dos arpías encapuchadas, un cantero con su maza trabajando la piedra y un cordel de lazos, de influencia celta, símbolo de los canteros irlandeses.

Palas de Rei: la antigua Pallatium Regis y la iglesia de San Tirso

Tras el Alto del Rosario, el camino llega a Palas de Rei, citada en el *Codex Calixtinus* de Aymeric Picaud como Pallatium Regis. Su nombre proviene de una antigua fortaleza real, seguramente el castillo de Pambre. En esta villa, que guarda pocos vestigios de su pasado medieval, los antiguos peregrinos se agrupaban para afrontar los kilómetros finales del camino. La iglesia de San Tirso, entre pazos y construcciones de piedra, o el castillo de Pambre, con su robusta torre medieval, son paradas obligadas para el peregrino-buscador.

Iglesia de San Tirso, el arte de los líquenes y la Virgen del Socorro

Construida en el siglo XII, fue reformada a mediados del siglo XX. Templo románico, de planta de cruz latina, con una sola nave, capillas laterales y presbiterio pentagonal, su portada es de arco de medio punto con dos arquivoltas con capiteles tallados, y en la misma aparece la Virgen del Socorro. Se trata de un santuario siempre embellecido por una protectora y natural policromía de líquenes.

Outeiro da Ponte: ecos espectrales, fantasmas medievales

La salida de Palas de Rei la haremos por el Campo dos Romeros, el tradicional tramo donde los peregrinos medievales se reencontraban y recomponían los grupos para la entrada a Compostela. Recorreremos la pista que discurre por la comarca de A Ulloa, marcada por su pazo y su castillo fantasmal.

Castillo de Pambre, la dama blanca del pazo de Ulloa (desvío opcional)

La fortaleza se yergue sobre el antiguo señorío de Ulloa, descrito por López Ferreira y por la condesa de Pardo Bazán en su novela *Los pazos de Ulloa*. Llegaremos tomando un desvío del camino principal que nos lleva hasta la atalaya construida por Gonzalo de Ulloa a finales del siglo XV. Fue uno de los pocos castillos que se salvaron de las luchas internas de los *irmandiños*, y, al igual que otros muchos castillos, alberga su propia leyenda de fantasmas. Cuenta la tradición que la hija menor de Ulloa se enamoró de un caballero francés que se había hospedado en la atalaya durante su peregrinación a Compostela; a su regreso, el caballero se casó con la hermana mayor y retornó a Francia con ella. La adolescente enloqueció de tristeza y murió en las almenas, mirando al camino y esperando en vano el regreso de aquel hidalgo.

Leboreiro: el Campus Levurarius y la aparición de la Virgen de las Nieves

Entraremos en la pequeña y bella aldea de Leboreiro —el límite entre las provincias de Lugo y La Coruña— por un sendero y paraje que los romanos llamaron Campus Levurarius, por la cantidad de liebres que había en la zona. Al entrar en su enlosada calle Mayor, nos recibirán un *cruceiro* y las casas de mampostería. En esta villa, los peregrinos-buscadores podrán contemplar el hermoso pórtico de la iglesia de la Virgen de las Nieves, marcada por el milagro y la leyenda, y que formaba parte del antiguo hospital de peregrinos del siglo XII que refundó la familia Ulloa en el siglo XV, y junto al cual se alza un *cabeceiro*, hórreo con forma de canasto.

Iglesia de Santa María —cuyos orígenes están marcados por apariciones celestiales que aparecen tallados en su tímpano— en Leboreiro.

Iglesia de Santa María, el santuario de la Virgen aparecida

Santuario marcado por el milagro y la leyenda, cuenta la tradición que en este lugar por las noches irradiaba una intensa luz y por el día se expandía un aroma a flores. Un buen día, los aldeanos, atraídos por los sucesos, se acercaron hasta una fuente donde hallaron una talla virginal, que llevaron al santuario, pero por las noches siempre retornaba a la fuente hasta que un cantero decidió tallar su perfil en el pórtico de la iglesia. Templo románico, con elementos góticos, de pequeñas dimensiones, nave rectangular y ábside circular, en su interior hallaremos pinturas murales del siglo XVI, dedicadas a la Flagelación de Jesús, la Visitación de Santa Isabel y el Martirio de San Sebastián. En el exterior, en los canecillos de las cornisas encontraremos conchas de vieiras. Y en la portada, de arco y arquivoltas ojivales, con basiliscos en los capiteles, aparece en el tímpano cincelada la imagen de la Virgen milagrosa acompañada por ángeles.

Melide: la *Pedra do Raposo*, el ara romana de la templaria iglesia de Santa María

Tras salir de Leboreiro, pasaremos el puente medieval, del siglo XII, que salva el río Seco, para descender hasta el río Furelos, donde cruzaremos el hermoso puente de San Xoan de Furelos, referenciado por Aymeric Picaud en el *Codex Calixtinus*, del siglo XII —de cincuenta metros de longitud y cuatro metros de ancho, de empedrado ascendente y descendente, de cuatro arcos apuntados—, que salva el estrecho cauce del río, para alcanzar Melide, asentamiento desde tiempos megalíticos, después celta, considerado el centro geográfico de Galicia.

Etapa de Melide a Pedrouzo-Arca (30 kilómetros)

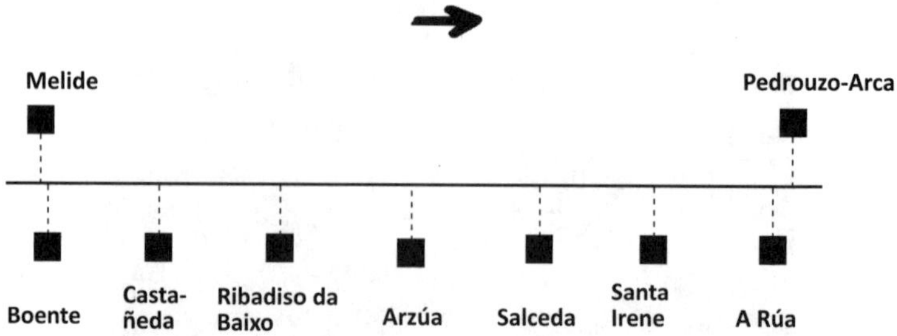

Albergues

Melide
Albergue de Peregrinos Municipal de Melide
Albergue Ezequiel (privado)
Albergue O Cruceiro (privado)
Parada y fonda: Pulpería Ezequiel

Boente
Albergue El Alemán (privado)

Ribadiso da Baixo
Albergue de Peregrinos Municipal Ribadiso da Baixo

Arzúa
Albergue de Peregrinos Municipal de Arzúa
Albergue Vía Láctea (privado)
Pazo Santa María (privado)

Pedrouzo-Arca
Albergue de Peregrinos Municipal de Arca-Pedrouzo
Albergue Porta de Santiago (privado)
Parada y Fonda: Casa Tía Dolores

MELIDE: LA *Pedra do Raposo,* EL ARA ROMANA DE LA TEMPLARIA IGLESIA DE SANTA MARÍA

Avanzaremos por la ladera hasta llegar a un antiguo lugar mágico, de poder, desterrado del original itinerario: la Pedra do Raposo o Piedra del Zorro, un dolmen que formaba parte de una alineación megalítica, cristianizado por san Martín Dumiese, arzobispo de Braga y fundador del anteriormente visitado monasterio de Samos. El camino se transforma en calle, siguiendo la ruta solar, de este a oeste, al llegar a una de las villas de mayor entidad jacobea, la antigua Melide. Fundada y repoblada por Alfonso IX en el siglo XIII, fue escenario de la revuelta de los *irmandiños,* un levantamiento popular contra el poder feudal que arrasó varias fortificaciones y palacios en la comarca. En el casco histórico de la localidad encontraremos «casas grandes», pazos y palacetes, un museo único, Museo da Terra de Mellide —ubicado en el antiguo hospital de peregrinos del siglo XVI—, y tres iglesias, tesoros de arte y símbolos, paradas para peregrinos-buscadores: la ermita de San Roque —que alberga la antigua portada tardorromana de la iglesia de San Pedro, donde existen tres sepulturas yacentes—, la iglesia de Sancti Spiritus —fundada por franciscanos en 1375, con sepulcros señoriales del siglo XV—, y la iglesia de Santa María, encomienda templaria que conserva en su altar un ara romana.

Iglesia de Santa María —encomienda de la Orden del Temple, cuyo altar es una ara de un santuario romano— en Melide.

IGLESIA DE SANTA MARÍA, EL ARA ROMANA Y LOS MISTERIOSOS CAPITELES

Construida en el siglo XII, sobre un templo romano, antiguo ninfeo, fue posesión de la Orden del Temple. Templo románico, de una sola nave, cubierta de madera y ábside semicircular con bóveda de horno. En su interior, hallaremos pinturas murales renacentistas que cubren toda la cúpula del ábside, un arco triunfal en el que un hombre es acosado por un demonio y un cuadrúpedo, y en el altar mayor, una antigua ara romana. En el exterior, encontraremos dos portadas: la fachada sur, bajo tejaroz, con dos arcosolios apuntados y otros dos contrafuertes, con dos arquivoltas, arquillos viejos con capiteles tallados con motivos vegetales y zoomorfos. Y la fachada occidental, de tres arquivoltas con capiteles con motivos animales y rodeada por una base de rectángulos esquemáticos con misteriosos símbolos en cada uno de ellos.

IGLESIA DE SAN PEDRO, EL CRUCERO Y LA CAPILLA DE SAN ROQUE

De la antigua iglesia de San Pedro se salvó la portada, que hoy hallaremos en la moderna capilla de San Roque, edificada a mediados del siglo XX. La portada, enmarcada por dos contrafuertes, presenta tres arquivoltas de medio punto con guardapolvo decoradas con motivos vegetales, arquillos, rosetas y boceles en zigzag y capiteles del siglo XII. Frente a ella se alza un crucero gótico, con Cristo Majestad mostrando las llagas de la mano; se dice que es el crucero más antiguo de Galicia, supuesta obra del taller del maestro Mateo.

Iglesia Sancti Spiritus, las huellas de san Francisco de Asís

Fundada en el siglo XIV, antiguo convento franciscano, fue ampliado en los siglos XV y XVIII. Se trata de un templo de una sola nave dividida en cuatro tramos, con capillas laterales a modo de crucero, en cuyo interior encontraremos frescos del siglo XV, con policromía que imita mármoles de diversos colores, una imagen de Santiago Matamoros, y los sepulcros de Leonor de Mendoza e Inés de Castro, esposa de Sancho de Ulloa, conde de Ulloa.

Pedrouzo-Arca: la capilla de la Magdalena y los peregrinos del Norte

Después de Melide, el camino nos lleva a Boente, con su pequeña iglesia dedicada a Santiago, y luego sigue avanzando entre espesos bosques, donde los eucaliptos empiezan a ganar terreno. La senda se convierte en una sucesión interminable de repechos, toboganes, subidas y bajadas, que volverán a poner a prueba nuestras fuerzas físicas y psicológicas. Alcanzaremos Castañeda: aquí se encontraban los hornos de cal en los que los *concheiros* dejaban las piedras recogidas en las canteras de Triacastela y destinadas a la catedral de Compostela. Un ritual, hoy perdido, con el que el peregrino se convertía en parte activa de la construcción del templo. Después de Castañeda irán apareciendo las aldeas y los caseríos de Ribadiso da Baixo, Arzúa —donde hallaremos los restos del antiguo convento de agustinos erigido a la Magdalena—, Salceda, Santa Irene, Carballal, Pomariño y, tras cruzar el río Iso, finalmente, llegaremos a Pedrouzo-Arca.

Etapa de Pedrouzo-Arca, Lavacolla, Monte do Gozo y Santiago (22 kilómetros)

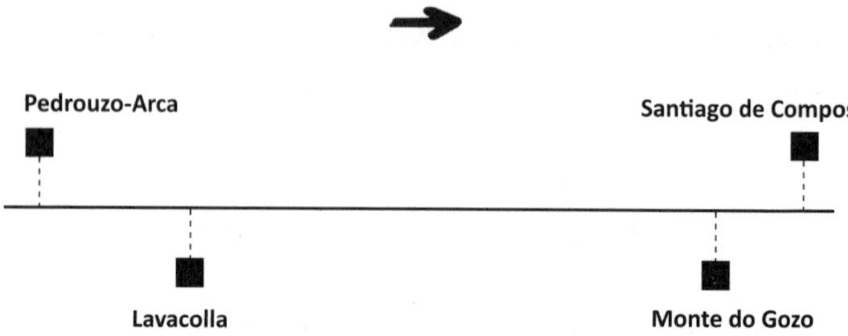

Albergues

Lavacolla
Albergue Lavacolla (privado)

Monte do Gozo
Albergue de Peregrinos Municipal de Monte de Gozo
Albergue Benvido Monte do Gozo (privado)

Santiago de Compostela
Albergue Residencia de Peregrinos Municipal San Lázaro
Albergue Seminario Menor La Asunción (privado)
Albergue Acuario (privado)
Albergue Km. 0 (privado)
Albergue La Salle (privado)
Albergue Dream in Santiago (privado)

Pedrouzo-Arca: la capilla de la Magdalena y los peregrinos del Norte

El peregrino comenzará a ser consciente de la proximidad de Compostela en Arca-Pedrouzo, ante la cumbre del Pico Sacro, donde ataño existía un hospital jacobeo hoy convertido en convento agustino. La villa es popular por la rúa do Camiño y la iglesia de Santiago, o la capilla gótica a la Magdalena, donde el camino recibe a los peregrinos procedentes del camino del Norte. El sendero transcurre entre prados, robles y eucaliptos que rodean pequeñas aldeas de tradición peregrina, como Calzada, Calle, Ferreiros, Salceda, Brea, Santa Irene —con su singular fuente y su iglesia—, para entrar en la capital del municipio de O Pino, el último antes de Santiago.

Lavacoya-Pico Sacro: la purificadora del cuerpo y el espíritu

Tras dejar el aeropuerto de Santiago, llegaremos bordeando la ladera al Pico Sacro y sus misteriosas cuevas, simas aún por explorar, de intrincadas galerías laberínticas. En este lugar, según la leyenda, aparecieron las primeras luces insólitas que indicaron el enterramiento del apóstol al eremita Pelagio y el obispo Teodomiro. Desde la milagrosa cueva alcanzaremos Lavacolla, la antigua Lavaméntula referenciada por Aymeric Picaud en el *Codex Calixtinus,* quien decía que era «lugar donde no solo el peregrino se lavaba la cara y los pies, sino que, por mor del apóstol, se lavaba todo el cuerpo limpiándolo de suciedad tras despojarse de sus vestidos». Los harapos, mantas y telas de los caminantes se quemaban bajo la antigua cruz de Farrapos, que coronaba una cruz de piedra y que hoy corona una de las torres de la catedral de Compostela.

MONTE DO GOZO: EL MÁGICO-SAGRADO MONS GAUDII

Ascenderemos hasta el Monte do Gozo, antiguamente Mons Gaudii, una de las siete colinas mágicas del camino. Y aquí, la emoción embriagará nuestra alma al contemplar las torres de la catedral rompiendo el horizonte; en esta misma cumbre, los peregrinos medievales caían de rodillas entre sollozos entonando todo tipo de cantos y odas jacobeas, y coronaban como «rey de la caravana» al primer caminante que alcanzase la cima de este hito del camino. Emprenderemos el descenso desde la capilla de San Marcos y San Lázaro por una pista asfaltada que nos llevará a las puertas de la ciudad y a la catedral compostelana.

SANTIAGO DE COMPOSTELA: EL PÓRTICO DE LA GLORIA Y LA TUMBA DEL APÓSTOL

Cuando el peregrino llega por fin a Compostela, la emoción se apodera de él. La ciudad transmite una energía especial, diferente. Sus orígenes e historia están marcados por el milagro y la leyenda, ligados al descubrimiento de la tumba del apóstol Santiago en el siglo IX por parte del eremita Pelayo, y misteriosas luminarias en los cielos, junto al obispo Teodomiro de Ira Flavia, actual padrón, en el llamado bosque Libredo. El hallazgo provocó la unión de los reinos cristianos en la Península, tomada por los musulmanes, y Europa, el inicio de la Reconquista. Santiago de Compostela fue a partir del siglo XII uno de los denominados «centros del mundo», ciudad santa junto a Roma y Jerusalén. Asentamiento celta, de la cultura castreña, según la tradición, donde reinaba Lupa; posteriormente romano, desde el siglo I hasta el siglo V, identificado como *mansio* de Assegonia; más tarde quedó despoblado y fue utilizado como cantera durante el reino suevo hasta el siglo VII. Desde el siglo IX, tras el prodigioso descubrimiento, aparece referenciada como Arcis Marmoris, Locus Sanctus —Lugar Santo— y Locus Sancti Iacobi —Lugar Santo de Santiago—, también conocido como Campo de Estelas, de donde procedería su actual nombre. Tras el hallazgo del sepulcro apostólico, se levantó un santuario y se estableció una comunidad de monjes de Antealtares junto con el obispo Teodomiro, al que se fueron sumando clérigos y peregrinos. La villa-santuario fue creciendo gracias a los privilegios reales de Ordoño II, y en ella fueron coronados Sancho Ordóñez, Ordoño IV, Sancho I o Bermudo II como monarcas de Galicia. Fue fortificada por Sisenado II y quedó arrasada por Almanzor en el siglo X. Fue a partir del siglo XI cuando comenzó su tiempo de esplendor tras la construcción de la nueva catedral románica de la mano del obispo Diego Peláez, convirtiéndose más tarde, con Diego Gelmírez —quien nombró rey de Galicia a Alfonso VII—, en sede metropolitana, tras la publicación del *Codex Calixtinus* de Aymeric Picaud, referencia espiritual, religiosa, política y cultural de Europa, bajo un señorío feudal gobernado por los obispos compostelanos. La ciudad, además de la catedral, atesora otros lugares jacobeos siempre olvidados, que son claves, marcados por el misterio, como la iglesia de Santa María de Salomé o la colegiata de Santa María del Sar. Siguiendo nuestro camino, entraremos por la rúa de San Pedro, donde se encontraba la puerta del camino, aledaña a la de Santo Domingo de Bonaval, también llamada puerta Francígena, en honor a los peregrinos francos, y entrada septentrional de la catedral. La puerta tenía tallados los doce signos del zodiaco, de los que solo se conserva el de Sagitario, ahora en la puerta de las Platerías, la única citada en el *Codex Calixtinus* de Aymeric Picaud. Desde la entrada a la población aún nos queda media hora callejeando para llegar a la catedral. La zona histórica —el casco antiguo, donde la ciudad acoge al peregrino de forma definitiva entre sus grises piedras— comienza en la plaza de San Pedro, en la que hallaremos el Cruceiro Bonito o de Home Santo. La leyenda cuenta que el Juan Tourón, tras participar en la «revuelta popular» de 1319, fue condenado a la horca; cuando se dirigía al cadalso imploró a la Virgen que lo liberara de aquel suplicio, y en ese mismo momento cayó muerto; en su recuerdo se levantó la columna pétrea con la última plegaria, que dijo: *«Ven e valme»*. Después aparecerán dos de los edificios compostelanos más representativos: el antiguo convento de Santo Domingo de Bonaval, hoy Museo del Pueblo Gallego, y la única iglesia gótica de la ciudad, hoy panteón de Gallegos Ilustres y sede del Centro de Arte Contemporáneo. Avanzaremos por el barrio de San Lázaro, dejando a un lado la hospedería y hospital lazareto para peregrinos leprosos. Tras sobrepasar el barrio de Fontiñas, continuaremos por la rúa dos Concheiros, donde se ubicaban los puestos que vendían conchas, la calle de Casas Reales —casonas donde tenían su sede los gremios de cambiadores de monedas—, la pequeña y hermosa parroquia de Nuestra Señora del camino, de gran tradición milagrosa, y la capilla de las Ánimas. El penúltimo paso antes de enfrentarnos a la catedral-basílica es la plaza de Cervantes, sede del Ayuntamiento hasta finales del siglo XVIII, después la calle de Azabachería, la plaza de las Platerías —en el lateral del templo— y, por fin, la plaza del Obradoiro y la catedral de Santiago. Una catedral que es eje en el trazado urbanístico. Cada uno de los puntos cardinales está señalado por los brazos de la planta en cruz del templo, y por una plaza: a los pies, el Obradoiro; al sur, Platerías; al norte, Azabachería, y al este, cabecera, la Quintana. La principal recibió el nombre de Obradoiro y fue levantada por el arquitecto gallego Fernando de Casas. Su fachada sustituyó a la primitiva, construida para proteger el pórtico románico de la Gloria, bajo el cual se conserva la catedral vieja del maestro Mateo. Tres edificios cierran la plaza: el Colegio de San Jerónimo, fundado por el obispo Fonseca, con un pórtico ojival románico; el pazo de Raxoi, de estilo neoclásico, y el hospital del Rey, que ordenaron construir los Reyes Católicos para acoger a peregrinos y enfermos. En la fachada opuesta contraria se hallan la plaza de Azabachería y la puerta del Paraíso, que sustituyó el estilo románico por el neoclásico actual en el siglo XVIII. En el lado opuesto, en la fachada meridional catedralicia, se sitúa la puerta de las Platerías. Es la única que muestra tallado románico, una obra única, del mismo cincelado que hallamos en el monasterio de Leyre o en Sangüesa, pero llevado al extremo. La Vía Sacra, detrás de la catedral, desemboca en la plaza de Quintana y la puerta Santa, la entrada que solo se abre en año santo compostelano y por la que acceden los peregrinos, alcanzando el jubileo instituido por Calixto II en 1222. En su exterior se colocaron veinticuatro figuras de granito que talló el maestro Mateo para el coro catedralicio. La puerta, llamada en el *Codex Calixtinus* Sancto Pelagio, permanece tapiada y protegida por una verja de hierro y solo se abre en los años jubilares, es decir, en el año santo, que tiene lugar cada vez que la festividad del apóstol, el 25 de julio, cae en domingo, salvo en años bisiestos. Esto se repite en un ciclo de seis, cinco, seis y once años. Y mágicas casualidades, la suma de los números da 28, el número de años del ciclo solar.

Catedral de Compostela. Meta y salida del Camino de Santiago.

Catedral de Santiago, Arcis Marmoris, Locus Sanctus, Locus Sancti Iacobi

Erigida en el siglo XI por el maestro Esteban y el obispo Diego Peláez —sobre una necrópolis romana y los santuarios anteriores construidos por los reyes Alfonso II, Alfonso III y Bermudo II, en los que trabajaron los maestros Bernardo el Viejo y Roberto, con otros cincuenta canteros, así como los maestros Wicarto, Segeredo, que fue prior del Cabildo, y el abad Gumersindo, que también fue maestro cantero—, ampliada después por el maestro Mateo y el obispo Gelmírez en el siglo XII, guarda y venera el sepulcro del apóstol Santiago y es la meta para muchos de los peregrinos del Camino de Santiago. Es un templo románico y gótico, de planta de cruz latina, con tres naves separadas por sesenta y tres pilares con capiteles tallados con motivos historiados y vegetales, cimborrio sobre el transepto, sesenta y tres vidrieras, cuyo originario coro pétreo poseía sesenta y tres asientos, triforio con cubierta de cuarto de cañón y balcón de ventanales de doble arquería y girola con diez capillas. Cuenta con tres torres que alcanzan los ochenta metros de altura: la de las Campanas, del siglo XII, la más antigua; la de Carraca, barroca, erigida sobre la anterior románica imitando a la de las Campanas, del siglo XVIII, obra de Fernando de Casas Novoa; la del Reloj, conocida como de la Trinidad o Berenguela, del siglo XV, que fue elevada dos alturas más en el siglo XVII, obra de Domingo de Andrade, donde se colocó un reloj de esfera en el siglo XIX. Cuenta con un claustro del siglo XVI, que sustituyó a otro más pequeño del siglo XII, de planta cuadrada, balaustrada con pináculos y cresterías góticas, obra de Juan de Álava y Juan Gil de Hontañón, que guarda las sepulturas de canónigos, cardenales y obispos compostelanos. En el exterior, cuenta con cuatro portadas: la de Azabachería, barroca, originariamente románica, demolida tras un incendio en el siglo XVIII, obra de Ferro Caaveiro, Fernández Sarela, modificada por Ventura Rodríguez; la de Platerías, del siglo XII, románica, obra del maestro Esteban, a la que se incorporaron partes de la portada de Azabachería y el desaparecido coro del maestro Mateo, de dos puertas con arquivoltas, tímpanos historiados sobre once columnas, con un medallón de la Transfiguración y el Padre Eterno con las manos abiertas y cuatro ángeles con trompetas anunciando el Juicio Final, junto a misteriosas figuras de demonios y una mujer con una calavera; la de Quintana, barroca, del siglo XVII, obra de José de Vega y José de la Peña, donde se halla la puerta Santa, que solo se abre durante los años jubilares, rodeada por veinticuatro figuras de profetas y apóstoles provenientes del antiguo coro pétreo del maestro Mateo; y la del Obradoiro, barroca, del siglo XVIII, obra de Casas Novoa. En ella encontraremos el pórtico de la Gloria, del siglo XII, obra del maestro Mateo, al que se accede por una escalinata de treinta y tres escalones, donde aparecen talladas más de doscientas figuras rodeando un pantocrátor y el parteluz con el apóstol Santiago, que aparece en dos versiones, una junto a los doce apóstoles, y otra sentado con un báculo en forma de tau, y bajo el mismo, el autorretrato del maestro Mateo en posición orante, donde era tradición que los peregrinos pusieran sus dedos y dieran tres golpes con la cabeza. En el interior, bajo el barroco altar mayor y la románica imagen busto del apóstol Santiago, obra del maestro Mateo, chapada en época barroca, hallaremos la cripta donde se custodia el Arca Santa, de plata repujada, que contiene las reliquias del cuerpo del apóstol Santiago, junto a sus discípulos san Atanasio y san Zebedeo.

Claves de la catedral de Santiago de Compostela

- *Nave y capillas.* El templo, modelo de armonía, sobriedad y grandiosidad, está marcado por el mágico número nueve, al igual que el resto del camino. Aparece en las naves, columnas, asientos del coro, vidrieras y en el pórtico de la Gloria. La nave principal mide noventa y siete metros de longitud desde la capilla hasta el pórtico de la Gloria, y sesenta y cinco metros la nave del transepto, desde la puerta de Azabachería hasta la de Platerías. Destacan la capilla del Pilar —formada por la unión de las capillas de San Andrés y San Fructuoso, fundada por el obispo Diego Gelmírez, con una pintura de la aparición de la Virgen del Pilar a Santiago, obra de García de Bouzas, del siglo XVIII, antigua sacristía hasta el siglo XIX; la capilla de Mondragón o de la Piedad, del siglo XVI; la capilla de la Azucena o San Pedro, junto a la puerta Santa, fundada por Mencía de Andrade en el siglo XVI, donde hallaremos su sepulcro; la capilla del Salvador, en el centro de la girola, origen del templo románico del siglo XI, iniciado por el maestro Bernardo el Viejo bajo el reinado de Alfonso VI, como avalan las inscripciones en dos capiteles del arco de entrada y la figura de este último; la capilla de Nuestra Señora la Blanca, donde el gremio de plateros daba culto a san Eloy; la capilla de San Juan, fundada por el obispo Diego Gelmírez, antiguamente llamada Santa Susana; la capilla de San Bartolomé, antiguamente llamada de la Santa Fe, de retablo plateresco en mármol policromado, obra de Mateo Arnao, su sepulcro y el de Diego de Castilla, bisnieto del rey Pedro I el Cruel, del siglo XVI; la capilla de la Concepción, llamada Prima porque los canónigos celebraban en ella la *misa pima*; la capilla del Santo Espíritu, junto a la iglesia-capilla de la Corticela, en la que doce clérigos, los «racioneros del Espíritu Santo», desde el siglo XV cantaban todas las tardes la Salve Regina; la capilla de la Corticela, antaño iglesia-oratorio, añadida al templo catedralicio, que cuenta con portada románica con arquivoltas en las que aparecen motivos vegetales y zoomorfos, con la representación de la Adoración de los Reyes Magos en el tímpano, de tres naves y ábside, y la sepultura del cardenal Gonzalo Eans, del siglo XIV; la capilla de la Comunión, donde se custodia la talla de alabastro de la Virgen del Perdón; la capilla del Cristo de Burgos, que atesora una reproducción de la imagen burgalesa, del siglo XVIII, fundada como capilla funeraria; la capilla de las Reliquias, del siglo XVI, fundada por el arzobispo Alonso de Fonseca y Ulloa, obra de Juan de Álava, que atesora numerosos relicarios y reliquias, entre ellas los grilletes del caballero Suero de Quiñones de Hospital de Órbigo, y el panteón real, en el que se encuentran las sepulturas nobles y reales de Berenguela de Barcelona, Fernando II, Alfonso IX o Juana de Castro. Asimismo, en las naves del templo hallaremos diferentes lugares marcados por la leyenda y el misterio: la tumba del nigromante obispo gallego Muñiz, que, según la leyenda, durante una Nochebuena viajó de Roma a Santiago, y al cual el cabildo le ofrece una misa anual en la capilla de la Soledad; el sepulcro del obispo Teodomiro de Ira Flavia, quien descubrió la tumba del apóstol junto al eremita Pelayo. Un tímpano románico, en el que aparece tallada la inexistente batalla de Clavijo, que sirvió para que diera comienzo la «Operación Jacobea», y la pila bautismal en la que, según la tradición, bebió el caballo de Almanzor cuando arrasó el templo compostelano. El actual coro es de madera, y sustituyó al pétreo y románico del maestro Mateo —parcialmente destruido a comienzos del siglo XVII para adaptarse a los preceptos del Concilio de Trento—, hoy reconstruido en el Museo Catedralicio.

Catedral de Santiago de Compostela. Meta y salida del Camino de Santiago.

- *El pórtico de la Gloria.* La fachada principal, en la plaza del Obradoiro —llamada así por ser el lugar donde se ubicaban las logias de canteros y obradores que erigieron el templo compostelano—, da paso a los treinta y tres escalones de la escalera que conduce al pórtico de la Gloria. La planta rectangular y vestíbulo mide diecisiete metros, casi igual que el ancho de la iglesia, por cuatro metros de ancho, la misma distancia que entre los arcos formeros de la nave. Y de nuevo el número nueve. Es la obra cumbre del románico, de colosales dimensiones, y de una riqueza iconográfica y simbólica sin igual. Fue encargada al maestro Mateo —*Matheus Petri,* «Mateo, hijo de Pedro», citado en el Libro IV del *Codex Calixtinus* también como constructor del puente de Portomarín, el de Esla y la iglesia de Santa María de Tera—, cuyas manos tallaron la fe y el símbolo en un conjunto artístico impresionante. La genialidad, perfección, armonía y el mensaje oculto, secreto, aparecen en las más de doscientas figuras que rodean al pantocrátor y al apóstol, y entre las que el maestro cantero se autorretrató en posición orante. Donde descubriremos nuevas huellas, señales paganas, es en los matraces alquimistas que sujetan los veinticuatro ancianos del Apocalipsis. El tallado del apóstol se da en dos versiones: en la forma habitual, junto a los otros once apóstoles, y otra en majestad, sentado en el parteluz del pórtico bajo el pantocrátor, con el báculo en forma de tau, la cruz iniciática. El lugar está marcado por un ritual de iniciación, de reconocimiento, de paso. Los peregrinos deberán dar dos golpes (croques) con la frente sobre la gran piedra redonda, desgastada, el árbol de Jesé, que sustenta el parteluz, con los dedos de la mano derecha apoyados en las oquedades dejadas por el roce y ruegos de los caminantes, peregrinos y buscadores, a lo largo de los siglos.

Pórtico de la Gloria del maestro Mateo y el llamado Croques -ubicado en la base del parteluz-, donde se realizaba el ritual de paso de golpear tres veces con la frente al entrar a la catedral compostelana.

- *Rituales peregrinos, abrazo al apóstol y botafumeiro.* Al entrar en la catedral por la Puerta Santa, la de Azabachería o la de Platerías, deberemos cruzar el interior de la gran basílica antes de postrarnos ante la figura de Santiago, donde antiguamente se daban tres golpes (croques) a la redonda piedra sagrada del parteluz del pórtico de la Gloria. Llegaremos por la nave central hasta el retablo mayor y la imagen-busto de Santiago. En los laterales del altar hay una estrecha escalinata por la que accederemos hasta la talla y cumpliremos con el abrazo al apóstol. Luego visitaremos la cripta que se abre bajo el altar mayor. Bajaremos por unos escalones de mármol desgastados por el paso de millones de peregrinos, fieles y curiosos a lo largo de los siglos para contemplar el sarcófago de plata repujada —que se encuentra dentro de un camarín protegido por una verja de hierro—, en la que se guardan las sagradas reliquias del apóstol, y a cuyos lados se encuentran los restos de sus discípulos san Atanasio y Zebedeo. Durante las celebraciones litúrgicas podremos contemplar el ritual del «vuelo de las almas», el del botafumeiro. El actual es de 1851, de metro y medio de altura y cincuenta kilos de peso, y sustituyó al original, labrado en plata maciza en 1544. Su baile, todo un portento malabarista, por el templo servía, y sirve, para limpiar el ambiente y las almas de los peregrinos.

La Puerta Santa —que solamente se abre y se cruza durante la celebración del año santo— y el abrazo a la imagen del apóstol Santiago, rituales de los peregrinos al llegar a Compostela.

Arca Santa —donde se encuentran los restos del apóstol Santiago— y Botafumeiro, en la catedral de Santiago de Compostela.

Colegiata Santa María del Sar, la olvidada tumba de Diego Gelmírez

Construida en el siglo XII, a orillas del río Sil y del puente de peregrinos procedente de Orense, fue ideada y fundada por el obispo Munio Alfonso, y tras su muerte continuó la obra el obispo Diego Gelmírez. Fue concebida como casa de retiro de los canónigos regulares de la regla de San Agustín, alcanzando esplendor y convirtiéndose en referente de la ruta jacobea hasta el siglo XVI, en que se transformó de priorato a colegiata. Templo de estilo románico, de planta basilical, con tres naves separadas por pilares compuestos de capiteles con motivos vegetales, cubiertas por bóvedas de cañón, cabecera tripartita y tres ábsides —el central poligonal, los laterales semicirculares—, con ventanas y columnas. La fachada es sobria, con rosetones y ventanas laterales para la iluminación, y en el siglo XVIII, para evitar su derrumbe, del que ha quedado huella en la inclinación de los arcos formeros, se añadieron arbotantes laterales. El claustro, también del siglo XII, románico, destaca por los arcos y arquivoltas con motivos florales y geométricos. En su interior, encontraremos la tumba del obispo Diego de Gelmírez, quien fuera el gran impulsor del medieval Camino de Santiago.

Iglesia de Santa María Salomé, el templo de la madre del apóstol

Construida en el siglo XII —en honor a la madre del apóstol Santiago, la única bajo esta advocación en toda España—, fue fundada por el obispo Gelmírez y el abad Pelaio, y ampliada en el siglo XVII con la capilla de la Soledad. Templo románico, de planta cuadrada con pequeños brazos —que parten de cuatro arcos de medio punto sobre pilastras estriadas—, cúpula de media naranja —decorada con escudos— y campanario, del siglo XVIII, sigue el mismo diseño que la iglesia de San Fiz de Solovio. La portada, románica, de tres arquivoltas de medio punto y ajedrezado, tiene capiteles con cuadrúpedos enfrentados de largas garras, ábacos con rosetas —de seis, siete y ocho pétalos, símbolo solar—, canecillos con figuras antropomorfas, y la imagen de la Virgen de la Leche con el niño, del siglo XIV. En el interior, destaca la renacentista capilla de Santa Teresa, del siglo XVII, donde se venera la Virgen de la Soledad, y que atesora en uno de los retablos caras de rasgos aztecas y dos ángeles con lo que parecen ser gafas.

Compostela es para muchos la meta de la peregrinación, del camino. Pero el camino, el mágico, sagrado y ancestral, no termina en Compostela. El viaje, la aventura, continúa hasta al antiguo fin del mundo. Prosigue hasta allí donde antaño la tierra se acababa y empezaba la mar Océana. Donde el sol moría y renacía cada día. Donde nace la fuerza y esencia del mágico camino. A la Costa de la Muerte, a Fisterra y Finisterre, a sus montes sagrados, el legendario y mítico Ara Solis, el Templo del Sol.

16

EL CAMINO AL FIN DEL MUNDO

Finisterre Ultreia et Susesia

De Compostela a Finisterre (tres etapas, 85 kilómetros)

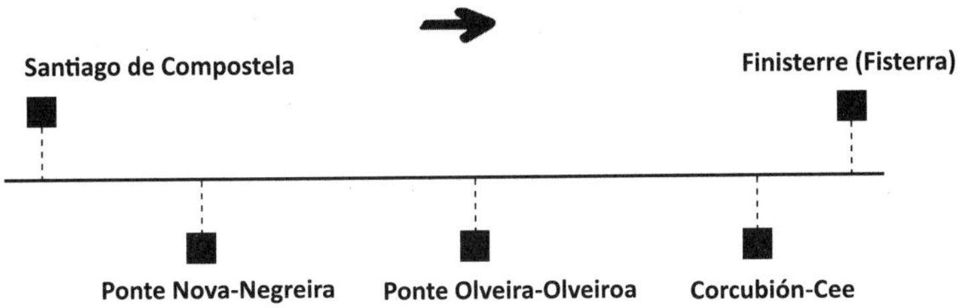

Albergues

Ponte Nova
Albergue de Peregrinos Municipal de Ponte Nova

Negreira
Albergue de Peregrinos Municipal de Negreira

Ponte Olveira
Refugio de Peregrinos de Ponte Olveira

Olveiroa
Albergue de Peregrinos Municipal de Olveiroa

Corcubión
Albergue de Peregrinos San Roque

Cee
Albergue O Camiño das Estrelas (privado)

Finisterre (Fisterra)
Albergue de Peregrinos Municipal de Finisterre

Saldremos de Compostela, la única ciudad que es fin y principio, meta y salida, en el Camino de Santiago, para recorrer los ochenta kilómetros que nos separan hasta la Costa da Morte, la Costa de la Muerte, hasta Fisterra y el cabo de Finisterre. Un camino, el del fin del mundo, marcado por leyendas, ritos ancestrales, magia y misterio, en el que se fusionan lo divino y lo humano, lo sagrado y lo pagano. En el Finis Terrae romano, el antiguo fin del mundo, allí donde comenzaba el mar tenebroso, donde el sol moría y renacía todos los días, vetusta y ancestral vía mágica y sagrada desde tiempos prehistóricos para los primeros seres humanos, donde el ser humano veneraba al dios sol, posteriormente cristianizado. La verdadera meta del mágico camino.

Etapa 1: Santiago de Compostela-Negreira (22 kilómetros)

Saldremos de la plaza del Obradoiro por la rúa das Hortas y la fascinante y embrujadora *carballeira* del pazo de San Lorenzo, rumbo a Ponte Sarela. Cruzaremos el pequeño puente de sillares y nos dirigiremos a la aldea de Sarela de Abaixo, desde donde podremos observar las torres de la catedral y la ciudad con una perspectiva única, exclusiva. Después alcanzaremos Moas de Abaixo, Pedrizo, Quintanas —salvaremos el arroyo, regato, de Roxos— y subiremos el Alto do Vento. La senda prosigue por asfalto de Roxos a Portomouro, pasando por Ventosa y Aguapesada. Aquí nos esperará una de las grandes ascensiones, la de Mar de Ovellas, la penúltima antes de la pendiente que nos conduce al cabo de Finisterre. Son dos kilómetros de subida, de gran desnivel, que ponen a prueba nuestras fuerzas físicas y psicológicas, pero también ofrecen paz al espíritu y un reencuentro con la naturaleza. En la cima, tras pasar una fuente, aparecerá Carballo. Paso a paso, llegaremos a Ponte Maceira, tras atravesar el puente medieval que salva el río Tambre, reformado en el siglo XVIII. El camino cruza la aldea en paralelo al río por una *carballeira* hasta Ponte Nova. Caminaremos por debajo de los pilares del puente y seguiremos pegados al río por campos de cultivos hasta llegar al pazo do Cotón.

Negreira.

Etapa 2: Negreira-Olveiroa (35 kilómetros)

Nos enfrentaremos a la etapa más larga —alrededor de treinta y cinco kilómetros— en este último ramal del mágico y pagano camino, rumbo al antaño fin del mundo. Saldremos de Negreira, dejando a un lado el atrio de la iglesia parroquial, por una vieja senda de carros y ganado hasta encontrar una pista asfaltada. Continuaremos hasta Zas y allí nos desviaremos a la derecha para pasar por delante de una pequeña y humilde capilla. Ascenderemos por la ladera del monte. El camino se estrechará y avanzará entre mimosas hasta Rapote. Luego llegaremos a A Pena, el Alto de Portocamiño, y entre monte bajo y pastizales alcanzaremos Vilaserío, villa citada en las crónicas viajeras peregrinas medievales. Por asfalto, superaremos Cornado hasta A Pereira y Serra de Outes. Surge aquí un tramo mágico en plena naturaleza, con castaños, eucaliptos, robles, helechos, un manto verde de musgo. Por la senda a Santa Camba se va a Muros, Bon Xesús, Gueima y Vilar do Castro, antes de emprender la ascensión al monte Aro —una nueva cumbre mágica, antaño lugar sagrado— y descender luego hasta Ponte Olveira, por el pétreo puente que le da nombre, y la propia villa de Olveiroa.

Santuario y crucero de la Virgen de las Nieves.

Etapa 3: Olveiroa, Corcubión, Cee y Finisterre (30 kilómetros)

Dejaremos Olveiroa ascendiendo monte arriba por el margen derecho del río Xallas. Pasaremos O Logoso y Hospital, donde antaño se encontraba un hospital hospedería para peregrinos. Desde aquí, la pista asfaltada nos lleva por la factoría metalúrgica, visión de pesadilla, hasta un cruce de caminos. En este punto la senda se bifurca a Fisterra y Muxía. Giraremos a la izquierda, rumbo a Finisterre, y tras un centenar de metros asfaltados entraremos de nuevo por una senda de tierra dirección a Marco do Couto y al santuario de la Virxen das Neves, antiguo lugar de poder cristianizado, con reminiscencias de cultos a la madre tierra. Después, la ermita de San Pedro Mártir, por alto monte hasta la cortante bajada a Cee.

Santuario lítico, cristianizado, en Corcubión.

El descenso, duro, entre raíles de piedra y barro, se supera con la visión panorámica del océano, de Cee y el cabo de Finisterre. Llegaremos a Camiños Chans, luego pasaremos por delante del viejo cementerio de Cee, por Campo do Sacramento, y por la rúa de Arriba alcanzaremos la iglesia parroquial —tras recorrer empinadas callejuelas—, el crucero de Baldomar y la capilla de San Antonio. Bajaremos por la rúa de peregrinos en dirección a la plaza de Castelao y la iglesia de San Marcos, de estilo gótico marinero, y epicentro de la fe y devoción de los vecinos de la comarca. Seguiremos al Campo do Rollo por una estrecha pista de huertas, antes de ascender hacia Vilar y San Roque, en cuya antigua escuela se encuentra hoy un albergue. Bajaremos hacia Amarela, Estorde y Sardiñeiro. Ahí cogeremos el ramal de la derecha e iremos por un tramo entre pinos hasta la aldea de Talón. Luego alcanzaremos Finisterre (Fisterra).

La *corredoira* fisterrana que da acceso al antiguo fin del mundo y al crucero de Fisterra.

Fisterra y cabo de Finisterre: el antiguo fin del mundo y el mágico y sargado Ara Solis

Llegaremos a Finisterre (Fisterra) por la *corredoira* de Don Camilo, que desemboca y discurre por la playa oceánica. Entraremos a la villa —antigua posesión templaria, propiedad de los monjes de Moraime por donaciones de la casa de Traba, como la del conde templario Pedro Froilaz— por la rúa de Santa Catalina. En Finisterre termina el viaje, la aventura, el mágico camino. En el lugar donde se encontraba Dugium, la legendaria ciudad celta de los nerios, gobernada por la reina Lupa —la misma que se negó a dar sepultura al apóstol cuando llegaron sus restos—, que albergaba el Ara Solis, uno de los altares de culto al Sol levantados por el cónsul Sestio en el siglo I a. C., descrito por el historiador Lucio Floro. Lugar de poder, es señalado por cultos sincréticos a la fertilidad y al Sol por diferentes culturas desde tiempos ancestrales. No en vano, para los celtas y pobladores galaicos, estaba relacionado con la vida, la muerte y el más allá. Aquí comenzaba el mundo invisible, que se hallaba tras el sol de poniente, después de la séptima ola, en las islas del Alen, y donde realizaban el ritual de las *sete vagas* y quemaban sus ropas para retornar a sus pueblos de origen. Llegamos a la meta del camino solar, siempre hacia el oeste peninsular, el mismo destino y ruta que seguían las almas a la mítica tierra de la felicidad y la vida eterna, paraísos mágicos buscados por grandes viajeros, iniciados y culturas. Es citado por Homero, Hesíodo y Pindaro como un mundo lejano, misterioso, temido por navegantes, de profundas corrientes y remolinos, repleto de monstruos, donde nacía la noche y se hallaban la isla de los Bienaventurados o la isla de Gorgonas, tierra de la Medusa, las islas de Gerión —a quien venció Hércules—, el Jardín de las Hespérides y la Atlántida, el mítico continente perdido. Territorio y enclave —incluso de reminiscencias egipcias, del dios Ra, arquitecto del universo, donde el faraón al morir se fundía con Osiris y resucitaba en la estrella del alba— en el que el astro rey y el océano marcaron al ser humano desde la antigüedad y siguen haciendo al ser humano moderno. Nuestra senda tendrá como destino final el cabo de Finisterre y los dos grandes montes —que dibujan una uve, montañas con forma de cáliz, de Grial— al lado del cabo: el monte de Facho y el de San Guillermo, cerros, antiguos lugares de poder, cristianizados, marcados por cultos a la diosa madre, a la naturaleza. En el primero encontraremos *«as pedras santas»*, las piedras santas, y sagradas, lajas basculantes que hablan y cantan con el viento. En el segundo hallaremos los restos de la ermita de San Guillermo, al abrigo de una gran masa rocosa, con una pequeña cueva. Allí surge la leyenda de la bruja Orcavella y se encuentran los restos de un sarcófago de tradición sueva donde, según la leyenda, estuvo el cuerpo del propio santo, robado por marineros bretones. Escenario de rituales de paso vinculados a la fertilidad, y donde antaño se erigía un dolmen, Finisterre era, y sigue siendo, meta y destino, el lugar desde donde se alcanzaba el reino de lo fantástico, lo oscuro y tenebroso, lo resplandeciente y luminoso. El lugar donde se vivía una muerte espiritual, simbólica, iniciática, que permitía renacer a una nueva vida, como el sol tras cada atardecer.

El Cristo de la Barba Dorada -talla marcada por la leyenda y el milagro, articulada, realizada con piel animal y pelo humano-, el pétreo Sagrario Estelar y los capiteles con los «danzantes», en la iglesia de Santa María das Areas en Finisterre.

Iglesia de Santa María das Areas, el Cristo de Finisterre y el sagrario estelar

Construida en el siglo XII, en el Promontorium Nerium, sobre un castro, según la leyenda por doña Urraca, fue en sus orígenes de carácter dúplice, formada por hombres y mujeres, y el origen de la villa. Templo románico, de planta rectangular, una sola nave, cubierta con techo de madera, bóvedas de crucería gótica, arcos apuntados, nártex gótico y campanario de tejado piramidal. En el exterior, accederemos, al igual que en la catedral compostelana, colocando la mano derecha en una cruz situada a la entrada, ritual de paso y de reconocimiento. Alberga dos portadas: la puerta Santa, que solo se abre durante los años santos, con los escudos señoriales, y la principal, con un pórtico sin parteluz y dos arquivoltas. En el interior, hallaremos tumbas medievales vacías con signos y símbolos de gremios y oficios —iguales a las existentes en Noya—, capiteles con figuras humanas bailando, llamadas las «danzantes» —reminiscencias de cultos paganos—, un particular sagrario de piedra —donde hay tallados siete ángeles rodeando un Salvador dorado como el Sol, y figuras de hombres barbados con armas y libros formando un zodiaco con misteriosos símbolos— y, sobre el mismo, el Santo Cristo de Finisterre, uno de los más venerados del Camino de Santiago, de tradición milagrosa y marcado por el misterio. Talla del siglo XV, articulada, está realizada con piel de búfalo, uñas y pelo humano, y su figura anatómica se asemeja a la figura de la Sábana Santa, similar también a los de Burgos, Orense y Lugo. Llamado el Cristo del Fin del Mundo o Cristo de la Barba Dorada, es una imagen que, rompiendo las normas, sale en procesión los Domingos de Resurrección, marcada por la leyenda, que cuenta que apareció en un arcón arrastrado por el mar un día de temporal, y de la que la historia dice que fue un regalo del obispo Vasco Pérez Mariño.

Faro de Finisterre, el kilómetro 0 del Camino de Santiago

A dos kilómetros de la villa, en el cabo de Finisterre, se alza el popular faro de Finisterre. Se eleva a ciento cincuenta metros sobre el nivel del mar sobre un escarpado acantilado. Erigido en el siglo XIX —de base octogonal, con diecisiete metros de altura, cornisa y balconada, y bóveda poligonal—, su luz alcanza más de cuarenta kilómetros iluminando las aguas de la Costa de la Muerte. Junto al faro hallaremos el mojón del kilómetro 0 del Camino de Santiago, el final de la ruta mágica y solar jacobea. Y debajo del faro, los quemadores, el lugar donde hoy los peregrinos realizan el ritual de quemar alguna prenda, rito heredado de los celtas, quienes quemaban sus ropas antes de volver a sus lugares de origen, dejando todo lo malo, y renaciendo de forma simbólica a una nueva vida.

Km 0 del Camino de Santiago. Finisterre.

ERMITA DE SAN GUILLERMO Y LAS PIEDRAS SANTAS, LA BRUJA ORCAVELLA

A medio kilómetro del faro encontraremos las Piedras Santas, grandes rocas basculantes relacionadas con ceremonias de fertilidad que según la tradición hablaban y cantan con el viento, así como los restos de la ermita, y el sepulcro, de san Guillermo, eremita cuya vida estuvo marcada por el milagro. El santuario llegó a ser dominio templario y está marcado por la leyenda de una bruja llamada Orcavella.

Las Piedras Santas y la ermita de San Guillermo, lugares de poder, en el cabo de Finisterre.

Muxía, el santuario de la Virgen de la Barca

A veinticinco kilómetros de Finisterre, en la localidad de Muxía, a orillas del océano Atlántico, en la ría de Camariñas, al abrigo del monte Corpiño, hallaremos el que es otro destino jacobeo: el santuario de la Virgen de la Barca, señalado por el milagro y la leyenda, que cuenta que en este lugar se apareció en una barca de piedra la Virgen María al apóstol Santiago durante su peregrinación en la Península instándole a que terminara su misión. Construido en el siglo XII sobre un templo pagano por los monjes de Moraime, alcanzó esplendor en el siglo XVI debido a los milagros que se atribuían a la Virgen de la Barca. Templo originariamente románico, de planta de cruz latina, ampliado en el siglo XVIII en estilo barroco por los duques de Marceda, señores de las Torres de Cereixo, cuyas dos torres fueron levantadas gracias a las donaciones de un emigrante gallego en América, fue reconstruido tras quedar destruido por un temporal y un incendio en el siglo XXI. En su interior hallaremos las tumbas de los duques de Marceda, y se guarda y venera la gótica talla de la Virgen de la Barca, del siglo XV, patrona de los marineros y de los viajeros marítimos, de tradición milagrosa. Frente a la iglesia hallaremos las Piedras Santas, santuario lítico vinculado a rituales curativos y de fertilidad, formado por la Pedra de Abalar —roca que solo se balancea si la persona que se coloca encima es pura y limpia de corazón, según la leyenda— y la roca La Vela —conocida como Pedra Dos Cadrís—, por la que hay que pasar nueve veces para curar los dolores de espalda y lumbalgia, según la tradición.

Santuario Virgen de la Barca en Muxía.

NOTA DEL AUTOR

Primera edición de la *Guía mágica del Camino de Santiago*
Cuadernos de Campo - Camino de Santiago 2015
Puerto de Somport-Jaca/Santiago de Compostela-Finisterre
Diario de un peregrino... Etapa 45 - 5/5/2015

En Finisterre, kilómetro 0, el reino y templo del Sol, el penúltimo atardecer y el primer amanecer. Tras cuarenta y cinco días caminando, hoy, día 5 de mayo de 2015, terminó mi quinto Camino de Santiago. Más de 1.150 kilómetros recorridos en 64.800 minutos, 1.080 horas y 3.800.000 segundos, aprendiendo, escuchando, entrevistando, descubriendo, viviendo, sintiendo y compartiendo la experiencia. Anotando en el cuaderno de campo no solamente fechas, nombres, lugares, templos y misterios, sino también momentos vividos, dificultades y logros, anécdotas, sueños y reflexiones. Recordando lo que decía mi abuelo, y nos enseña el camino: que pensamos demasiado y sentimos muy poco. Que si queremos algo debemos hacer lo imposible por conseguirlo. Que la vida son momentos. Que hoy estoy aquí y mañana no lo sé. Que si queremos algo de verdad hay que ir a por ello, sin mirar atrás, mirando a nuestros miedos a los ojos, entregándolo todo, dando el alma, sacando al niño que llevamos dentro, ese niño que cree en los imposibles y daría la luna por tocar una estrella. Que los pequeños detalles son los que hacen las grandes cosas. Que hay que vivir cada día como el primer día del resto de nuestra vida. Que no hay que ser gris, sino de colores. Que nada ni nadie detenga tu paso, tu fuerza, tu ilusión, tu pasión, tus ganas de más, de ir más allá, de aprender, de escuchar, de descubrir, de compartir, de soñar, de sonreír, siempre a golpe de calcetín, siempre adelante. Y como decía aquella nota que encontré por mágicas casualidades en Eunate hace diez años: carretera y manta, y que los caminos se abran para recibirte, que el sol ilumine y bañe tu rostro, que el viento siempre sople a tu espalda, que tu espíritu no desfallezca y tu paso no tenga fatiga. Gracias a toda la familia de las redes sociales —Facebook, Twitter e Instagram— con la que he compartido camino. A mis hermanitos peregrinos y hospitaleros, a mis amigos, a mi gente, a mi familia. Gracias a todos los que creen en mí. Con mis fuerzas y las suyas consigo llegar a sitios, a lugares como este. Porque el camino es también, como la vida, una prueba de superación.

Para contactar con el autor
Web: <www.franciscocontreras.es>

Redes Sociales
Twitter: @FranContrerasG
Facebook: Francisco Contreras Gil
Instagram: @Francisco_Contreras_Gil

AGRADECIMIENTOS

A todos los peregrinos y hospitaleros con los que he compartido los diez Caminos de Santiago que he realizado en los últimos quince años. En especial, a Carlos Ollés y Sonia Pasaman, en Jaca; al padre Óscar y el padre Javier, en Leyre; a Koldo, en Tiebas; a Asunta Recarte, en Roncesvalles; a Santiago, en Zubiri; a Cesar e Iñaki, Amagoia, José Mari y Úrsula en Pamplona, a Maruja, en Obanos, a Ignacio, en Euante, a Ana Belén y Natalia, en Puente la Reina, a Marian Bariaín, en Estella; a Pablito, en Azqueta; a Sara e Iosu, en Los Arcos, a Carmen, en Torres del Río, a Pepe en Viana, a Felisa, Carlos en Logroño, a la familia de Bodegas Corral, Celes y Alicia, en Navarrete, al padre Pachi, Nekane y Ernesto en Grañón; a José Luis, en Tosantos; Acacio e Orietta, en Viloria; a Chuchi y Carmen, en Frómista; a Ana, en Villalcázar de Sirga; a José Antonio Perrino, en Carrión de los Condes; al padre José, en San Juan de Ortega; a Ana, en Sahagún; a Laura, en Mansilla de las Mulas; a David, en Astorga; a Pilar, en Rabanal del Camino; a Tomás, en Manjarín; a Fina, en Mesón El Acebo; a Jato, en Villafranca del Bierzo; a José Manuel, en O Cebreiro; a Susana y Juan de Atrio, en Triacastela; a la familia de Ezequiel y José, en Melide; y a Carmen, en Compostela.